生活・讀書・新知 三联书店

许倬云 著
杨博 译

形塑中国

春秋、战国间的文化聚合

Simplified Chinese Copyright © 2024 by SDX Joint Publishing Company.
All Rights Reserved.
本作品简体中文版权由生活·读书·新知三联书店所有。未经许可，不得翻印。

图书在版编目（CIP）数据

形塑中国：春秋、战国间的文化聚合 / 许倬云著；杨博译. —北京：生活·读书·新知三联书店，2024.8（2024.9 重印）
（许倬云学术著作集）
ISBN 978-7-108-07767-7

Ⅰ.①形… Ⅱ.①许… ②杨… Ⅲ.①中国历史－研究－春秋战国时代 Ⅳ.① K225.07

中国国家版本馆 CIP 数据核字 (2024) 第 021824 号

策划编辑	张　龙
责任编辑	李静韬
装帧设计	康　健
责任校对	张国荣
责任印制	董　欢
出版发行	生活·讀書·新知 三联书店
	（北京市东城区美术馆东街 22 号 100010）
网　　址	www.sdxjpc.com
经　　销	新华书店
制　　作	北京金舵手世纪图文设计有限公司
印　　刷	北京隆昌伟业印刷有限公司
版　　次	2024 年 8 月北京第 1 版
	2024 年 9 月北京第 2 次印刷
开　　本	880 毫米 × 1230 毫米　1/32　印张 12
字　　数	237 千字
印　　数	6,001－9,000 册
定　　价	86.00 元

（印装查询：01064002715；邮购查询：01084010542）

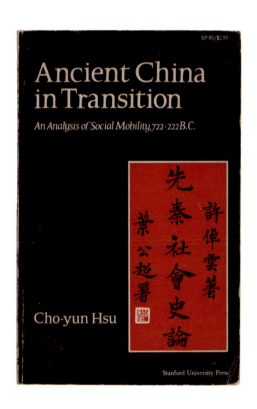

《先秦社会史论》
1965年，斯坦福大学出版社，英文平装本

《先秦社会史论》
1965年,斯坦福大学出版社,英文精装本

《许倬云学术著作集》总序

这套"著作集",乃是我在芝加哥大学考过学位以后,至今六十余年,在专业的岗位上累积的成果。此外,另有一些专题的有关论文,分别刊登于《历史语言研究所集刊》《文史哲学报》等专业期刊;此番整理成集,则是将上述单篇论文分门别类,汇集成帙,供读者参考。

这套由生活·读书·新知三联书店出版的"著作集"中,从《西周史》、《形塑中国》到《汉代农业》这三本书,虽然成书之序有先后,而在我心目之中,却是这三本著作联结为一,叙述古代中国自西周建立封建制度以来,经过春秋、战国列国并存的阶段,终于经过秦、汉而实现大一统。这一进程,先聚后散,然后又再行拼合,俨然成为东亚的大帝国。

在此阶段的中国,政制统一,乃是皇权专制。而《汉代农业》陈述了整个过程中经济因素的成分及其融合。最终,中国发展出世界上最早的"精耕细作式农业",终将农舍工业与农业的收获相结合，凝聚为以农业产品为商品的交换经济。这是经济、社会两方面的整合，与皇权专制互相配合，进而熔铸为一个巨大的共同体。

只有经由如此的整合，中国这一皇权制度最后才得以凝聚为具体的"生活共同体"。如此生活共同体，才足以支撑理念上的"文化共同体"。二者之间，又以文官制度的管理机制作为骨干。

在世界史上，这三本书所代表的形态，并未见于其他地区大国发展的历程中。因此，我愿意提醒读者：中国凝聚得如此彻底，与其说是因为其政治体制的整合作用，毋宁说，奠基于经济代表的"生活方式"与文化代表的"思想形态"，才使得"中国"二字凝聚之坚实，远远超越民族主义和文化共同性，成为独特的国家单位。

在撰著前述三本书的过程中，我的主要论点不仅是思考专题内部之逻辑，而且体认了，"中国"之形成在人类历史上，自有其独特的过程。

至于其他三本拙著，《水击三千》《熔铸华夏》以及《我者与他者》，其主要论点也无非努力澄清上述巨大"共同体"的形塑过程，以及各个构成单元之间的互相依存。前三本拙著侧重于时间轴线上的进程；而后三本拙著则着力在平面发展上的"互联性"。

若将六本拙著合而言之，其整体关怀则是中国的"天人感应"及生活上的心灵与环境之互动；又将如此庞大的共同体，设法安置于这一广宇长宙的多向空间,以体现人与自然之间的互相感应;同时也提醒国人,时时不要忘记——单一的"人"与"人间",以及集体的"群"与"群间",都是互动、互依、互靠的。于是,这上亿的人群,不仅是生活在庞大的共同体之内,更需在天地之间对自己有所安顿。"天",这一特殊的"大自然",在中国人心目中的地位,就不是一种宗教信仰,而是令"人间"在"自然"中的地位,有了确实的定位及与之互动的合理性。

我自己感觉,中国人的生活,从来就不愿意以"人事"制服"天然"。此中合理性,并不是出于对神明的敬畏,而是"天人之际",是人对于自然的亲近和尊重。这一着重处,其实与最近半个世纪以来世界各处开始认真注意环保以及宇宙之间的平衡,包括对于自然的尊重,乃是一致的。因此,以中国文化中素有的如此自觉,与西方世界开始具有的认识相互对照,两者之间确是应当互通,而且彼此阐发,使地球上的人能够真正长存于天地之间。

以上,是我向读者们提出的一些自白。希望读者阅读拙著,能够理解我的用心:我并非只做学术研究,而是希望为己为人陈述一个"中国方式的安身立命";更盼望中国传统的"个体"与"群体"的紧密关系,亦即"天人"的合一与"群己"的合一,能够与世界应当走入的途径,彼此一致,互相启发。

区区自白,不仅是指明叙述的方向,也是盼望我自己的一些观念得到读者们的同情。

2023年10月10日

辛亥革命周年，许倬云序于匹兹堡

2024年4月1日，改订于匹城寓所

《许倬云学术著作集》出版说明

许倬云先生拥有长达七十年的学术生涯，著作等身，且其著作卷帙浩繁、版本众多。2022年起，经生活·读书·新知三联书店（以下简称"三联书店"）多方协调，这套六卷本《许倬云学术著作集》得以成编，是为先生学术面向之首度总结。谨按时间先后顺序，将相关版本情况交代如下。

《形塑中国：春秋、战国间的文化聚合》是作者的芝加哥大学博士毕业论文，其导师为汉学大家顾立雅（Herrlee Glessner Creel，1905—1994）。英文版 *Ancient China in Transition: An Analysis of Social Mobility, 722-222B. C.*，1965年由斯坦福大学出版，1968年再版；2006年，简体中文版《中国古代社会史论：春秋战国时期的社会流动》由广西师范大学出版社首度刊行。此次新译本定名为《形塑中国：春秋、战国间的文化聚合》，由中国社会科学院古代史研究所杨博博士于2022年冬，据芝加哥大学图书馆Ellen Bryan所提供的1962年论文原件翻译。相较斯坦福大学1965年英文版及2006年据此翻译的中文版,更为真实地恢复、还原了论文本有的行文特色。

《汉代农业:天下帝国经济与政治体系的生成》的英文版 *Han Agriculture: The Formation of Early Chinese Agrarian Economy, 206 B.C.-A.D. 220*,1980年由华盛顿大学出版社出版。1998年,简体中文版《汉代农业:早期中国农业经济的形成》被纳入"海外中国研究丛书",由江苏人民出版社出版,后分别于2012年、2019年再版;2005年,《汉代农业:中国农业经济的起源及特性》由广西师范大学出版社刊行。以上两个译本颇有分歧。此度收入本丛书,以江苏人民出版社授权之译本为底本,作者对译稿进行了一定程度的修订。

《水击三千:中国社会与文化的整合》,是作者有关"古代中国社会转型的各个转折点"之学术论文的合集。繁体中文版名为《求古编》,1982年由台北联经出版事业有限公司(以下简称"联经")出版,1984年、1989年、2022年再版;简体中文版2006年由新星出版社首度出版,2014年由商务印书馆再版。此番收入本丛书,以商务印书馆2014年版为底本,并重拟书名及全书篇目次序,删除与主旨"周、秦、汉中国社会与文化的整合"无关之篇目,以期集中呈现作者对于这一课题之省察。

《西周史:中国古代理念的开始》的繁体中文版《西周史》,1984年由台北联经首度刊行;英文版 *Western Chou*

Civilization 1988年由耶鲁大学出版社出版。此后，相关版本情况如下：二版（1986年，台北，联经），修订三版（1990年，台北，联经），修订三版（1993年，北京，三联书店），增订本（1994年，北京，三联书店），增补本（2001年，北京，三联书店），增补二版（2012年、2018年，北京，三联书店），增补新版（2020年，台北，联经）。此度收入本丛书，以三联书店2018年"增补二版"为底本，对文本细节进行了若干处校订。

《熔铸华夏：中国古代文化的特质》是1985年至1987年，作者在台湾有关中国文化系列讲稿之合集。尤其上篇《社会与国家》的探讨，从文化发展、国家形态、思想方式、农业经济等方面，从文化比较的视角对"古代中国社会转型"所做专题论述，可谓其这一阶段学术思想之纲要，也是理解其古史研究及文化比较研究之门径。本书繁体中文版《中国古代文化的特质》1988年由台北联经出版，1992年、2021年再版；简体中文版2006年由新星出版社首度出版，2013年、2016年分别由北京大学出版社、鹭江出版社再版。此番收入本丛书，以联经2021年版为底本，删除下篇《科学与工艺》四讲，补入前述《求古编》中删除之若干相关篇目，汇集为下篇《传统中国与社会》，并改订书名为《熔铸华夏：中国古代文化的特质》，以期更为集中呈现作者对于"古代中国社会转型"之思考。

《我者与他者：中国历史上的内外分际》是以2007年作者任香港中文大学首届"余英时先生历史讲座教授"期间所

做演讲——《古代中国文化核心地区的形成》——之文稿整理、增补而成,可视为《说中国》及《经纬华夏》之先声。本书繁体中文版2008年由香港中文大学出版社出版,2009年由时报文化出版事业有限公司于台北发行繁体中文版;简体中文版2010年由北京三联书店首度刊行,2015年再版。此番收入本丛书,以三联书店2015年版为底本,增补了若干插图。

至于本丛书书目中各书之先后次序,则依其"内在关联性"排列。作为编者,谨此说明。

2023年10月10日初稿

2024年4月1日,冯俊文改订于匹兹堡

目 录

绪　言　1
第一章　问题和背景　4
　　一、封建社会的统治因素　8
　　二、庶民的劳务　13
　　三、商人和工匠　18
　　四、仆庸和奴隶　21
　　五、尊贵的观念　23
　　六、祖先的影响　32
第二章　社会分层与社会结构的变化　40
　　一、春秋时期的社会变迁　40
　　二、公子阶层　45
　　三、卿大夫阶层权力的崛起　51
　　四、士人的兴起　57
　　五、战国时期的社会变迁　63

六、战国列国相国的背景　66

　　七、春秋、战国卿、相的比较　86

第三章　诸侯国之间的关系与冲突　89

　　一、列国关系中的家族联结　90

　　二、春秋诸侯国的频繁争端　93

　　三、失败者的命运　100

　　四、战国时期的战争　105

　　五、春秋和战国军队的规模　110

　　六、骑兵和步兵的出现　116

　　七、职业军人的角色　121

　　八、小结　130

第四章　内部冲突与新型国家　131

　　一、国家的家族观念　131

　　二、国内冲突　134

　　三、冲突的后果　143

　　四、国家的巩固　154

　　五、新型行政专家　160

　　六、教育机构　166

　　七、小结　174

第五章　经济生活与社会流动　175

　　一、租税取代劳役　176

　　二、土地私有制　179

　　三、商业活动进步　189

四、区域间相互依存　194

　　五、金属货币的出现　198

　　六、职业类型　204

　　七、技术进步的影响　209

　　八、城市的兴起　213

　　九、小结　217

第六章　观念的变迁　218

　　一、出身与能力　219

　　二、君主的地位　229

　　三、士阶层观念的转变　233

　　四、君臣关系观念的转变　235

　　五、反传统的趋势　240

　　六、"君子"含义的变迁　247

　　七、小结　271

结　语　272

附录A　先秦典籍的真伪与年代　279

附录B　春秋时期名录　295

附录C　战国时期名录　330

附录D　专用词语中英文对照表　342

参考文献　361

绪　言

本研究旨在探讨公元前722年至前222年的中国古代社会纵向的流动过程及其特征。*这一时期被历史学家分为春秋（公元前722—前464年）和战国（公元前463—前222年）两个阶段。其中春秋时期材料的主要来源是《左传》，这是由于《左传》中大部分春秋时期的记载是可靠的。作为战国时期多种文献的集合，《战国策》自然是研究这一时期的主要材料。同时，其他经典文献的相关记述、战国诸子的作品也是重要的参照和支撑。此外，还有相当一部分材料取自《史记》这部成书于公元前2世纪的"中国通史"。本书附录中附有上述文献年代和真实性的相关讨论，读者可以参考。

---

* 许倬云先生撰写此书时，夏商周断代工程尚未启动，许先生采用的是当时西方学界对夏、商、周年代的通行看法。为尊重原著，本书未对其中的年表加以修订。——译注

本研究从上述文献资料中搜集了约700人，通过列表追踪他们的社会地位变动，从而观察某一社会群体重要性升降的一般趋势。每三十年为一代人，每一代人可视作一个阶段，用以考察各种社会群体在总人数中所占比例的情况。据此，春秋时期可划分为九个阶段，战国时期则有八个阶段。对抽象而又客观的复杂数据的最佳解释，是对个案的举例分析，这有助于对总体情况的理解。

围绕社会流动这一讨论焦点，本研究涉及文化变革的各个方面。类似于一组具有功能关系的要素，社会的不同方面是相互关联的，它们的变化也是相互联系的。因此，我们可以看到，春秋时期宗族的"父权"（patriarchal authority，马克斯·韦伯的术语）逐渐让位给制度化的政府；在战国时期，专业人士的作用越来越重要。此外，春秋时期自给自足的庄园经济也转变为地区和职业相互依存的战国经济体系。战国时期的社会政治改革，出于对传统的挑战并获得了正当性，而这对春秋时人来说是完全陌生的。孔子等人倡导尊重个人素质而不是出身。从社会流动的角度，这些讨论在本研究各个相关章节都有所涉及。

除非另有说明，本研究使用的人物的生卒年代，均主要基于钱穆先生的《先秦诸子系年》。中文姓名的拼音根据韦氏拼法；但除了元音符号"u"的变音"ü"，其他变音符号一般省去。引文中所用的名字也改为韦氏拼法。中文典籍的英文译本有时也会做些修改。正文首次引用的中文书籍会使用其全名，以后在脚注中均是中文书名的缩写。因此，参考文献中文书籍部分的缩写也以英文字母顺序排列。然而，西文书籍在首次被引用时会给出其详细的出处，再次引用时会在脚注中使用其可被理解的缩略标题。

在这里，我无法详尽地列出在这项研究中以各种方式帮助我、鼓励我的所有老师和朋友的名字，但是我首先要向顾立雅教授致以深深的感谢，我的草稿经他多次审阅和修改，他的建议和指正使我避免了很多错误。我还要向审阅过拙稿的全汉昇教授、伯特·F.巴塞利兹教授、米尔顿·辛格尔教授和约翰·威尔逊教授致谢。柯睿格教授和钱存训教授阅读了本研究的初稿，并提出了一些实质性的修改意见。特别是钱教授关于图表设计的建议，我深为感谢。我要特别感谢我以前在台湾大学的老师李宗侗教授，是他首先引领我进入了中国古代社会史研究领域。我还要感谢琼·沃克小姐以及芝加哥大学远东图书馆的其他工作人员提供的友好帮助。我的朋友E.布奥特、陈平仁、威廉·莱尔、陶天翼、里格尔夫妇帮助我编辑、打字并校对这部作品，我要向他们表示感谢。

第一章　问题和背景

有一条大河顺流而下，流经各个区域。它从高原穿过平原，从盆地流经沼泽。当周围环境发生变化时，水流也会随着变化，时而平静，时而迅捷，时而咆哮。她就是长江，中国最长的河流。这也是中国历史的写照，从数千年前开始，一直延续到今天。

顺江而下，最壮丽的部分是三峡段。在那里，河道穿越瀑布，翻滚旋转。她响亮地撞击坚硬的岩石，穿过山脉，最终注入洞庭湖，成为一条缓慢而安静地流向海洋的大河。洞庭湖当然不是长江的发源地，但是在这里，长江以其巨大的规模和力量体现出她的庄严。

中国历史长河形成的时代可以与长江流经三峡的过程相比较，她的"峡谷"发生在春秋和战国时期，年代从公元前8世纪末到前3世纪末。[1]春秋之前，中国由许多封建领主统治，其社会有一个等级森严的社会阶层。战国之后，中国已经成为一个统一国家，她的人民生活在一个多阶层仍然存在，但没有那么明确界定的社会中；此外，各阶层之间也允许更自由的流动。个人从一个社会阶层向另一个社会阶层的变动，在战国之后比在春秋之前容易。于是出现了几个问题：第一，春秋战国时期社会流动的自由度多大？第二，这种流动是否发生在一个基本上没有改变的社会结构中？也就是说，个人是否是在原有的社会结构中以更大的便利性进行了地位升降？第三，在社会结构保持不变的情况下，是什么导致个人在其中的流动性更大？第四，如果社会结构发生了变化，那么这些变化是什么？又是何时发生的？它们与社会流动的变化存在什么关系？

春秋和战国是以战争为主要特征的过渡时期；后一时期被称为"战国"是有充分理由的。利用皮特林·索罗金的术语，我们也许可以把战争的频繁程度在某种意义上归因于社会关系

---

[1] 春秋时期始于公元前722年，即编年史《春秋》的第一年；战国时期结束于公元前222年，次年秦完成了中国的统一。学界一般以《春秋》结束的公元前481年为春秋时期的最后一年，但是本研究中以《左传》结束的公元前464年作为春秋时期的结束。战国的始年有多种说法，《史记》认为是公元前475年，《资治通鉴》选择公元前468年。为保持历史的延续性，本研究采用公元前463年作为战国时期的始年。参见司马迁《史记集解》（四部备要本），卷15第2页；司马光《资治通鉴》（四部丛刊本），前言、卷1第1页；林春溥《战国纪年》，收入《竹柏山房十五种》，1838年，卷1第1页。未作特殊说明的，本书页下注，均为作者注释。

的变化。他认为,社会可以从三种文化模式(概念型、理想型和情感型),以及三种主要类型的社会关系(家族型、契约型和强制型)来分析:由于现有文化模式和社会关系体系形式的瓦解,过渡时期会带来更多的战争。[1]

文化模式不在本书讨论范围之内,但是社会关系变化的概念对于研究春秋战国时期的社会流动是有益的。索罗金提出的家族关系和契约关系,基本上类似于马克斯·韦伯所说的共同的和关联的关系。用韦伯的术语来说,这些社会的权威分别是传统的和理性-法律的。[2]

虽然本书介绍了韦伯的概念,但"家族主义"一词更能描述春秋社会,因为当时的社会正是由大家族组成的。应该说,春秋及以前的社会关系基本是家族型的,而这种关系在战国时代则趋向契约型。家族关系与国家的家族观念、强大的家族组织和自给自足的庄园制度相吻合。亲属关系或模拟亲属关系在很大程度上维持了血缘遗传方面的社会分层,因此社会流动受到限制。然而,随着家族关系破裂、家庭凝聚力瓦解,出现了社会真空。个人在这个尚未重新成形的社会体系中,可以通过自身的活动向上或向下流动。到战国结束以前,契约关系体系

---

[1] 皮特林·索罗金:《社会和文化的动力》第三卷,纽约:美国图书公司,1937年,第371、375—376页。
[2] 马克斯·韦伯著,A. M. 亨德森、塔尔科特·帕森斯译:《社会经济组织理论》,格伦科(伊利诺伊州):自由出版社,1947年,第136—138、329页及以下、341页及以下;另见塔尔科特·帕森斯所作《导言》第56页及以下。

开始出现，官僚机构、雇主-雇员关系和商业交流等都随之产生。这样的社会必须对各阶层成员不断地进行再分配，换句话说，社会流动更加自由。

在过渡时期，随着旧制度的崩溃和新制度的出现，过去的价值观和道德观念也发生变化。社会结构似乎也发生了变化，而不仅仅是社会内部的流动。观念的演变往往是社会结构变化的结果；然而，反过来，观念的改变也常常为新社会的出现铺平道路。这种现象就是韦伯提出的新教伦理与西欧资本主义发展相关联的一个经典范例。[1]

各种政治、经济、意识形态和社会变化的因素交织在一起，联系紧密，以至于无法确定其因果关系。它们是变化的原因，也受到变化的影响。在本研究中，纵向的社会流动被视为核心指标，其他变化都从这个角度进行考察。这里要寻找的也不是因果关系，而是不同因素之间的相互关系或相关性的联系。接下来的章节将讨论社会流动、国家内外的权力斗争、经济进步和观念演变等社会现象。本书似乎是一部关于春秋和战国时期的通史，实际上它更多的是对影响社会流动的各种现象的描述。问题是：在重塑社会结构的过程中发生了什么？它又是如何发生的？

春秋战国时期，昔日社会成员的权利、义务、职能和社会地位的分配以及行为的方式完全混乱。社会标准的缺乏使人们感到

---

[1] 马克斯·韦伯著，塔尔科特·帕森斯译：《新教伦理与资本主义精神》，纽约：斯克里布纳之子公司，1958年；参阅 R. 本迪克斯《马克斯·韦伯：一个知识分子的写照》，纽约：双日公司，1960年，第85—90页。

困惑,直到满足新秩序需要的新标准建立起来。新制度建立后,一些社会成员发现自己的地位与以前制度下的祖先截然不同。

本书将考察春秋战国时期社会流动所获得的自由程度,它也将取决于旧社会是否瓦解。对权力斗争、经济演变和意识形态变化等因素与旧社会向新社会过渡的相关性的研究,将为揭示社会结构和流动性变化的复杂过程提供一些线索。

一、封建社会的统治因素

春秋初期,西周建立的封建社会发生了很大变化。由于缺乏直接与西周有关的历史记录,我们必须主要从《诗经》、相关青铜器铭文以及记述春秋时期史事的《左传》等文献中稀缺的史料出发,重建这一时期的历史。

西周封建制度是公元前11世纪末期,周王朝在推翻东部平原的商王朝之后迅速建立的。在与中原东部民众的长期斗争中,周人建立起一套驻军体系,从西部的渭河流域,即当时的周王朝都城所在地,派出规模相对较小的武士队伍来控制辽阔而人口稠密的平原。这一制度是由周王室贵族和王室亲属建立起来的,他们在黄河下游地区作为封建领主统治此前敌人所据之地。[1]周王将家族关系引入封建制度,使政治首脑与家族首

---

[1]《荀子》(四部丛刊本),卷4第13页;《春秋左传正义》(四部备要本),卷15第9—10页(僖公二十四年)、卷52第14页(昭公二十六年)。

领合二为一。国王与公族间以家族行辈来称呼。同姓公侯被周王称为叔伯，异姓公侯则被称为母舅。[1]除了血缘纽带，那些被授予封地的公侯，由于处在对敌前线，需要来自家族的安全保障，这就更加强了他们对周王的忠诚。

周王似乎在一定时期内掌握权力，但随着时间推移，当地臣民对其公侯的敌意逐渐减弱，甚至可能已被对公侯的忠诚所取代。虽然家族关系结构仍然存在，但它的基本特征，即家族情感（亲情），几乎不可避免地削弱为无足轻重。王室力量的丧失带给东部公侯们更大的行动自由。最终在公元前770年，西部的周都城在内部动乱后被野蛮人攻占，王室被迫东迁。《左传》中最早的历史记载，已显示周王这时不再是溥天之主。《左传》记载的与王室有关的第一个重要事件是公元前707年，王室军队被郑国（由一个周王子建立）击败，并且在13年前（公元前720年），周王与郑公还曾以一子交质，这也表明王权的衰落。[2]此后，尽管周王在整个中国仍然拥有名义上的王权，但事实上，周王已沦为和他此前所封诸侯一样的地位。

因此，在春秋时期，所有国家几乎都享有完全的主权；春

---

[1]《礼记》（四部丛刊本），卷1第22页。例如齐桓公在收到王室礼物后，被周王尊称为"母舅"[《春秋左传正义》（四部备要本），卷13第6页（僖公九年）]，晋文公在同样情况下则被称为父系的"叔"[《春秋左传正义》，卷16第2页（僖公二十五年）]。

[2]《春秋左传正义》（四部备要本），卷3第3页（隐公三年）、卷6第5页（桓公五年）。

秋时期也可以正确地被称作一个多国体制的时代。[1]故而我们毫不犹豫地用"公侯"称呼他们国家的统治者,尽管他们的头衔有公(公爵)、侯(侯爵)、伯(伯爵)、子(子爵)和男(男爵)的区别。[2]在关于社会分层的讨论中,包括周王在内的这一群体占据最高等级,称为"国家统治者"(国君)。[3]由于国君权力的下降很难被直接察觉,他的儿子们的地位升降便能用来描述此种变化。在春秋时期,国君经常让自己的兄弟担任执政等重要行政职务,新国君也会经常解除旧执政的职务,并任命他们的兄弟来填补空缺。这几乎是一种兄弟之间分享权力的制度,但国君似乎仍然保留了对其国家的直接控制权。[4]

接下来的社会阶层是担任行政职务的大臣。诸侯与大臣的关系和周王与诸侯的关系有点相似。大臣有两个等级:卿和大夫。通常有两个、三个或少数的卿是每个诸侯国的主要

---

[1] 参见R.L.沃克:《古代中国的多国体制》,哈姆登(康狄涅格):肖－斯特林出版社,1953年,第98页及以下。
[2] 这些名号的翻译是习惯说法。儒家使用这五等爵称好像暗示着它们有一种重要性的递降,但在西周甚至春秋时期,它们是否在如此有序地使用还是一个疑问。参见傅斯年:《论所谓五等爵》,《中研院史语所集刊》第2本第1分册(1930年),第110—129页。由于所有统治者在他们自己的国家以及在他们死后都被称为"公",我们更喜欢使用"公侯"(国君)这一通用名称,在大多数情况下作为"国家统治者"一词的同义词。
[3] 王室的大臣职位都由公爵或其他贵族头衔的贵族担任。其中有一些贵族实际上被安置在王畿内的小块采邑中,但这些采邑并不独立,因此他们被作为王室大臣看待。
[4] 因此,由统治者之子(王子、公子们)组成的群体将在以下章节中讨论。

行政管理人员。一些国家最有权势的卿是最年长的,而在其他州,他可能是最强大贵族家族的首领。卿的职位一般是世袭的,第一代卿通常是国君的儿子,他们已接受封地,因此建立起贵族家族。当然,必须说明的是,并不是每个国君的儿子都有机会在政府中担任卿的职务。国君的庶子连同卿的年轻儿子们,通常成为大夫。大夫是比卿低一级的政府官员,是卿的助手。大夫又分有二级至三级,虽然具体分等并不太清晰。上等大夫的继承人似乎有权继承他们的政府职位,其他庶子似乎也能担任大夫职位。下等大夫的庶子可能会失去大夫的职衔,被降职为士,这个等级大致相当于西方历史上的骑士。图1即说明了上述关系。根据文献记载,身为卿的子产描述某个大夫时说:

> ……某某的后代,是一代国君的兄弟,〔因此〕是执政大臣的继承人,他自己也继承了高官的职位。他被派去执行公务,受到其他国家人民的尊敬,并为贵族所熟知。他执掌国家刑法,也在家族中主持祭祀。他在国内有仆从,并将其收入捐献给军队。在葬礼和祭祀中,他有固定的职责;他从国君那里接受神圣的祭品,也将自己的祭品敬献给国君。在祠堂祭祀中,他有自己的指定位置。[1]

---

[1] 译文据詹姆斯·理雅各译《春秋左传》,伦敦:特鲁布纳公司,1872年,第2册第663页,本书根据上下文有必要的修订。

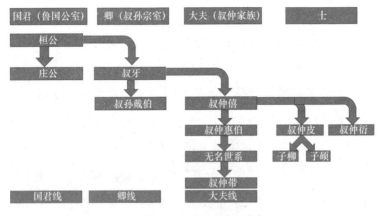

图1 鲁国贵族家族世系[1]

上述人士，即国君和卿、大夫们组成了一个国家的权力集团。他们被称为公族或贵族，尽管这个阶层有时不包括国君。低于上述集团的阶层是士，他们的祖先是大夫、卿，甚至是国君，但他们的社会地位介于权力集团和被统治者之间。像大夫和卿一样，士要作为战车中的武士接受军事训练，要参加宗教祭祀和其他仪式，还要作为文人熟悉基本知识和历史。[2] 士可能是一个小封建领主，有佃户耕种他的土地。或者，少部分士可能是政府或贵族家族的雇员：有些士是大贵族的管家，有些士是负责管理庄园、采邑或领地的官员，而其他士则担任政府的各种低级行政职位。还有些士似乎需要亲自在土地上劳作：

---

[1] 资料采自陈厚耀原本、常茂徕增订：《增订春秋世族源流图考》，夷门怡古堂刻本，1850年，卷1第22—23页。
[2] 士拥有六种技艺或技能：行止、音乐、射箭、马车驾驶、书写和算术（礼、乐、射、御、书、数）。

因为当被问到年齿时,如果已经成年,士会正式回答他能耕种土地;如果还年幼,则会回答还需要再背拾几年柴火。[1]

士阶层逐渐发展起一种道德准则,这可能也是整个封建社会的基本行为准则。其中一个重要准则就是对主人的忠诚;在一个士臣服于一位主人之后,无论是父亲还是国君都不能强迫他断绝这种主-臣关系。[2] 士也为自己的地位感到骄傲,并从中获得强烈的自尊。即便生死攸关,对士的不合礼仪的恩惠也不会被接受。[3] 这些"士"的道德规范,后来部分得到孔子及其战国时期门徒的发展和修正,并融入新的时代内容。当时,"士"一词的意思是受过教育的人或刺客,或两者兼而有之;而修订后的旧士人群体的道德准则,也成为新士人阶层的行为规则。

二、庶民的劳务

周王授予诸侯封地后,诸侯分封大夫采邑,而大夫又封授臣属。每一等级的人都会收到来自下级的贡品,也要将部分收

---

[1]《礼记》(四部丛刊本),卷10第14页。《礼记》是一部著作集,可能于汉代编纂成书。参阅张心澂《伪书通考》,上海:商务印书馆,1939年,卷1第327页及以下。由于篇章可能是从很古的时期流传下来的,这类记载也许包含相当古老的史料。
[2]《春秋左传正义》(四部备要本),卷15第4页(僖公二十三年)。其中记述某位士臣属主人后,不能变易主人。参见《国语》(四部丛刊本),卷14第3页,卷15第2页,里面有士忠于领主的例子。
[3]《春秋左传正义》(四部备要本),卷33第4页(襄公十七年)。这里记载一位被俘虏的士选择死亡,是因为俘虏他的人派一位宦官来就他的生死进行谈判。

入献给上级。整个体系在经济上类似于地主－租户关系。唯一真正的生产者和制度的基础，是亲自耕种土地的士和庶民。农民似乎以类似于欧洲历史上农奴的方式，被束缚在土地上。庶民被迫在田间辛勤劳动，以供养那些上面阶层的人群。[1]庶民并不拥有这块土地，但他作为附庸依附于这块土地。[2]他可能被分配一块土地，为他的主人耕种。如果没有其他方式的报酬，他可能会得到自己在另一块土地中种植的收成。[3]因此，

[1]《春秋左传正义》（四部备要本），卷30第15页（襄公九年），卷32第2页（襄公十三年）。
[2] 郭沫若：《两周金文辞大系考释》，东京：文求堂书店，1935年，第34页。
[3] 这里应该讨论一些关于《孟子》中首次提到的所谓"井田制"的情况，其中一段话非常模糊，后来的学者从未就其解释达成一致。对井田的传统描述表明八家共耕八块四方的土地，这八块土地中间的那块同样是方形的土地归属主人家，并由八家共耕，因此整块土地就像井字棋盘，或一个汉字，"井"。有些学者认为井田制是由孟子凭空想出来的；另一些学者则认为这是古代村社制的残余，或者是一种灌溉规划。在此规划中，方形土地和井是重要的组成部分。参见詹姆斯·理雅各译《孟子》，牛津：克拉伦登，1895年，3(1)3。另参照胡适《胡适文存》，上海：亚东图书馆，1930年，第581—618页，其中包括一些相信井田制存在的学者的来信；徐中舒《井田制度探源》，《中国文化研究汇刊》第四卷上册（1944年），第121—156页；吕振羽《殷周时代的中国社会》，上海：不二书店，1936年，第184—187页；瞿同祖《中国封建社会》，上海：商务印书馆，1938年，第127—134页。需要指出的是，孟子在他对井田制的叙述中使用了祈使语气"请……"，故而并没有声称这是历史的记述。有学者不承认这种田制的存在，是基于其在实践中无法实施。然而，孟子提及井田说明，或者是他对于这种田制在过去存在没有多少认识，或是他对提出他个人的建议更有兴趣，而不是给出过去制度的真实记录。考虑到中国少数民族中晚近还存在着这样一种制度，首领的土地被其下属耕种，而所得的除了耕种他们被分到的土地上之收益外，没有其他回报。既然这样，在中国古代，很可能类似的制度也存在，尽管详细的情况已经被遗忘。同样参见徐中舒《井田制度探源》，第149—153页；比较 J. R. 列文森《井田上的恶风：对儒家争论基础的侵蚀》，芮沃寿（Arthur F. Wright）等编《儒家信念》，斯坦福：斯坦福大学出版社，1960年，第268—287页。

这是一种劳役制度。据说孔子曾经告诉他的弟子，在古代"籍田以力，而砥其远迩"[1]。这里的"远迩"一词，可能指的是从庶民家中到他被分配耕种的田地之间的距离。还有一个古语说，"公食贡，大夫食邑，士食田，庶人食力"[2]。《诗经·豳风》的以下几行文字生动地描绘了当时的庶民生活：

> 七月流火，九月授衣。
> 一之日觱发，二之日栗烈。
> 无衣无褐，何以卒岁？
> 三之日于耜，四之日举趾。
> 同我妇子，馌彼南亩，田畯至喜。
>
> 七月流火，九月授衣。
> 春日载阳，有鸣仓庚。
> 女执懿筐，遵彼微行，爰求柔桑。
> 春日迟迟，采蘩祁祁。
> 女心伤悲，殆及公子同归。
>
> 七月流火，八月萑苇。
> 蚕月条桑，取彼斧斨。

---

[1]《国语》（四部丛刊本），卷5第16页。
[2]《国语》（四部丛刊本），卷10第18页；另可参瞿同祖《中国封建社会》，第232—234页。

以伐远扬,猗彼女桑。
七月鸣鵙,八月载绩。
载玄载黄,我朱孔阳,为公子裳。

四月秀葽,五月鸣蜩。
八月其获,十月陨萚。
一之日于貉,取彼狐狸,为公子裘。
二之日其同,载缵武功。
言私其豵,献豣于公。

五月斯螽动股,六月莎鸡振羽。
七月在野,八月在宇,
九月在户,十月蟋蟀入我床下。
穹窒熏鼠,塞向墐户。
嗟我妇子,曰为改岁,入此室处。

六月食郁及薁,七月亨葵及菽。
八月剥枣,十月获稻。
为此春酒,以介眉寿。
七月食瓜,八月断壶,九月叔苴。
采荼薪樗,食我农夫。

九月筑场圃,十月纳禾稼。

黍稷重穋，禾麻菽麦。

嗟我农夫，我稼既同，上入执宫功。

昼尔于茅，宵尔索绹。

亟其乘屋，其始播百谷。

二之日凿冰冲冲，三之日纳于凌阴。

四之日其蚤，献羔祭韭。

九月肃霜，十月涤场。

朋酒斯飨，曰杀羔羊，跻彼公堂。

称彼兕觥，万寿无疆！[1]

上面描述了春秋时期庶民需要做的工作。在相对自给自足的庄园里，他为领主供应食物和衣服，并在田间和室内工作。他不仅全年都要在田地里劳作，而且不时要服一些强制性的劳役，比如修筑城墙或修缮宫室。在封建社会中，国家的公共事务和领主的私人事务之间并没有明确的区别，因此一个臣民可

---

[1]《诗经》（四部丛刊本），卷8第1—4页。诗文英译参照理雅各和韦利的译文而有修正。参见詹姆斯·理雅各《诗经》，伦敦：牛津大学出版社，1871年，1（15）1；亚瑟·韦利：《诗经》，纽约：格罗夫出版公司，1960年，第164—167页。此诗传统被认为是西周初年所作，参见理雅各《诗经》，第226—227页标题下注文。韦利则认为此诗会迟至公元前8—前7世纪，参见韦利《诗经》，第164页。徐中舒认为这是春秋时期的诗篇，参见徐中舒《豳风说》，《中研院史语所集刊》第6本第4分册（1936年），第435—439页。

能会被要求同时为两者工作。[1]《孟子》云："庶人，召之役，则往役。"[2]

因此可见中国古代庶民的生活：他被束缚在土地上并随土地流转。他是一个自给自足庄园的物质提供者，在庄园里，他承担繁重的任务，并按照上面诗中所描述的时间表来工作。此外，他被剥夺了履行其他职责所需的空闲时间。他处在社会阶层的最底层。

三、商人和工匠

在独立商人开始商业活动之前，贸易仅仅是交换非本地生产的必需物品。贵族们由庶民提供粮食、肉类、蔬菜、毛皮和丝绸服装以及劳役，他们也需要一些只有产自其他地区的商品，比如珠宝和盐。庶民很少使用贸易物品，因此对商人的服务几乎没有需求。偶尔领主会要求他的家臣或仆人去远方采购需要的货物。但是，商人和工匠一度被留在庄园里。[3]这是一

---

[1] 楚国修建沂城[《春秋左传正义》（四部备要本），卷22第9页（宣公十一年）]，晋国为周王修筑王城[《春秋左传正义》，卷53第13—14页（昭公三十二年）]都是涉及城墙修建的重大工程；另外，晋国为晋侯夫人建乡邑，有位73岁的庶民也被征发去劳作[《春秋左传正义》，卷40第2—3页（襄公三十年）]。宫室的营造，如宋平公曾要求庶民在农忙时节去修建一个露台，就招致民众抱怨[《春秋左传正义》，卷33第4页（襄公十七年）]；楚灵王年复一年地征发民众去修造露台，直到不堪重负的庶民废黜了他[《国语》（四部丛刊本），卷17第7—9页]。
[2] 理雅各：《孟子》，5（2）7。
[3]《国语》（四部丛刊本），卷10第18页。

个不同于其他农村人口的群体,但他们也不同于城市商人阶层。似乎没有迹象表明当时存在类似中世纪欧洲行会的组织,这些行会在某种程度上独立于封建领主,但是中国古代的商人经常被当作一个群体来对待。例如为了确保卫国的臣服,晋国曾要求他们将工匠和商人作为人质送到晋国。[1]虽然卫人选择了战斗而不是服从,但这表明商人和工匠组成一个特定的职业团体,有时可能会集体搬迁。如果商人是分散团体,这一行动将很难实施。在另一事例中,晋国外交使者与一位郑国商人签订的协议被报告给了郑国政府。在同一段文字记述中,还提到郑国商人和郑国政府之间此前达成的协议[2],该协议表明一个郑国商人能够代表郑国所有的商人,这说明可能存在一个商人集体,以构成协议双方之一。这一群体的存在似乎是商人成为一个职业阶层的结果,其成员一方面不同于平民,另一方面又不同于贵族。然而,这个阶层受国家和封建领主的完全控制,他们之间是家臣与主人的关系。[3]

---

[1]《春秋左传正义》(四部备要本),卷55第8页(定公八年)。
[2]《春秋左传正义》(四部备要本),卷47第10页(昭公十六年)。
[3] 郑国国君与商人之间的协议被用作证据以支持商人独立于国家的理论,参见瞿同祖《中国封建社会》,第201—202页。然而,从上下文可见,郑国商人的祖先由于西周王城被犬戎攻占,从王都迁居而来。郑国也起源于西方,似乎其在东方重建时受到过这些商人的帮助。既然他们是从都城来的,大概属于周王室,所以郑国国君不能将他们局限于郑国,也不能通过封建权力建立起对他们的统治,因为商人不是郑国封建结构中的一部分。可行的办法是与他们签署一个协议,规定他们之间的保护者与家臣的合法关系。这很可能是协议问题的真正背景,尽管没有其他史料中有协议的这种用法。

商人阶层兴盛的先决条件是商业活动的活跃。而保持商业活力的三个因素——良好的市场、充足的商品和被广泛采用的货币体系，在春秋后期之前似乎都不存在。直到那时，农民才需要商人的服务，偶尔会有小贩把商品带到集市和市场。[1] 易货交易制度可能被普遍使用，《诗经》的一句诗即以女主人公怀里抱着一捆布去市场交换丝绸开始。[2] 繁荣商业的第二个必要条件是商品的充足供应。春秋早期，工匠是国家或封建领主的家臣，数量并不多。集市内可供贸易的商品可能是庶民农产品的剩余，因此可能在数量和质量上都会受到很大限制。当时每个国家似乎只有数百名专业的工匠。公元前588年，鲁国曾送工匠（包括刺绣和纺织工各100名）去楚国做人质。[3] 有几个国家也专门设有管理工匠的机构。[4]

---

[1]《孟子》尽管是晚出的作品，但有一章对商业的起源做了有趣的描述："古之为市也，以其所有易其所无者，有司者治之耳。"参见理雅各《孟子》，2（2）10。
[2]《诗经》，卷3第13—15页；另见理雅各《诗经》，1（5）4；韦利《诗经》，第96页及以下。在诗中，术语布（布料或其他纺织品）也可能意味着一种布币，这将从根本上改变本书的解释。参见王毓铨《中国早期货币》，纽约：美国货币学会，1951年，第106—108页。一块布币只有几英寸（1英寸约等于2.54厘米）长，便于携带。但是这里"抱布贸丝"使用的"抱"，意思是"抱在怀里"，似乎一捆布比布币更适合抱在怀里。王先生认为，"携带购买更精细、更珍贵的纺织品，如丝绸所需的大量物品是不方便的"（王毓铨《中国早期货币》，第107页）。值得怀疑的是，携带所需数量的布料是否真的如此不便？如果没有蚕的女主人公自己织布，这可能更合乎逻辑。这首诗可以追溯到春秋早期，王先生认为在公元前6世纪（王毓铨《中国早期货币》，第108页）。
[3]《春秋左传正义》（四部备要本），卷25第12页（成公二年）。
[4]《春秋左传正义》（四部备要本），卷9第12页（庄公二十二年），卷30第11页（襄公九年），卷42第18页（昭公四年），卷56第3页（定公四年）。

商业活动活跃的第三个条件，是货币作为交易手段的广泛使用。早在商代，货币即已出现[1]，但至春秋时代，货币的使用尚不常见。财富仍然以牲畜（如马）作为衡量标准。[2]在孔子时代，薪俸是用谷物和其他粮食支付的[3]，商品经常被用作易货的对象。[4]这些事例表明，在春秋早期金属货币尚未广泛流通。然而，在战国时期的考古地层中发现了大量不同价值的货币。[5]

由于缺乏这些必要条件，因此很难想象在春秋早期能存在一个兴盛而强大的商人阶层。他们以及与他们密切相关的社会群体——工匠，并不能从封建社会的较低级社会地位中有所抬升。

四、仆庸和奴隶

据《左传》记载，皂、舆、隶、僚、仆、台、圉、牧八

---

[1] 王毓铨：《中国早期货币》，第55页及以下。
[2] 例如，晋文公在齐国有80匹马，参见《春秋左传正义》（四部备要本），卷15第5页（僖公二十三年），《国语》（四部丛刊本），卷10第2页。楚国令尹对宠幸的人的慷慨的标志，也使他们以拥有的马匹数量而闻名。参见《春秋左传正义》，卷35第3页（襄公二十二年）。
[3] 詹姆斯·理雅各译：《论语》，伦敦：特鲁布纳公司，1861年，6（3）。
[4] 例如，一个曾是国家官员的奴隶被五张羊皮买回，参见《吕氏春秋》（四部丛刊本），卷14第16—17页。在一件青铜器铭文中，马、丝绸、奴隶以及货币都能被用来交易，参见郭沫若《两周金文辞大系考释》，第96—97页。
[5] 参阅本书第五章。

种职业处在社会底层。[1]这个阶层的女性成员有妾、女工和女乐。[2]由于这一群体的人很少有机会被载入史册,我们对他们了解甚少。然而,从一些事例中可以看出,奴隶的生命不受主人重视,在他们看来一个奴隶与一条狗的价值差不多。有一次,一只狗被毒死后,一名奴隶被命令去试尝那些有毒的肉。[3]还有一天晚上,晋公室的一个仆人梦见他背着国君上了天堂。第二天早上,他确实背着国君去了,但不是去天堂,而是去了厕所,国君不幸在那里去世了。据说这个仆人被殉葬,是为了在另一个世界继续服侍国君。[4]一个大家族可能拥有很多奴隶——数以千计的狄人俘虏曾被国君作为战功的奖赏,赏赐给晋国大将桓子。[5]青铜器铭文中有好几处提到授予奴隶。齐国的一个青铜钟铭文记载,300户家庭,外加一个300城镇的采邑以及其他4000人被齐国国君赐予器主。[6]奴隶也是一种可买卖的商品,青铜器铭文记录了五名男性奴隶的价格,即100寽[7];同篇铭文还告诉我们,奴隶与土地、谷物或丝绸一样,都

---

[1]《春秋左传正义》(四部备要本),卷44第2页(昭公七年)。这八个术语中有一些术语的定义较为可疑,最好不要翻译。
[2]《国语》(四部丛刊本),卷13第7页。这些女性是郑国送往晋国的贡物。
[3]《春秋左传正义》(四部备要本),卷12第9页(僖公四年)。
[4]《春秋左传正义》(四部备要本),卷26第15页(成公十年)。
[5]《春秋左传正义》(四部备要本),卷24第7页(宣公十五年)。
[6] 郭沫若:《两周金文辞大系考释》,第203页。据郭沫若考证,此钟可能铸于公元前565年(参见郭沫若《两周金文辞大系考释》,第205页)。
[7] 郭沫若:《两周金文辞大系考释》,第97页,一个单位寽的价值随时间和地域而异,此处并不清楚。参见郭沫若《两周金文辞大系考释》,第12—13页。这件青铜容器的年代约在公元前9世纪。

可以作为财富的一部分被用于协议的偿付。[1]《左传》还记载流亡在外的鲁昭公,卖掉了篡位的执政大臣派来送信的使者。[2]

上面的记述告诉我们一些奴隶的命运,但目前尚不清楚他们是否广泛参加生产劳动,还是主要充当家内用人。同样没有证据表明,古代中国的经济和古代希腊的经济一样,是基于奴隶制的。

我们已经看到,春秋及其以前,封建社会上层和下层的确是大相径庭,但这种差距并非不可逾越。孔子曾经怒斥鲁国执政大臣僭越八佾之舞[3],这表明早期明晰的社会等级差别,在春秋多国体系下可能在很大程度上已然模糊。富有的士生活得悠闲舒适;而贫穷的士却需要靠汗水来养活自己,他们可能过着与庶民一样的生活。国君占据社会上层,奴隶处在底层,但晋惠公却给其子取名为"圉(奴隶)",其女取名为"妾(女奴)",因为占卜者预言他们注定要成为奴隶。[4]显然,尽管它很遥远,国君和占卜者似乎都考虑过这种可能。

五、尊贵的观念

在西周和几乎整个春秋时期,封建社会在政治和经济上被

---

[1] 郭沫若:《两周金文辞大系考释》,第97页。
[2]《春秋左传正义》(四部备要本),卷53第1页(昭公二十九年)。
[3] 理雅各:《论语》,3(1—2)。
[4]《春秋左传正义》(四部备要本),卷14第9—10页(僖公十七年)。

划分为以下几个阶层：国君、大夫、士和庶民。其中庶民包括农民、商人和工匠，以及可能从事上面三类庶民职业的奴隶。这种社会分层是合理的，甚至得到家族观念及其相关信仰的证明和保障。

商代甲骨文记载，商王会不时向已故先王和王后提问、献祭。这些先公、先王和王后"即便不是神，也和神一样，就像掌握他自己的权力一样使用与'帝'大致相同的权力"[1]。事实上，春秋时期的大多数国家都声称他们的公室源自古代王朝，大多数贵族也与公室有血缘关系。如果贵族能够保证他们的祖先是神，那么他们的特权地位也是理所应当的，这在不同时期的不同民族文化中并不罕见。例如，古埃及的国王声称自己是太阳神拉的儿子[2]，斯巴达国王不仅承继宙斯的儿子廷达里德双胞胎弟兄的香火，而且还认为自己是神的后裔。[3]春秋时期各国公室可分为三大集团：第一个是战败的商人子姓宗族的后裔，他们只统治宋国；第二个是由周王分封的姬姓子孙而传承下来的众多诸侯国组成；第三个是周朝建立之前就已经存在的方国后裔，这些国君通常宣称自己是上古帝王的后裔。无论是

----

[1] 顾立雅：《中国之诞生》，纽约：雷纳-希区柯克出版社，1937年，第184页。
[2] 约翰·威尔逊：《埃及的负担》，芝加哥：芝加哥大学出版社，1954年，第46页。
[3] 希罗多德著，G. 罗林森译：《波斯战争》，F. R. B. 戈多芬主编：《希腊历史学家》5.75，纽约：兰登书屋，1942年，卷1第321页；色诺芬著，H. G. 达金译：《斯巴达的宪法》，《希腊历史学家》2.674，卷2第674页；J. 弗雷泽：《金枝（第三版）》，纽约：麦克米伦公司，1935年，卷1第46—47页。

上古帝王还是传奇英雄，对历史学家来说都只剩一组名字。古代传说中留存的有关这些帝王的故事十分模糊和稀少，以至于几乎没有任何信息可查。[1]

商王室同样宣称他们的祖先是神。[2] 据宋国史诗记载，商朝政权是由"帝"委托建立的。《诗经》中的《商颂》这样记载：

> 天命玄鸟，降而生商，宅殷土芒芒。
> 古帝命武汤，正域彼四方。
> ……
> 四海来假，来假祁祁。
> 景员维河，殷受命咸宜，百禄是何。[3]

从这个故事中可以清楚地看出，上帝把统治世界的使命交给商人始祖，他是遵从神的旨意由玄鸟生出的，尽管玄鸟的形象有些神秘。《诗经·商颂》中关于商王朝建立的另一个更长、更清晰的故事如下：

---

[1] 这里应该澄清的一点是，贵族在国与国之间的横向流动并不罕见，一个国家的公室成员往往出于各种原因会离开其母国，并在异国定居。然而，由于这里研究的是来自神圣祖先的贵族，这些流浪贵族将根据他们的出身地进行分类。即使在流亡条件下，春秋贵族的祖先也可以按照上述三种分类来考虑。
[2] 顾立雅：《中国之诞生》，第184页。
[3] 理雅各：《诗经》，4（3）3。译文稍有修改。

浚哲维商,长发其祥。

洪水芒芒,禹敷下土方。

……

有娀方将,帝立子生商。

……

帝命不违,至于汤齐。

汤降不迟,圣敬日跻。

昭假迟迟,上帝是祗,帝命式于九围。

……

昔在中叶,有震且业。

允也天子,降予卿士。

实维阿衡,实左右商王。[1]

这里可以看出,商王朝的女性祖先虔诚地献祭上帝,以至于帝让她的儿子成为一个伟大王国的首领,甚至让他成为天的儿子。上帝保佑商,维持他们的地位,并在他们需要时提供必

---

[1] 理雅各:《诗经》,4(3)4。译文中有两段需要修改。传统上,有娀被认为是契的母亲简狄出生的部落的名字。参见《诗经》(四部丛刊本),卷20第14页郑玄注。"方将"自汉代毛亨、郑玄解释为"开始变得伟大",理雅各也持这种看法(参见《诗经》,卷20第14页;理雅各:《诗经》,第639页注释)。然而,"将"似乎指的是前两首诗中的一种祭祀[理雅各:《诗经》4(3)1、4(3)2,《诗经》卷20第11、12页]。通常认为,"子"是指简狄的儿子,正如理雅各的解释,但这种关系有些可疑。"子"可能指的是商王朝的名号。在另一段话中,"震"可能表示汤的勇敢,而"业"则意味着他的成就;这种理解更接近诗篇上下文歌颂商汤荣耀与功绩的意旨。参见《诗经》(四部丛刊本),卷20第15页郑玄注。

要的帮助。商王朝灭亡很多代以后,一位在齐国供职的宋国公室子孙仍然将他向远祖汤的祈祷铸于青铜器上;汤是商王朝的创始人,被授予天命统治天下,去世后陪伴在至高神——上帝的身边。[1]因此,商王室宣称其保护者是最高和最强大的神,即上帝本人;王室成员也就有充分理由,认为自己理应享有所有崇高的特权。

对于本研究关注的时期来说,更重要的是姬姓周人家族的祖先。周代早期文献里曾多次着重强调,小邦周能够征服大邑商,是因为上天抛弃了邪恶的商王,并将统治世界的福佑和天命移交给周王。而且,文献还认为一旦哪个统治者不应再得到天命,天命会立刻转移。这一行动类似于主人对仆人任命的转变。[2]在颂诗《诗经·生民之什》中,周人和商人一样,编造了一份家谱,把王室与神联系起来,让人觉得周的第一任领袖是由神的圣灵所生,如下所示:

厥初生民,时维姜嫄。
生民如何?克禋克祀,以弗无子。
履帝武敏歆,攸介攸止。
载震载夙,载生载育,时维后稷。[3]

---

[1]郭沫若:《两周金文辞大系考释》,第203页。
[2]詹姆斯·理雅各译:《书经》,伦敦:牛津大学,1865年,5(12)9,第425页;5(14)4—14,第454—456、459页;5(16)2—3,第474—475页。
[3]理雅各:《诗经》,3(2)1,第1页。

周王室创始人后稷的名字表明,他是一位粟神——农业神,因为"后"的意思是"统治者"或"君主",而稷就是粟(小米)。像许多民族的传奇英雄一样,他经历了一连串的考验。颂诗《生民之什》继续说:

> 诞弥厥月,先生如达。
> 不坼不副,无菑无害,以赫厥灵。
> 上帝不宁,不康禋祀,居然生子。
> 诞寘之隘巷,牛羊腓字之。
> 诞寘之平林,会伐平林。
> 诞寘之寒冰,鸟覆翼之。
> 鸟乃去矣,后稷呱矣。
> 实覃实吁,厥声载路。[1]

这首颂诗讲述了后稷在农业方面所取得的杰出成就。据说他祭祀中丰厚的谷物祭品让神很满意,并且他的子孙也继续用大量的牺牲虔诚地祭神。[2]

  周王朝的君主不仅与神有血缘联系,而且还被授予天命,以取代商王朝统治天下。[3]天命延伸至周的后继者:"允王保

---

[1] 理雅各:《诗经》,3(2)1,第2—3页。
[2] 理雅各:《诗经》,3(2)1,第4—8页。
[3] 这类例子参见理雅各《书经》,5(3)5,第310—311页;理雅各《诗经》,3(1)1,3(1)7,4(2)4,4(1)6,4(5:1)9。

之。"[1] 去世的周王被认为是在天庭居住于上帝左右,他们自然也就希望确保上天能给在世的周王带来福佑。因此,又有一首《诗经·文王之什》写道:

> 文王在上,于昭于天。
> 周虽旧邦,其命维新。
> 有周不显,帝命不时。
> 文王陟降,在帝左右。[2]

《文王之什》中的另一首诗《下武》告诉我们:

> 下武维周,世有哲王。
> 三后在天,王配于京。
> 王配于京,世德作求。
> 永言配命,成王之孚。[3]

帝不时派遣大臣去辅佐周王,帮助他贯彻其统治天下的神圣使命。例如甫伯和申侯是接连天廷的山岳降下的神所生。这两位侯、伯被誉为"维周之翰""四方于宣"。[4] 在《诗经·荡之什》

---

[1] 理雅各:《诗经》,4(1:1)7。
[2] 理雅各:《诗经》,3(1)1。
[3] 理雅各:《诗经》,3(1)9。
[4] 理雅各:《诗经》,3(3)5。

中，一位名叫仲山甫的大夫的出生是由于：

> 天监有周，昭假于下。
> 保兹天子，生仲山甫。[1]

依靠他的神圣血统、托付给他家的天命、居住在帝左右的已故祖先以及帝的护佑，周王无疑是统治天下的最适当的人选，这种信仰也被后世执掌许多国家的周王室后裔所共享。因此，《文王之什》中有：

> 亹亹文王，令闻不已。
> 陈锡哉周，侯文王孙子。
> 文王孙子，本支百世。
> 凡周之士，不显亦世。[2]

只要后世子孙继续按照祖先的轨迹行走，他们就会得到上天的祝福。[3]

上面讨论的观念，在西周时期的青铜器铭文中多有记载。这里可以给出便利使用的一本青铜器铭文选集中的几个例子。一篇可以追溯到征服商人的周武王时期的铭文，记载着武王祭祀上帝

---

[1] 理雅各:《诗经》，3（3）6。
[2] 理雅各:《诗经》，3（1）1。
[3] 理雅各:《诗经》，3（1）9。

时，他的父亲文王在天上看着他。[1]另一篇来自康王（姬钊）时期（约公元前1052—前1002年在位）的祈祷词，是向居住在天上的先王祈祷，以保佑他们孝顺的子孙长久的统治。[2]有一套可能追溯到共王（姬繄扈）时期（约公元前934—前910年在位）的编钟，其中两件铸有一段很长的铭文，是说先王都陪伴在上帝身边，会给他们的子孙带来无限祝福。[3]不仅王室的铭文中有这样的先王居住上天的故事，即便是卿大夫们也有同样的认识。一位可能是厉王（姬胡）时期（约公元前878—前841年在位）的大夫，发誓要像他父亲那样忠于周王职事，向他居住在上天而又有能力影响天下的祖先求佑，请求他们降下福祉。[4]

上述事例表明，周王室的宗族成员宣称拥有神圣血统，拥有天下的统治权，并得到神化祖先的护佑。有如此强大感召力的信仰传承，足以使周人贵族自己和他人相信，他们的社会地位是理所当然的。

商周王室以外，其他国家还存在另外的王室集团。遗憾的是，现存关于第三组的资料零碎，无法重建他们的情况。然而，仅凭现有材料足以表明这些贵族集团虽然不一定与商周王室有关联，但他们也拥有不同寻常的血统。战国早期的一件青铜器铭文上，记述了齐国一位陈姓的君王——他的父亲从合法

---

[1] 郭沫若：《两周金文辞大系考释》，第1页。
[2] 郭沫若：《两周金文辞大系考释》，第51页。
[3] 郭沫若：《两周金文辞大系考释》，第83页。
[4] 郭沫若：《两周金文辞大系考释》，第127页。

的姜姓君主那里篡夺了君位——将其祖先追溯到了黄帝这一中国历史上的人文始祖。因此由陈国得姓的陈氏宗族,也就拥有不同寻常的起源和由此而来的特殊禀赋。[1]战国时秦国和赵国的王室都出自嬴姓,传说是该氏族的女性祖先吞下一只飞翔的玄鸟的卵,然后生下嬴姓始祖。[2]两篇春秋时期秦国的青铜器铭文都写道:

> 丕显朕皇且(祖)受天命,鼏(幂)宅禹责(迹),十又二公。
>
> 在帝之坏,严龏夤天命,保业厥秦,虩事蛮夏……[3]

六、祖先的影响

春秋时期中原的人们相信,一个国家的军事和祭祀是最重要的两件事,"国之大事,在祀与戎"[4]。他们的生活完全被祖先的阴影所笼罩。比如,年轻人成人的冠礼需要在宗庙举行。

---

[1] 郭沫若:《两周金文辞大系考释》,第219页。这也是青铜器铭文中第一次出现"黄帝"。
[2]《史记》(四部备要本),卷5第1页,卷43第1页。
[3] 郭沫若:《两周金文辞大系考释》,第247、250页。这两件铜器的年代仍有疑问。虽然其中一个明确地提到它们是在第13任秦公统治期间铸造的,但有一个问题,即之前的哪个国君应该被视为第一任。郭沫若认为第13任是景公(公元前576—前534年)(参见郭沫若《两周金文辞大系考释》,第247—248页)。
[4]《春秋左传正义》(四部备要本),卷27第6页(成公十三年)。

鲁襄公十二岁时参加过一次国际会议（列国会盟），晋国国君也参加了会盟。按照当时的习俗，晋侯被认为是襄公的叔叔。晋侯建议侄子可以行冠礼了，襄公的陪同大夫回答说：

> 君冠，必以裸享之礼行之，以金石之乐节之，以先君之祧处之。今寡君在行，未可具也。请及兄弟之国而假备焉。

随后，冠礼在卫国成公的宗庙中恰当地举行，因为卫国与鲁国同出于周王室一支。[1]战争期间，远征军在宗庙里受命，当国君亲自统率军队时，有时会将祖先牌位放在一起祫祭。[2]就像公元前575年晋楚鄢陵之战那样，参战前将士们集合"虔卜于先君"[3]。战士们的祖先也会帮助他们赢得战斗，安全归来。偶然保存下来的一份私人祈祷说：

> 曾孙蒯聩敢昭告皇祖文王、烈祖康叔、文祖襄公：郑胜乱从，晋午在难，不能治乱，使鞅讨之。蒯聩不敢自佚，备持矛焉。敢告无绝筋，无折骨，无面伤，以集大事，无作三祖羞。大命不敢请，佩玉不敢爱。[4]

---

[1] 理雅各：《春秋左传》，第441页。
[2]《春秋左传正义》（四部备要本），卷8第9页（庄公七年），卷11第7页（闵公二年）。
[3]《春秋左传正义》（四部备要本），卷28第4页（成公十六年）。
[4] 理雅各：《春秋左传》，第799页。

战争结束后，胜利之师回国后要将俘虏献到宗庙（献俘于庙）并报告胜利。[1]

在和平时期，列国盟约需要得到所有参与国祖先的同意才能批准。有一个盟约的结尾是这样的：

> 或间兹命，司慎司盟，名山名川，群神群祀，先王先公，七姓十二国之祖，明神殛之，俾失其民，队命亡氏，踣其国家。[2]

上述例子表明，作为一个国家的两大事务的祭祀和战争，均深受祖先的影响。冠礼也必须在尊敬的祖先面前举行。可见，祖先加在人们头上的阴影有多么巨大，参与现实世界的事务有多么广泛！在强大祖先的祝佑下，贵族很可能会相信自己占据高位并非偶然。

贵族们似乎相信他们拥有一些普通人所没有的天生禀赋。郑国大夫伯有在政变中被杀，人们相信他的灵魂在都城里游荡。一位邻国国君与一位郑国使者曾讨论这一事件，郑国使者对上述事件的合理解释如下：

> 匹夫匹妇强死，其魂魄犹能冯依于人，以为淫厉，况

---

[1]《春秋左传正义》（四部备要本），卷3第13页（隐公五年），卷48第5页（昭公十七年）。
[2] 理雅各：《春秋左传》，第453页。

良霄。我先君穆公之胄，子良之孙，子耳之子，敝邑之卿，从政三世矣。郑虽无腆，抑谚曰"蕞尔国"，而三世执其政柄，其用物也弘矣，其取精也多矣。其族又大，所冯厚矣。而强死，能为鬼，不亦宜乎！[1]

贵族可能拥有一种与常人在数量或质量上的不同禀赋。这种情况使得一个死去的贵族比一个平民的灵魂更可怕，尤其是在有利的条件下，比如《左传》中所述的郑国贵族伯有。可以推断，这种由贵族血统承继的神圣天赋，是造就他的重要因素。这一观念也使得人们相信与鬼魂交流的重要性，正如他们试图通过祭祀或其他方式来做到这一点。

贵族受到祖先的祝福和超凡禀赋的信仰，伴随着几个相关的观念。其一是统治集团的宗教责任，以确保这种禀赋延续不断。其二是个人完全湮没在家族之中，这样会使神圣特权在本族血统中得到更多传承。其三是过去的传统因为与神化祖先有联系而受到尊崇。

先讨论第一点。春秋时期，君主被认为是"神之主而民之望"，并说"天生民而立之君"。[2]因此，如果君主忽视对民众或祭祀的责任，那么他将被视为不合格。[3]值得注意的是，君主在世俗事务和宗教义务方面的疏忽同样受到谴责。在某些场

---

[1]理雅各：《春秋左传》，第618页。
[2]理雅各：《春秋左传》，第466页。
[3]《春秋左传正义》（四部备要本），卷32第10页（襄公十四年）。

合下,君主的宗教特权似乎比他的实际统治权对其角色更为重要。被流放的卫国国君,在其与执政卿大夫的归国谈判中,允诺他只主持祭祀,而将国家事务的处理让渡给大夫的家族。[1]这表明法理上的主权与宗教功能的联系。

春秋时期,人们用父子关系或牧羊人与羊的关系来形容君主与臣民的关系。例如,一位博学的音乐大师师旷曾经说:"养民如子,盖之如天,容之如地。民奉其君,爱之如父母,仰之如日月,敬之如神明,畏之如雷霆。"[2]

即便在大夫削弱甚至篡夺君主的权位后,在大多数情况下君主与臣民的名义上的关系仍保持不变。本书第四章会提到统治权掌握在大臣手中,而君主仍保留头衔的情况。由于统治集团的成员通常都出自同一个家族,他们的家族关系对保障君主-臣民关系的稳定起到很大作用。如果一位贵族认为,他的社会地位归因于他与君主有共同的天赋,这种天赋是一并从他们的祖先那里继承下来的,那么,他可能会推断,代表大宗的君主自然会比他作为小宗继承更多的神圣天赋。[3]无论如何,春秋时期的人们制定了一套维持等级关系固定的道德准则。君臣关系一旦确定,就很难避免或者规避。一位楚国大夫(箴尹

---

[1] 理雅各:《春秋左传》,第523页。
[2] 理雅各:《春秋左传》,第466页。
[3] 各种不同仪式的等级似乎是专为强调君主神圣的主导地位。例如,君主可以修建祭祀远祖的宗庙,而贵族则只被允许祭祀很少的几代直系祖先,其享受的祖先祝福、遗传神性都要比君主次一等。

克黄）在亲属全部被杀后仍选择回到楚国，他对请他逃离楚国的建议回答如下："弃君之命，独谁受之？君，天也，天可逃乎？"[1]不管君主是不是上天，关键是在春秋时代，人们通常接受现状而不考虑改变的可能。封建道德规范赞扬现状，而亲情为此提供了思想基础。卫人与其被流放的国君，在其归国后所签订的一份盟约内容如下：

> 天祸卫国，君臣不协，以及此忧也。今天诱其衷，使皆降心以相从也。不有居者，谁守社稷？不有行者，谁扞牧圉？不协之故，用昭乞盟于尔大神以诱天衷。自今日以往，既盟之后，行者无保其力，居者无惧其罪。有渝此盟，以相及也。明神先君，是纠是殛。[2]

这种政治纠纷解决后的相互宽容，类似兄弟争吵后的和解。如果是没有家族观念的国家，这种情况可能会以不同的方式结束。

官员任职不是因为个人能力或选择，而是因为世袭任职；他代表着家族和国家的结合。当宋昭公的君位不稳时，一位国君任命的大夫谢绝了他父亲的职位，而将职位传给了自己的儿子。他给出了如下理由：

---

[1] 理雅各：《春秋左传》，第297页。
[2] 理雅各：《春秋左传》，第211页。

> 君无道，吾官近，惧及焉。弃官则族无所庇。子，身之贰也，姑纾死焉。虽亡子，犹不亡族。[1]

这位大夫为了挽救自己的家族，而牺牲了自己的儿子。家族作为一个整体，显然比任何一个成员都重要——而在上述事例中，这个成员就是自己时运不济的儿子：他获得这个职位是因为他是家族成员，其丧命也是如此。

如果家族湮没了个人的生活，那么国家也被认为是一个扩大的家族。所有家族内的道德规范，如宽容等，都适用于家族取向状态下的国家行为。

第三种现象与祖先祝福和继承天赋有关，那就是尊重传统。由于过去与可敬的祖先有联系，那么人们以过去为榜样也就理所当然。青铜器铭文中不止一次写道，当一位贵族被授予职位或给予报酬时，他祖先的功绩和成就需要被列举。例如一篇铭文记载的是周王给一位名叫盂的官员赏赐时的命令，铭文的后半部分记录了周王历数他祖先南公的功绩，命令他效仿祖先南公，并赐予他南公的旗帜。[2]有一次，当来自当时最强大的晋国的使臣希望向周王报告胜利的消息时，周王拒绝接见他，因为按照传统礼仪，他的职位和使命是不合适的。[3]因此，一位诗人在提到君主的正确仪节时写道：

---

[1] 理雅各：《春秋左传》，第275页。
[2] 郭沫若：《两周金文辞大系考释》，第33—34页。
[3] 《春秋左传正义》（四部备要本），卷25第13页（成公二年）。

不愆不忘，率由旧章。[1]

本章描述了封建社会的社会结构，以及用来解释或证明其合理性的观念。如果时间进程停滞不前，社会结构的上层会保持他们对上帝赋予的优越感的信念，而社会结构中的下层则不得不欣然接受他们的命运。然而，时间流逝，变化和革命发生了。春秋战国时期不仅见证了社会流动，也见证了社会结构的重塑。政治制度、经济因素和意识形态相互联系、相互影响，共同关联着社会关系和模式的变革。在接下来的章节中，我们将首先描述社会流动现象，然后从政治、经济和意识形态的角度讨论相关的变化。

---

[1] 理雅各：《诗经》，3（2）5，第2页。

第二章　社会分层与社会结构的变化

一、春秋时期的社会变迁

如前一章所述，春秋时期（公元前722—前464年）的社会结构整齐有序，其中君主、卿大夫和士（官员、武士和贵族家臣）组成统治集团。然而，这种社会分层在这两个半世纪不断变化的历史中，绝不是静态的。短期的变化可能不会引起注意，但长远看就会发现一些显著的变化。旧秩序似乎被打乱了：君主的统治权力被卿大夫篡夺，君主仅剩下名义，大夫的权力超出了他们的管辖范围，甚至延伸到整个国家。这些大夫通过贵族家族联盟甚至是分裂国家的方式推翻了君主，就像春秋末期发生的那样——大国之一的晋国被分成三个新国家，每个新国家都由一个强大的家族来统治。在另一个重要的国家齐国，一个贵族家族篡夺了君权并驱逐了原有的君主。

当时，过去一直不太引人注目的士阶层，也开始参与历史的塑造，在春秋时期接近尾声时变得越来越活跃。例如鲁国一个贵族家族的官员发动政变，并作为专制君主的身份统治了数年。[1]孔子的一位弟子，尽管只是一个贵族家族的家臣，实际上却在抵抗邻国齐国的入侵时成为军队指挥者。[2]孔子本人就是士阶层最重要的历史人物之一。

社会秩序的变化在春秋时期结束之前就被注意到，这一点从当时人们的叙述中可以看出，例如晋国使臣叔向和齐国大夫晏子之间的对话。叔向询问晏子有关齐国的情况，晏子回答说，他确信非常受欢迎的陈氏家族会从国君手中夺取齐国政权，而国君显然已经完全失去人民的支持。叔向告诉晏子，晋国的情况也并不好，行政瘫痪，民众筋疲力尽、饥肠辘辘，而国君却忙于建造新宫室，并将国家的钱财浪费在宠臣身上。许多重要家族衰落，而几个更有权势的家族从公室手中接管了政权。晋国公室的远亲叔向认为，公室的倒台会对他的直系亲属产生深远的影响，他担心它的未来。[3]公元前511年，史墨在评论鲁公被自己的大臣流放时曾说道，自古以来，君臣关系就不是恒定不变的，因此有诗云：

高岸为谷，深谷为陵。

---

[1]《春秋左传正义》（四部备要本），卷51第11页（昭公二十七年），卷55第2、5、9页（定公五、六、八年）。
[2]《春秋左传正义》（四部备要本），卷58第11页（哀公十一年）。
[3]《春秋左传正义》（四部备要本），卷42第5—6页（昭公三年）。

他说，智氏家族连续在四位国君统治期间掌权，如此之久以至于人们不再记得还有国君、公室。[1]史墨的话可能并不意味着他个人认同这些改变，但它们确实表明：变化是公认的，并被认为是不可避免的。

《国语》给出了类似的例子。晋国六卿经过激烈的权力斗争后，失败的范氏和中行氏被清除。时人感叹说，这两个家族的后代被迫流落他国，以耕种谋生，他们祭祀祖庙的公牛也被赶到田间从事耕作。史墨观察到，人们之间社会地位的变化的确在不停发生。[2]统计整个春秋时期的历史事件，可以更清楚地发现社会不断变化是一种普遍的、公认的时代现象。研究这一时期最有用的文献是《左传》——这部公元前722年至前469年的编年史。

对《左传》中出现的数千人物进行穷尽式的研究显然非常困难，几乎是不可行的。然而，班固的《汉书》中有一节题为《古今人表》，其中有从各种来源筛选出的1998位汉代以前的人物，并根据他们的品格分成上上至下下九等。其中648位的生活时间早于鲁隐公（本研究的年代上限），而13人则生活在公元前222年中国统一后（本研究的时代下限）。[3]班固的名单并不太详尽，它只包括一些有信息可查的人物，以及他认为

---

[1]《春秋左传正义》（四部备要本），卷53第14页（昭公三十二年）。
[2]《国语》（四部丛刊本），卷15第8页。
[3]王先谦：《汉书补注》，长沙：虚受堂，1900年，卷20，绝大多数名字的订正按照王先谦的注解。

有可能符合他九种品格（或缺乏品格）之一的人物，这均与社会流动和社会分层问题无关。然而，该列表作为一组随机样本，对于研究道德或伦理问题以外的其他相关问题也是有用的。

班固的作品中，给出1337个春秋战国时期的名字：为了数据的可靠性，其中516个来源于《左传》的人，是研究春秋时期社会变化的基础；另外197个确定为战国时期的人，则被用于研究战国时期的社会变化。其中不包括女性、年代无法确定的人物，以及君主——去除君主，是因为他们的职位基本不涉及社会流动。这516个名字只是在《左传》一书中出现的名字的很少一部分，因此被视为一组样本；他们按30年为一个年龄组来具体分组，第一组始于公元前722年，即《左传》的始年。

这种分析的基本前提是，一个人出现在《左传》中是因为其具有某种历史重要性。然而，一些人的名字可能是偶然地被记录在历史中的，因此他们的名字可能重要，也可能不重要。当然可以有把握地假设：所考察的历史人物数量越多，意外被包括之人的占比就越小。这样可以通过比较每个群体历史人物的数量，来确定不同群体的相对重要地位。

本书主要讨论春秋时期的三个社会阶层：国君的兄弟和儿子们（公子）、卿大夫（包括卿和大夫）以及士。上述516人中的大多数属于这三类，但还有少数是史祝、仆役、平民和身份不明者。上述四种人虽然列在表1中，但没有讨论。因为有关他们的信息不足，而且人数相对较少，总数为15%。从各阶层的界定标准可知，对于第一阶层，出身为唯一标准。但对于

表 1　春秋时期的社会阶层分化
（以出现频率为准）[1]

分期	年代（公元前）	a 公子 数量	a 公子 占比	b 卿大夫 数量	b 卿大夫 占比	c 士 数量	c 士 占比	d 史祝 数量	d 史祝 占比	e 仆役 数量	e 仆役 占比	f 平民 数量	f 平民 占比	g 不明身份者 数量	g 不明身份者 占比	总计
I	722—693	17	53	14	44	0	0	0	0	0	0	0	0	1	3	32
II	692—663	8	19.5	26	63	0	0	1	2.5	2	5	1	2.5	3	7.5	41
III	662—633	9	16	30	52	1	2	9	16	5	9	0	0	3	5	57
IV	632—603	7	10	49	70	4	6	3	4	1	1	1	1	5	8	70
V	602—573	8	12	51	74	1	1.5	1	1.5	2	2.5	1	1.5	5	7	69
VI	572—543	8	10	57	68	7	8	7	8	1	1	1	1	3	4	84
VII	542—513	5	6	56	70	4	6	5	6	4	5	0	0	6	7	80
VIII	512—483	5	9	37	66	9	16	2	4	0	0	0	0	3	5	56
IX	482—464	1	4	15	55	6	22	0	0	2	7.5	0	0	3	11.5	27
合计		68	13	335	65	32	6.5	28	5	17	3	4	1	32	6.5	516

[1] 完整的数据和解释，见附录 B。

第二和第三阶层,标准较难确定。这两个群体中个人的社会地位取决于他们所担任的职位,或者取决于能证明其地位的社会活动。如果有人从一个阶层流动到另一个阶层,还会根据其最初身份进行分类。[1]

二、公子阶层

因为早期家族关系与政治组织的密切相关,公子在家族内与国君最亲近,故而公子也会履行最重要的政治职能,例如担任执政大臣、领导军事远征、代表国家执行外交任务,甚至是决定君位继承。下面我们考察一下在连续几代人中涉及公子的次数,以及这些牵涉所带来影响的具体情况。《左传》记载的首要历史事件,是郑庄公和他野心勃勃的弟弟共叔段之间的争斗。[2] 在第一阶段(公元前722—前693年)提到的17位公子中,除共叔段之外,另一位雄心勃勃的公子是卫国的州吁,他篡夺了父亲的君位。[3] 鲁国公子臧僖伯,可能因为他不时会向鲁公提出建议,因而在鲁国具有重要地位。[4] 另一位公子翬,曾指挥鲁国的一支远征军;后来他弑君杀死隐公,并拥立了桓

---

[1] 其名称见附录B和C。
[2]《春秋左传正义》(四部备要本),卷2第9—11页(隐公元年)。
[3]《春秋左传正义》(四部备要本),卷3第6、9、10页(隐公三、四、五年)。
[4]《春秋左传正义》(四部备要本),卷3第11—12页(隐公五年)。

公。[1]卫国的三位公子，公子黔牟、公子寿和太子伋都曾密谋继承君位。卫国前国君的其他两位公子，在卫国新君人选方面发挥了非常重要的作用。[2]楚国公子斗伯比，也在楚国担任要职。[3]

第二阶段（公元前692—前663年）出现了8位公子。陈国的公子完和公子御寇，公子完由于和公子御寇的死亡有关，主动流亡到齐国。[4]鲁国公子庆父和公子牙分别建立了自己的宗族，最终超越了鲁国公室。第三支宗族是由公子友（或季友）建立的。由于他们都是鲁桓公之子，故合称"三桓"。然而，公子友是第三阶段（公元前662—前633年）的9位公子之一，他也是其中最为活跃的那位。[5]

在第三阶段，鲁公子般、晋太子申生和郑太子华都是作为太子，而被自己的兄弟或叔伯杀害。[6]宋公子目夷拒绝了父亲传承给他的君位，新建立一个家族，这个家族有多代成员都在

[1]《春秋左传正义》（四部备要本），卷3第9—10页（隐公三—四年），卷4第15页（隐公十一年）。
[2]《春秋左传正义》（四部备要本），卷7第12页（桓公十六年），卷8第7页（庄公六年）。
[3]《春秋左传正义》（四部备要本），卷21第12页（宣公十六年），卷6第9—10页（桓公六年）。
[4]《春秋左传正义》（四部备要本），卷9第12页（庄公二十二年）。
[5]《春秋左传正义》（四部备要本），卷10第13页（庄公三十二年），卷11第4—5页（闵公二年）。
[6]《春秋左传正义》（四部备要本），卷10第13页（庄公三十二年），卷10第6—8页（庄公二十七—二十八年），卷12第9页（僖公五年），卷13第1—3页（僖公六—八年），卷14第9页（僖公十六年）。

宋国担任要职。[1]晋公子雍最初被送去秦国做质子，晋人召他回国继承君位。但是在其归国途中，卿大夫改变了主意并阻止他回国。[2]

周王室的王子带驱逐了周王，但在晋国的大力扶持下，周王回国，王子带最终被杀。[3]

在第四阶段（公元前632—前603年）提到的7位公子中，卫国公子叔武在其兄长被权臣赶下台后临时负责国家事务。当兄长流亡归来时，叔武被其兄长部队的先锋射杀。[4]

郑公子归生和公子宋犯下弑君罪，归生至少曾有一次在宋国指挥郑国军队作战。[5]王子伯廖，虽然被冠以王子之名，但《左传》明显记载他是郑国朝臣，他可能在流亡中，尽管他的真实身份已不得而知。[6]

第五阶段（公元前602—前573年）有8位公子。楚国的子反是鄢陵之战中楚军的统帅。[7]王室的王札子谋杀了两位卿大夫。[8]郑公子良和公子班都在郑国建立有繁盛的宗族。公子良曾被送到楚国做人质，他也曾多次指挥郑军，并陪同郑成公

---

[1]《春秋左传正义》（四部备要本），卷13第4页（僖公八年）。
[2]《春秋左传正义》（四部备要本），卷19上第5—6页（文公六年）。
[3]《春秋左传正义》（四部备要本），卷13第3页（僖公八年），卷16第1—2页（僖公二十五年）。
[4]《春秋左传正义》（四部备要本），卷16第15页（僖公二十八年）。
[5]《春秋左传正义》（四部备要本），卷21第3、10页（宣公元年、四年）。
[6]《春秋左传正义》（四部备要本），卷22第2页（宣公六年）。
[7]《春秋左传正义》（四部备要本），卷28第7页（成公十六年）。
[8]《春秋左传正义》（四部备要本），卷24第6页（宣公十五年）。

出访其他国家。[1]

曹国公子欣在其父于一次远征中去世后，被派遣去带回父亲的遗体。与此同时，另一位公子却在国内接管了国事。公子欣回国后发现，他的兄弟杀死太子，篡夺了君位。当听到这一消息后，他计划再次出国流亡。曹国的民众（国人）希望跟随他一起离开，以抗议篡位者的暴行。公子欣的官职虽不见记载，但应该相当重要。[2]楚国的公子深是楚国政府中执掌军事的两位卿大夫之一。[3]

第六阶段（公元前572—前543年）提到了8位公子。卫国公子子鲜积极参与了与其他卫国大夫的谈判，以保证其兄长卫献公归国复位。[4]楚国公子子南曾是楚国执政（令尹），公子子囊也曾担任这个职务。[5]吴国公子季札拒绝了父亲和兄长们传给他的王位，转而担任吴国特使出使中原诸国。[6]郑公子騑在平息武装暴乱、恢复国家秩序的几年后，担任郑国执政。当一位新国君登基时，他杀死了这位年轻的国君并让一个五岁的孩童登

---

[1]《春秋左传正义》（四部备要本），卷21第11页（宣公四年），卷23第2页（宣公十二年），卷26第1、2、8、15页（成公三、七、十年），卷27第9页（成公十三年）。

[2]《春秋左传正义》（四部备要本），卷27第9页（成公十三年）。

[3]《春秋左传正义》（四部备要本），卷29第5页（襄公三年）。

[4]《春秋左传正义》（四部备要本），卷37第2页（襄公二十六年）。

[5]《春秋左传正义》（四部备要本），卷34第8页（襄公二十一年），卷27第12页（成公十五年），卷32第12页（襄公十五年）。

[6]《春秋左传正义》（四部备要本），卷39第5页（襄公二十九年），卷52第8—9页（昭公二十七年）。

上君位，由他担任摄政，几乎同时他也被另外的贵族杀死。[1]

第七阶段（公元前542—前513年）提到了5位公子。陈国的公子朝曾是该国出席列国盟会的代表。几年后，他杀死了陈国太子，另外拥立自己的人选为君，他可能是陈国政府的关键人物。[2]周王室的王子朝曾经与他的兄弟分割本已很小的王室领地，并自封为"西王"。五年后，他被他的卿大夫们赶下台，被迫逃亡楚国，几天后在那里被杀。[3]楚国太子建，虽然是王位的合法继承人，但在宠臣的诽谤下失去其父亲的信任和喜爱。起初，他被派去管理北部边境的一个地区，但最终被迫离开楚国，在流亡中去世。[4]

第八阶段（公元前512—前483年）提到了5位公子。其中一位是鲁昭公的儿子，又称公叔，尽管他的实际重要性似乎与其头衔不符。作为一名战士，他只有一名扈从，是一位年轻的邻居，他在抵抗入侵者的战争中战死沙场。如果按他的出身和头衔来看，他的麾下显然应该有一些士卒。[5]楚国公子子西担

---

[1]《春秋左传正义》（四部备要本），卷27第9页（成公十三年），卷29第4页（襄公二年），卷30第7页（襄公八年），卷31第5页（襄公十年）。
[2]《春秋左传正义》（四部备要本），卷41第4页（昭公元年），卷44第12页（昭公八年）。
[3]《春秋左传正义》（四部备要本），卷50第7页（昭公二十二年），卷52第4页（昭公二十六年），卷55第1页（定公五年）。
[4]《春秋左传正义》（四部备要本），卷48第12页（昭公十九年），卷49第2页（昭公二十年），卷60第2页（哀公十六年）。
[5]《春秋左传正义》（四部备要本），卷51第9页（昭公二十五年），卷53第2页（昭公二十九年），卷58第11页（哀公十一年）。

任令尹，而子期则担任军事统帅。[1]卫国公子郢深受其父的宠爱，以至于他差点被任命为君位继承人。[2]

第九阶段（公元前482—前464年），只有一位公子出现在名单上，即宋公子间，他在暴乱中死于非命。[3]

从上述分析中可以推断，随着时间的推移，公子担任国家要职的人数越来越少。如果我们排除楚国，因其在很大程度上是一个特例，那么实际上在公元前542—前513年的30年之后，再也没有公子担任正卿，也没有见到在这一时期之后执政的公子建立起新的具有政治影响力的贵族家族。[4]

此外如表1所示，被提到的公子阶层占同时代其他两个阶层（卿大夫、士）的比例，也呈下降趋势。在第七阶段（公元前542—前513年）期间及以后，这一群体始终低于总人数的10%。下降趋势始于第二阶段，即占比从53%急剧下降到19.5%，然后在第三、四、五、六阶段保持在16%以下。在第四阶段，可以发现百分比已剧烈下降至10%，而同一阶段卿大夫阶层崛起。[5]这种下降似乎意味着随着时间的推移，公子们

---

[1]《春秋左传正义》（四部备要本），卷52第3页（昭公二十六年），卷54第14页（定公四年），卷55第4页（定公七年），卷58第2页（哀公六年），卷60第2页（哀公十六年）。

[2]《春秋左传正义》（四部备要本），卷57第5页（哀公二年）。

[3]《春秋左传正义》（四部备要本），卷58第2页（哀公六年），卷60第3页（哀公十六年）。

[4]各国权贵家族的名字下文给出。

[5]参见表1。

变得越来越不活跃。也就是说，政治活动的中心已基本从公室转移到卿大夫阶层。

当公子们不再通过出身自动获得部分统治权时，国家和家族紧密相连的情况可能已经开始终结。到春秋末期，除楚国外，没有一个公子再能担任任何一个国家的执政职位。为保证他们生活舒适、衣食无忧，他们至少可以得到一块封地，但他们在国家事务中的重要性，已经比春秋初期要小得多。公子阶层权力和重要性的下降，是秦始皇废除封建制度的第一步。

三、卿大夫阶层权力的崛起

第二阶层包括卿大夫和由上层贵族组成的各国官员。这些人通常拥有封地，并以各种官方身份作为附庸，为国君服务。他们传统上分为卿大夫和官员两类，但这两类之间的差异并不明显。卿大夫们在政府中比一般官员更积极，也承担更多责任；后者则处于次要地位，并从属于前者。本研究中将其作为一类来讨论。

按照惯例，贵族成员继承父亲的职位和封地，其父可能是国君的儿子（公子）或卿大夫。他另外的兄弟们则不太走运地被迫接受较低的社会地位，或者出任普通官员，也可能在他们自己的家族或其他重要家族中担任家臣。

虽然公子的人数远远超过了卿大夫阶层，但似乎可以肯定的是——在班固的名单中，卿大夫阶层是最重要的群体，这是本文分析的基础。[1]

如前所述，在春秋时期，公子们逐渐从历史的前台消失，而卿大夫阶层则变得越来越活跃。除表1所示之外，表2中还涉及春秋时期在政府中担任重要负责职务的人员。[2]

如表1所示，335名卿大夫占总人数516人的65%。经过前三阶段44%至63%的波动，卿大夫的比例在第四阶段（公元前632—前603年）达到峰值。随后在公元前632年至前513年这120年的四个阶段中，一直维持在70%上下的高比例。在最后两个阶段，即公元前512—前483年、公元前482—前464年，前者的比例下降到66%，而后者则急剧下降到55%。因此，卿大夫阶层的崛起与公子群体的衰落基本相应，而卿大夫在最后两个阶段的下降意味着士阶层开始掌权。

335名卿大夫中有218名比较活跃，占卿大夫阶层的65%，是总人数的42%。在前三阶段（公元前722—前633年），活跃卿大夫在总人数中的占比都低于平均数字。然后在接下来的60年（公元前632—前573年），活跃卿大夫的比例达到顶峰，在第四和第五阶段分别占卿大夫阶层的77.5%和78%，分别占总人数的54%和58%。在第六、七、八阶段的90年（公元

---

[1] 参见表1。
[2] 以下是表2中所列人员的活动类型：a.执政职位；b.军事统帅；c.作为列国盟会特使或代表的活动；d.在重大事务中向国君提供咨询；e.重要的官员；f.宗族首领；g.参与重要政治决策，如杀害或流放国君及其他重要人物。每位在职卿大夫都标有缩写"Ac."，在附录B的个人姓名后放置，以显示每个人的相对重要性。有趣且值得注意的是，其中为数不多一些人因几个原因而格外重要。

表 2　卿大夫阶层重要性的日增

（以出现频率为准）

分期	年代（公元前）	涉及人数 总人数	涉及人数 卿大夫人数	活跃卿大夫人数	活跃卿大夫人数占比 总人数占比（%）	活跃卿大夫人数占比 卿大夫人数占比（%）	参加各类活动的人数[1] a	b	c	d	e	f	g
I	722—693	32	14	8	25	57	1	4	0	2	5	4	4
II	692—663	41	26	7	17	27	0	0	2	0	2	4	4
III	662—633	57	30	16	28	53	4	7	7	2	11	7	3
IV	632—603	70	49	38	54	77.5	10	18	21	3	23	16	7
V	602—573	69	51	40	58	78	8	22	24	1	12	29	11
VI	572—543	84	57	35	42	61	12	18	23	2	13	24	9
VII	542—513	80	56	37	46	66	7	16	21	0	15	16	8
VIII	512—483	56	37	26	46	70	5	16	13	0	7	17	16
IX	482—464	27	15	11	41	73	2	5	1	0	1	7	7
合计		516	335	218	42	65							

[1] 这7个类别分别是：a. 执政；b. 军事统帅；c. 使臣；d. 顾问；e. 重要官员；f. 宗族首领；g. 参与决定性的政治策略。完整的信息，请参见附录B。

前572—前483年），活跃卿大夫在总人数中的占比已降到不超过46%；春秋末期时，这一数字已下降到41%，略低于平均水平。有趣的是，在第六阶段（公元前572—前543年），活跃卿大夫在卿大夫阶层中的比例突然下降至61%；之后，在第七、第八和第九阶段（共79年），卿大夫阶层中活跃卿大夫的比例又恢复到70%左右的上升趋势。将卿大夫群体中活跃成员比例的上升与他们在总人数中比例的下降相比，我们可以看出，不活跃的卿大夫在最后三个阶段走上历史舞台的机会变得越来越少；然而，他们同样普通的前任在没有参与任何重要活动的情况下，也很可能得到关注。这种变化意味着整个卿大夫阶层社会地位、社会重要性的普遍下降。

卿大夫优势的另一个重要方面，是他们集中在几个大家族中。这些家族中的大多数在春秋初期并不存在，但随着时间的推移可能会以下方式出现：国君或卿大夫特别宠爱的儿子会多年担任要职，等他去世后，他的后代仍能承续他的执政地位。这样，一个受人尊敬的家族就会建立起来。家族中声誉卓著的子孙，也就可以赋予家族更大的影响力和责任感。这一过程并不罕见，事实上在不同的时代和地区发生过多次。

一般来说，个人的成功可以归因于个人能力、运气或机缘巧合。然而，此类成功在同一领域的短时间内多次取得，就暗示存在着与个人无关的原因。这在特定地区和时期的历史上是一个具有重要意义的现象。

以下是各国的一些重要家族，有些将在第四章中专门讨论。

周：召、单、甘、刘；

鲁：季、孟孙、叔孙；

晋：赵、韩、魏、范（或士）、中行、智（或荀）、栾、郤；

卫：石、宁、孙、孔；

郑：罕、驷、丰、羽、印、国、良；

齐：高、国、崔、庆、陈（或田）；

宋：华、乐、皇、鱼、鳞、荡、向；

楚：斗、芳、屈；

陈：夏。

一些家族，如周的召和单，以及齐国的国和高，通常被认为是在很早的时候就已建立，尽管目前并不能证明或反驳这一点。[1]然而，他们大多是在春秋时期建立的。在这每30年一个阶段的9个阶段中，家族的出现次数从2次到23次不等。值得注意的是，在第三阶段（公元前662—前633年）和第四阶段（公元前632—前603年）之间，卿大夫的人数突然从7人增加到14人，这两个阶段的重要活动和卿大夫被提及的总人数都达到顶峰。第四和第五阶段，一些重要家族兴起，如最终三家分晋的韩、赵、魏，春秋末期三分鲁国公室的季

---

[1] 早在齐桓公时期，国、高两个家族就被称为是周王派往齐国的，因此他们可能在齐国建立时就已经存在。参见《春秋左传正义》（四部备要本），卷13第10页（僖公十二年）。

孙、孟孙、叔孙等"三桓"。这一时期，晋国的栾氏，齐国的庆氏、崔氏等都在其他强大宗族的联合打压下崩溃瓦解。[1]家族之间的生存竞争，使他们中的一些人以牺牲其他人为代价；最后，许多家族被摧毁，剩下的家族数量太少以至于无法再组成一个阶层。如表3所见，到第九阶段，活跃家族的数量已经锐减到7个。

表3　卿大夫在大家族中集中
（以出现频率为准）[2]

分期	年代（公元前）	大家族数	卿大夫总人数	大家族中的卿大夫数	大家族中卿大夫的占比
I	722—693	2	14	2	14
II	692—663	5	26	5	19
III	662—633	7	30	7	23
IV	632—603	14	49	20	41
V	602—573	19	51	28	55
VI	572—543	23	57	27	47
VII	542—513	14	56	21	38
VIII	512—483	13	37	17	46
IX	482—464	7	15	8	53
合计			335	135	40

---

[1]《春秋左传正义》（四部备要本），卷38第13—15页（襄公二十八年），卷35第6、10页（襄公二十三年）。
[2] 完整的资料和讨论，参见第二章第三节、第四章以及附录B。

如上所述，卿大夫阶层的成员越来越高度集中在少数几个家族。表3所见，在九个阶段的卿大夫总数中，出身大家族的比例平均为40%。其占比在第五、第六、第八和第九阶段达到峰值，第七阶段相对适中。表1中，卿大夫阶层的权力在春秋后期达到顶峰，而公子阶层在春秋中期及以后呈现衰落趋势。显然，权力已经转移到卿大夫的手中——他们更好地适应了时代。如果权力转移是家族关系与政治分离过程的一部分，那么与公子们相比，卿大夫阶层获得职位不仅要靠出身，更需要能力。[1]而通过对表1、表2所列数字的分析可以看出，卿大夫阶层的衰落甚至早在春秋末期之前就已经开始。卿大夫只在春秋时期掌权，随即将权力传递给一个当时还不为人所知但早已存在的阶层：士。

四、士人的兴起

士是贵族阶层中地位最低的一个群体，他们主要为卿大夫阶层服务，担任卿大夫家族的武士、家臣或两者兼而有之。士可能出身于士家族，也可能是大夫的庶子。他可以为自己的家族工作，也能为其他家族服务。尽管士阶层的人数比其他贵族阶层的成员要多得多，但他们几乎总是被历史学家忽视。班固《古今人表》的前两个阶段都没有提到士，这时的他们被认为

---

[1]本书第四章对此过程有更详细的讨论。

是微不足道的,并不值得在史书中占有一席之地。然而,从第三阶段(公元前662—前633年)开始,他们便与历史事件息息相关。班固名单中的第一位士是介之推,尽管他是晋文公流亡期间的忠实追随者,但在晋文公归国即位后,他没有得到任何封地奖赏。[1]

第四阶段(公元前632—前603年)提及的一位士人,担任一个贵族家族的家宰。[2]在这一阶段提到的另外三个士中,有两个是保镖(骖乘),一个是晋国国君派去暗杀某位大臣的杀手。因此,可以放心地认定这三位都是武士。[3]第五阶段(公元前602—前573年)只提到了一位士:他叫匄句须,是一个贵族家族的家宰,后来被赏赐一块封地;然而他却把封地让给了另一位更能干的家臣。[4]第六阶段(公元前572—前543年)提到七位士:殖绰、秦堇父、叔梁纥、狄斯弥、杞梁和华周都是各国的武士[5];臧坚,是鲁国大夫的后裔,当他认为虐待是对他士人身份的侮辱时,他选择了死亡,这为他在历史上

---

[1]《春秋左传正义》(四部备要本),卷15第9页(僖公二十四年)。
[2]《春秋左传正义》(四部备要本),卷20第7页(文公十八年)。
[3]《春秋左传正义》(四部备要本),卷21第6页(宣公二年)。
[4]《春秋左传正义》(四部备要本),卷28第12页(成公十七年)。
[5]殖绰参见《春秋左传正义》(四部备要本),卷33第7页(襄公十八年);秦堇父和狄斯弥参见《春秋左传正义》,卷31第2页(襄公十年);叔梁纥参见《春秋左传正义》,卷31第2页(襄公十年),卷33第4页(襄公十七年);杞梁和华周参见《春秋左传正义》,卷35第10页(襄公二十三年)。

赢得一席之地。[1]

第七阶段（公元前542—前513年）的名单包括四位士。谢息是鲁国贵族的家臣，为其主人管理着城邑。[2]南蒯是季氏家族一个城邑的邑宰，但他却发动叛乱，最终被驱逐到邻国。他声称自己叛乱的目的，是恢复衰微的公室权力。[3]宗鲁是卫国贵族的骖乘。[4]专诸是一位杀手，他为一个有野心的吴国公子暗杀了吴王。[5]

孔子主要活跃在第八阶段（公元前512—前483年）。他年轻时做过委吏和乘田。[6]也许是因为他在各个领域的广博知识，他后来升为大夫（可能是低级大夫）。[7]重要的是，孔子在鲁国致力于教导弟子。他的一些追随者取得了巨大成功，这些人对他的景仰，无疑为他在鲁国和列国的声誉起到积极作用。[8]孔子去世时已是一位广受尊敬的学者。当时鲁国的实际统治者

---

[1]《春秋左传正义》（四部备要本），卷33第4页（襄公十七年）。
[2]《春秋左传正义》（四部备要本），卷44第5页（昭公九年）。
[3]《春秋左传正义》（四部备要本），卷45第16—17页（昭公十二年），卷47第1页（昭公十七年）。
[4]《春秋左传正义》（四部备要本），卷49第3—4页（昭公二十年）。
[5]《春秋左传正义》（四部备要本），卷52第9页（昭公二十七年）。
[6]理雅各：《孟子》，5（2）5，第4页。孔子也谈到过自己的寒微出身，参见理雅各《论语》，9（6）。
[7]理雅各：《论语》，9（2）。众所周知，孔子对许多学科都有精深研究，而不是专注于某一职业。他曾说由于他的社会地位，他不得不保有一辆车，显然他当时是在从政。参见理雅各《论语》，11（7）。
[8]例如子贡就称孔子是不可超越的。参见理雅各《论语》，19（23）—19（25）。

季康子有时会向他请教，鲁公本人也对他的去世表示哀悼。[1]

在这一阶段提到的其他八个士中，有一个是子路（一字季路），一位与孔子几乎同龄的孔门弟子。他出身于一个相当贫困的家庭[2]，当他从孔子问学后，成为鲁国贵族季氏的管家。在任职期间，他在捣毁鲁国三家权势贵族家族的都塞方面发挥过重要作用。[3]子路在试图营救他最后的主人时被杀，他的主人是一位在卫国政变中被俘的贵族。[4]虽然他从未在鲁国政府任职，但他对自己有能力管理一个规模相当的国家充满信心。[5]有若和樊迟都是孔子的弟子。有若加入了一支自愿组成的步兵队伍，趁夜袭击入侵吴军的王舍。[6]樊迟是冉有战车的戎右，他曾跟随冉有率鲁军抵御齐军的入侵。[7]鲁国的阳虎原是季氏的家臣，通过控制这个鲁国世代最有权势的家族，他以"陪臣执国命"，实际上在公元前505—前502年统治鲁国四年。公元前502年，另一个贵族家族组织的武装力量攻入国都，将

---

[1]《春秋左传正义》（四部备要本），卷58第14页（哀公十一年），卷59第3页（哀公十二年），卷60第1页（哀公十六年）。
[2]《史记》（四部备要本），卷67第3页。据称子路以野菜充饥，负其米袋，穿着相当不体面的衣服。
[3]《春秋左传正义》（四部备要本），卷56第5页（定公十二年）。
[4]《春秋左传正义》（四部备要本），卷59第12—13页（哀公十五年）。
[5]理雅各：《论语》，11（25）。
[6]《春秋左传正义》（四部备要本），卷58第7页（哀公八年）。
[7]《春秋左传正义》（四部备要本），卷58第11页（哀公十一年）。

他驱逐出境。[1]阳虎从一个士开始,通过在权势家族中担任家臣,几乎达到诸侯国权力的顶峰。公山不狃也是季氏家族主要聚居地的一位邑宰,他是那片区域的实际统治者,然而他反抗子路摧毁三家封邑防御要塞的计划;其军队一度进入国都,但最终遭到失败,被迫流亡他国。[2]董安于是晋国赵氏家族的家臣,他在晋国几家贵族的火并中被杀。这场火并使得好几家贵族被灭族。[3]鲁国的武士孟之反(又名孟之侧),在鲁军与齐军战斗的撤退过程中做过后卫。[4]炉金在担任楚国贵族的家臣时,为流亡的楚王提供了庇护。事后,楚王曾计划擢升他为国家官员。[5]

在第九阶段(公元前482—前464年)提到的六位士中,有三位是孔子的弟子。据孔子评价,子贡是一位能干的商人,他似乎从生意中赚到巨额财富。[6]在随孔子问学期间,他擅长辩论,这对他后来作为外交官陪同鲁国使臣出访列国有很大帮助。[7]

---

[1]《春秋左传正义》(四部备要本),卷52第11页(昭公二十七年),卷55第2、5、9页(定公五、七、八年)。
[2]《春秋左传正义》(四部备要本),卷56第5页(定公十二年)。
[3]《春秋左传正义》(四部备要本),卷56第7—8页(定公十三—十四年)。
[4]《春秋左传正义》(四部备要本),卷58第11页(哀公十一年)。
[5]《春秋左传正义》(四部备要本),卷56第5页(定公十二年)。
[6]理雅各:《论语》,11(18)。
[7]理雅各:《论语》,11(2);《春秋左传正义》(四部备要本),卷56第10页(定公十五年),卷58第4、13页(哀公七、十一年)。

季氏家臣冉有参与过田税等政府事务的决策,他敦促鲁执政大夫和其他贵族抵抗邻国齐国的入侵,并在随后的战斗中被任命为鲁军副统帅。[1]子羔也是一位孔门弟子,子羔跟随子路,被子路任命为季氏主要聚居地费邑的邑宰。[2]子羔似乎一直追随着子路;与子路一起,他也任职于卫国的孔氏家族。但当他觉得没有必要为孔氏去死时,他就逃走了。《左传》后来又提到他曾作为鲁国贵族的助手,陪同鲁公参加列国盟会,他在这次会议上提出的建议得到高度尊重。[3]孟(狐)黡和石乞是卫国的武士,正是他们在卫国政变中杀死了子路。[4]东郭贾是齐国贵族的家臣。他的主人在一次武装政变中被杀后,似乎由于东郭贾的名气和声望,其政敌选择赦免他。然而,他拒绝接受,宁愿流亡他乡,也要保持自己的人格完整。[5]

值得注意的是,虽然每个阶段士的人数并不是那么多,但总体趋势上已能看出明显变化,即从无足轻重到积极参与重要历史事件,有不少活跃角色会被提到。如表1所见,士从第三阶段第一次出现起,占比分别由1%到8%不等;而在最后两个阶段已分别达到16%和22%。这不仅表明了士阶层的崛起,而且正如同一时期的数据所示,最后两个阶段与卿大夫阶层的

---

[1]《春秋左传正义》(四部备要本),卷58第11页(哀公十一年)。
[2]理雅各:《论语》,11(24)。
[3]《春秋左传正义》(四部备要本),卷59第12—13页(哀公十五年),卷60第6页(哀公十七年)。
[4]《春秋左传正义》(四部备要本),卷59第12—13页(哀公十五年)。
[5]《春秋左传正义》(四部备要本),卷59第9页(哀公十四年)。

明显衰落形成鲜明对比。这种对比表明，权力中心至少已部分地从卿大夫转向了士阶层。结合前面所举士的几个例子，可以发现历史事件在很大程度上与数据所显示的趋势相符。例如，阳虎和董安于已经成为政治权力的焦点，而他们表面上的主人只起到辅助作用。

如果这个描述士和卿大夫阶层相对重要性的曲线继续保持相同的总体趋势，则可以推断卿大夫阶层崩溃，士阶层占据主导地位的情况，会在比第九阶段稍晚的某个交叉时间点（时代应已进入战国）发生。然而，由于历史记载的稀少，春秋末期和战国早期相对较长的一段时间于我们而言几乎是一片空白。因为缺乏历史资料，从《左传》丰富而连续的记载中勾画出的曲线，自然无法延伸。因此，这一中国历史的关键时期我们也几乎一无所知。

五、战国时期的社会变迁

从历史信息再次可用的时间点开始（尽管它不是《左传》性质的），我们可以看到与春秋时期完全不同的情况。重要的变化已经发生，下面将对其中的一些变化进行讨论。

班固的《古今人表》可用于确定"新人"，包括"新出现者"和出身不明但与大家族无关的人员的百分比。

该组人员的标准如下：首先，必须没有正面证据说明他是任何贵族家族的成员。其次，他的姓氏不得是任何贵族家族的姓氏。最后，他的名字的任何部分都不能包括任何头衔或职务，因为这些头衔和职务通常与世代担任这一职务的贵族家族姓氏有关，因此不能认为是身份未知或出身寒微。然而应当记住，由于不符合第二或第三条标准而被排除在这一群体之外的一些人，仍有可能与贵族家族没有任何关系。即使一个人拥有贵族家族的姓氏，他的祖先也可能早已沦落到社会底层，而只与家族中富有而有权势的成员有隐约联系。虽然许多人可能因为一个高贵的名字而被排除在"新人"群体之外，但是这种处理方式是为了避免其中混入一个贵族家族的实际成员，从而使进入这一群体的人数达到最低限度。本书表4列出了"新人"在班固名单总人数中的比例。

表4显示，公元前464年以前，出身不明的人平均占总数的26%；在那之后，他们的平均占比为55%。这表明，在公元前464年之后，大多数历史人物都是出身寒微、白手起家的。这一趋势，联系春秋后期卿大夫阶层的衰落，可能表明在战国时期初期，不仅阶级之间有了更多的自由流动，而且以前的占主导地位的阶层，即卿大夫阶层已然崩溃。旧家族的消失可能是许多较老、较小的诸侯国与少数较新诸侯国兼并后的结果；小国被兼并，其贵族家族被分散，融入更大或其他家族之中。如果旧的社会秩序仍然有效，那么许多新的强宗巨族应当在这些新国家的朝廷里出现；然而，下文将讨论的对战国时期不同执政人物背景的考察表明，即使有这样的家族也是微乎其微了。简言之，战国时期所发生的一切，不仅是社会阶层之间更

自由的流动，还伴随着此前社会分层的消失。

表4 春秋战国时期出身寒微者

(以出现频率为准)

年代（公元前）	出身寒微者人数	总人数	寒微人数占比
春秋时期			
722—693	2	32	6
692—663	13	41	32
662—633	14	57	25
632—603	21	70	30
602—573	17	69	25
572—543	19	84	23
542—513	21	80	26
512—483	16	56	29
482—464	12	27	44
合计	135	516	26
战国时期			
463—434	12	21	57
433—404	5	15	33
403—374	10	21	48
373—344	14	20	70
343—314	25	41	61
313—284	16	36	44
283—254	12	24	50
253—221	14	19	74
合计	108	197	55
总计	243	713	34

六、战国列国相国的背景

下面先简要介绍战国时期各国相国的背景。这些资料有不同的来源,包括《史记》和《战国策》,但它们所载史料在连续性和细节程度上都不如《左传》。相国名单并不完整,现有资料多涉及魏国和秦国,而燕国和楚国的信息则较少。即使在资料相对较多的部分,也有许多空白和遗漏,因此不可能按时间顺序连续列出。当然,名单还是会大致按时间顺序排列,尽管它们并不构成一个完整的系列。[1]

赵国

公仲连*:此人约在公元前403年赵烈侯统治时期担任相国,除此我们没有见到其他记载。[2]

大成午*:他在公元前372年赵成侯在位时为相国,公元前334年赵肃侯在位时还有他的相关记载。他的背景不太清楚。有一次,他建议韩国首相申不害,两国应当保持友好关系,这样两国的相国也可以相互帮助以稳固各自地位。这个故事暗示,他的地位不如出身于强大家族或与国君有亲戚关系的

---

[1] 齐思和发表的一篇相关论文,对本书的研究有很大帮助。参见齐思和《战国宰相表》,《史学年报》卷2第5期,1938年,第165—193页。相关年代的考订,参见钱穆《先秦诸子系年考辨》,上海:商务印书馆,1936年,"附录"第61—88页。
[2]《史记》(四部备要本),卷43第11页。姓名后的*号表示此人被收进附录C的姓名列表中,以下同。

那种相国稳固。[1]

赵豹：此人于赵武灵王在位时的公元前325年任职。赵豹曾被封为阳文君，他与赵同姓氏，说明他或是王子公孙或是王室成员。[2]

肥义*：他在赵武灵王之父赵肃侯在位时（公元前349—前325年）已任要职。[3]公元前298年他又被武灵王之子赵惠文王任命为相国，四年后（前295年）在政变中被杀。[4]

公子成：又称安平君，他生活在赵惠文王统治时期，是王室后裔。公元前295年的政变后，他被任命为相国。[5]

乐毅*：实际上是燕国的相国。公元前285年，他率领五国联军进攻齐国，当时他兼任其他四个国家的临时相国。他是一介平民，是响应燕王为报复齐国的招贤才到燕国的。[6]

魏冉（穰侯）*：他出身秦国宗室，在秦、赵关系良好的时期，于公元前281年被秦国派往赵国担任相国。然而，同年他就离开赵国，回到秦国出任相国。[7]

虞卿*：他原是一个贫穷的学者。他"蹑屩檐簦"进入赵

---

[1]《史记》（四部备要本），卷43第12、14页；《战国策》（四部备要本），卷26第1页。
[2]《史记》（四部备要本），卷43第14页。
[3]《史记》（四部备要本），卷43第14页。
[4]《史记》（四部备要本），卷43第20、22页。
[5]《史记》（四部备要本），卷43第22页。
[6]《史记》（四部备要本），卷43第22页。
[7]《史记》（四部备要本），卷43第25页。

国。虞卿第一次见到孝成王（公元前265—前245年在位）就获得赏赐；第二次被接见后则为赵国上卿；第三次后被委任为相国。不久之后，他选择追随一位来寻求帮助的流亡朋友，于公元前265年放弃了相国职位。他的老年生活窘困而孤独，也因为撰著《虞氏春秋》而扬名。[1]

田单*：他是齐国将军，属于田氏齐国的王室。他后来分别在公元前269年赵惠文王时和公元前264年赵孝成王时两次任职于赵国，其中至少一次，他担任的是相国。[2]

赵胜*：他是赵惠文王的兄弟。赵胜因为名列战国四公子之一而广为人知。[3] 据说他曾三次被解除相位，又三次复职。公元前298年，他被任命为平原君。其中一次的相国任命在公元前265年。他在公元前251年去世。[4]

廉颇*：他是赵国最优秀的武士。廉颇在公元前251年赵胜去世后被任命为相国，并封侯。[5]

相国皮：除了他的姓氏，我们没有其他信息。[6]

相国张：关于这个人的信息很少。据说他很思念他的祖国

---

[1]《史记》（四部备要本），卷76第8页，卷79第11页。
[2]《史记》（四部备要本），卷43第27页；《战国策》（四部备要本），卷20第1页。
[3] 战国四公子因慷慨地豢养数千门客而广受赞颂。他们分别是魏国的信陵君（公子无忌）、赵国的平原君（赵胜）、齐国的孟尝君（田文）和楚国的春申君（黄歇）。
[4]《史记》（四部备要本），卷15第25、29、30页，卷76第1、4页。
[5]《史记》（四部备要本），卷43第29页。
[6]《战国策》（四部备要本），卷18第10页。

卫国，这表明他不是赵国本地人，因此也不是任何赵氏宗族的成员。[1]

这13位相国，其中有3位是公子，2位与其他国家的王室有关。其余8位显然既与王室无关，彼此之间也没有关联，更没有证据表明他们与某个有影响力的家族有联系。

齐国

邹忌*：邹忌首先以高超的琴艺得到齐王的注意，琴是中国古代一种类似竖琴的乐器。齐王对他的政治见识印象深刻，于公元前337年任命他为国相。邹忌和时任大将的公子田忌是政敌，他迫使田忌出走他国。[2]

田婴*：他是齐威王之子，齐宣王之弟，他在这两朝任职。从公元前311年起，他在宣王朝担任了11年相国，最终于公元前298年被宣王之子齐湣王封于薛国之地。[3]

韩昧：韩昧是一位韩国公子，在齐韩两国关系友好期间（约公元前306年）被派往齐国担任国相。[4]

田文*：他是田婴的儿子，也是战国四公子之一（孟尝君，见上文注释）。公元前298年齐湣王在位时，他被邀请去秦国

---

[1]《战国策》（四部备要本），卷20第10页。
[2]《史记》（四部备要本），卷15第18页，卷46第7—8页；《战国策》（四部备要本），卷8第4页。
[3]《史记》（四部备要本），卷75第1页；《战国策》（四部备要本），卷8第2—3页。
[4]《史记》（四部备要本），卷40第22页；《战国策》中他的名字称为韩珉，参见《战国策》（四部备要本），卷28第6页。

担任相国,但在短暂而不愉快的逗留之后,他回到齐国,并接受了齐国国相的职位。公元前294年,他卷入劫持齐王的政治阴谋,但是他仍然任齐相多年。最终他的封地薛成了一个半独立的小国,他也被称为孟尝君。[1]

吕礼:他之前做过秦国将军。齐湣王在位时,他逃亡到齐国,后曾出任齐相,年代在公元前294年之后、前285年之前,很可能是公元前288年。秦王认为齐国任他为相是对秦的侮辱,于是出兵伐齐,吕礼因此逃离了齐国。[2]

淖齿*:他曾经是楚将。当齐国遭到几个国家联军的袭击时,他率领楚国军队来援助齐国。公元前285年,满怀感激的齐王任命他做相国,作为奖赏。后来,他成功废黜并杀害了湣王,自己则被愤怒的齐国民众杀死。[3]

田单*:他是齐国公室成员。在与燕国和其他国家联军的战争中,他率军坚守并保住了齐国最后的城市,即墨和莒。大约在公元前284年,他拥立了一位后来被称为齐襄王的齐国王子,自己出任国相。[4]

后胜:他是齐襄王的异母兄弟。王太后驾崩以后,约公元前225年,他担任齐王建的相国,直到齐国被秦国灭亡。[5]

---

[1]《史记》(四部备要本),卷15第25页,卷75第4、5页;《战国策》(四部备要本),卷11第2页。
[2]《史记》(四部备要本),卷75第5页。
[3]《史记》(四部备要本),卷46第13页。
[4]《战国策》(四部备要本),卷13第3页。
[5]《史记》(四部备要本),卷46第15页。

宗卫：我们只知道他曾任齐相，后被解除职务。[1]

在这9位齐国相中，有1位公子、2位齐国宗室成员、1位他国公子、1位齐国王室姻亲，还有1位是别国王室亲属。仅有邹忌一人，凭借自己的才干和努力，由出身寒微而官至国相。

秦国

卫鞅*：他也称商鞅，是卫国宗室。起初他担任魏相公叔痤的中庶子。公叔痤去世后，他前往秦国。在那里他的政治、军事改革思想给秦孝公留下了深刻印象。公元前352年他担任了相当于丞相的左庶长，保证他将自己的改革观念付诸实施。他的变法使秦国成为当时最强大的国家，也使秦国百姓最具纪律性。保守派和普通民众对这种组织形式深恶痛绝，公元前338年秦孝公去世后，商鞅被车裂而死。[2]

公孙衍*：公元前333年，他被任命为相国；公元前310年后，他再次担任这一职位。[3]

张仪*：作为一个出身不详的人，张仪怀揣战略和外交政策思想从东方来到秦国，这些思想在列国争雄的关键时期对秦

---

[1] 刘向：《说苑》（四部备要本），卷8第9页。
[2] 卫鞅的卫与他入秦前供职的魏国是有区别的。他原是卫国宗室，这个曾经强大的国家现在是一个小国了。他曾在魏国的国相府任职。他的卫国公室身份，在秦、魏两大强国没有给他带来任何好处。秦国认为他是外人，这可以部分理解秦人对他的敌视，这种敌视是导致他被杀的间接因素之一。他的传记参见《史记》（四部备要本），卷68，另见卷5第18页，卷15第18—20页。
[3]《史记》（四部备要本），卷15第21页，卷70第16页。

国非常有益。公元前328—前322年和公元前317—前311年，他曾两度出任秦相。为加强秦国与他国的关系，他也曾多次被派往其他国家任职。公元前310年，他最终被秦国流放后死于魏国。[1]

乐池：乐池在秦惠文王统治中期的公元前318年为秦相。[2]他的出身不得而知，尽管他在其他地方出现过两次：一次是在小国中山国为相[3]；另一次是公元前312年，他遵从赵武灵王的命令，护送一位燕国王子回国即位[4]。从这些记述中推断，他可能是国相、武将或外交官，或者是这三者的组合。没有证据表明他与任何国家的公室或大族有关联。

樗里疾*：他是秦惠王的弟弟，秦国公子。起初他是秦军的一名将领，并率领秦国部队多次出国远征。公元前309年，武王任命他为新设立的左右丞相之一，但他的任期仅有一年。随后他被派往韩国，并在那里获得相国职位。庄襄王在位期间，他再次被任命为丞相。六年后的公元前300年，他死在任上。[5]

甘茂*：他是魏国人。他曾在身为下蔡监门的学者史举处事学。公元前309年，张仪和樗里疾将他举荐给秦王，他因此入秦，与樗里疾并为秦武王的左、右丞相。昭襄王即位后，甘

---

[1] 张仪的传记，参见《史记》（四部备要本），卷70，另见卷15第22—23页。
[2]《史记》（四部备要本），卷5第20页。
[3] 王先慎：《韩非子集解》，长沙王氏刻本，1896年，卷9第10页。
[4]《史记》（四部备要本），卷43第15页。
[5] 樗里疾的传记参见《史记》（四部备要本），卷71第1—3页，另见卷5第20—22页，卷15第24页。

茂被朝中政敌攻击后遭流放。公元前305年,他在楚国担任高级顾问,但他再也没能回到秦国,最后死在魏国。他习惯自称为"羁旅之臣"[1]。

向寿:他是秦太后的外族,与昭襄王一起长大。他是甘茂的政敌,大约在公元前306年任秦相。[2]

田文*:他在公元前298年曾受邀短期赴秦,不久即离开秦国。[3]

金受:他出身不详,史籍中仅提到他在公元前297年接替田文任秦相。[4]

楼缓:他原是赵国人,曾参加有关赵武灵王改革的讨论。[5]樗里疾去世后,公元前297年,他被任命为秦相。由于某种原因,赵国不满他出任秦相;公元前295年,楼缓因赵国施压而被解职。[6]

魏冉(穰侯)*:他是秦国宣太后的异父弟。公元前306年,魏冉帮助年轻的昭王(或昭襄王)登上王位,之后他担任丞相,成为秦廷中最具影响力的人物。他不时辞去相位,但总是重新当政。他作为秦廷的关键人物长达近40年,直到公元前

---

[1] 甘茂的传记参见《史记》(四部备要本),卷71第3—7页,另见卷5第21—22页,卷15第24页。
[2]《史记》(四部备要本),卷71第4、7页。
[3]《史记》(四部备要本),卷75第3页,另见卷5第22页。
[4]《史记》(四部备要本),卷5第22页。
[5]《战国策》(四部备要本),卷43第16页。
[6]《史记》(四部备要本),卷5第22页,卷72第1—2页。

265年才被解职，去往自己的封邑居住。[1]

寿烛：他首先被任命为"客卿"，在公元前292年担任过一年秦相，他的前后任均为魏冉。[2]

范雎*：他出身魏国贫民，先为魏国小官中大夫须贾的家臣。由于被怀疑向齐国出卖情报，他几乎被魏相魏齐鞭笞至死，备受羞辱又身负重伤。约公元前272年，他在秦国使者的鼓动下入秦，使者将其推荐给秦昭王。他对丞相魏冉长期执政的警告，可能得到了昭王的高度重视。范雎"远交近攻"的战略思想也得到昭王的欣赏，这种思想强调与遥远国家保持良好关系，以迫使邻近国家屈服于秦，而不必担心其他国家的干涉。公元前266年，他被封侯并接替魏冉为秦相，嗣后担任秦相多年并受到秦王宠信。直到公元前255年，他推荐的将军们在战场向敌人投降，他被劝服辞职。[3]

蔡泽*：他原是燕国人。据说，蔡泽曾游学学习说服统治者的技艺，尽管在他来到秦国之前运气并不太好。在秦国，他成功地说服当时的丞相范雎：一个聪明的人应该知道什么时候急流勇退，从而保持他的威望和国君的青睐，以免国君因其权力和影响而感觉受到威胁。当时声望已经下降的范雎选择退休，并推荐蔡泽为他的继任者。公元前255年，蔡泽被任命为

---

[1] 魏冉的传记，参见《史记》（四部备要本），卷72第1—5页，另见卷79第7—8页。
[2]《史记》（四部备要本），卷72第2页。
[3] 范雎的传记，参见《史记》（四部备要本），卷79第1—12页。

秦相，但在数月后辞任，表面原因是为了保持自己的声望。[1]

吕不韦*：吕不韦曾是赵国都城邯郸的一名富商，在那里他遇到了被赵国扣为人质的秦国公子子楚。吕不韦利用自己的财富，使这位几乎被遗忘的公子成为秦国王位的继承人。子楚最终即位，在其为秦王的短暂时日里，吕不韦在公元前249年担任秦相。子楚去世后，他成为年幼秦王的辅政大臣。吕不韦掌权十年，直到公元前237年秦王政长大成人，将他赶下相国之位并流放到一个偏远省份。两年后，即公元前235年，他选择了自杀。[2]

昌平君：昌平君可能是被秦国扣为人质的楚国王子。据记载，他是公元前238年镇压秦都骚乱的左右丞相之一。[3]公元前232年，他被秦国立为楚王[4]，在楚国，他发起了旨在恢复楚国独立地位的叛乱。秦军前去镇压，他率军进行了英勇的抵抗，但最终失败，他也在公元前231年为他的国家死去。[5]

昌文君：尽管他在公元前238年被提到与昌平君一起担任左右丞相，但他的出身，甚至他的真实姓名，都是未知的。[6]

王绾：王绾是秦国的最后一任丞相，也是秦帝国的第一任丞相。他的名字只出现在公元前222年群臣给秦始皇上皇帝尊

---

[1] 蔡泽的传记，参见《史记》（四部备要本），卷79第12—17页。
[2] 吕不韦的传记，参见《史记》（四部备要本），卷85，另见卷15第30、32页。
[3]《史记》（四部备要本），卷6第4页。
[4]《史记》（四部备要本），卷6第7页。
[5]《史记》（四部备要本），卷6第7页。
[6]《史记》（四部备要本），卷6第4页。

号的奏中，此外没有别的资料提到过他。[1]

以上18位有名字记载的相国，只有1位是公子，2位是王室亲属，还有2位他国公子。其他人都有不同的背景——如卫鞅、张仪、甘茂、范雎、蔡泽和吕不韦，都是凭借自己的能力从出身寒微而跻身国相的。

楚国

吴起*：吴起是鲁国人。他曾在鲁国军中为将，后来他进入魏国，成为战略要地西河的地方长官。由于政治对手的诽谤，约公元前384年他离开魏国，前往楚国。约公元前382年他被任命为令尹，相当于楚国的相国。仅一年时间，他就在楚悼王的支持下启动改革计划，主要内容是抑制难以驾驭的贵族和迁移民众到荒地。一年后的公元前381年，悼王去世，引起贵族们的愤怒的吴起，在去世的悼王所在的房间里被杀。在当时，吴起就被认为是一位优秀的战略家、谋略家、管理者和改革家。据说他是从孔门弟子曾子那里接受教育的——这并非不可能，因为孔子开创的儒家专门培养像他这样的职业政治家。[2]

赵献：关于赵献的唯一信息，大约是在公元前335年，他担任楚国令尹时，张仪正同时担任秦、魏两国的相国。他的出身和背景均不得而知。然而，可以肯定的是，这个赵氏既不属

---

[1]《史记》（四部备要本），卷6第8页。
[2] 王先慎：《韩非子集解》，卷4第14页；吴起的传记，另见《史记》（四部备要本），卷65第3—6页。

于楚国公室的任何分支，与大家族也没有关系。[1]

张仪*：公元前313年，张仪被秦国派往楚国担任国相。[2]

昭鱼：公元前310年，张仪去魏国后，他接任楚相。[3]

黄歇*：尽管传统观点认为春申君并不是楚人，但学者钱穆令人信服地证明其确是楚国王子。[4]他曾陪伴楚国王储在秦国做质子，并成功地将王储从秦国救出，送回楚国，从而赢得王储的信任。王储在回国后继承王位，即楚考烈王。在考烈王在位的公元前262—前238年，春申君一直担任令尹。他也是战国四公子之一（春申君，见上文）。最终在公元前238年，他被自己的门客暗杀了。[5]

州侯：他是楚王的宠臣，因而被封族命相。同时代人的评论表明，他不可能是王子，他担任令尹是因为楚王的宠爱，而不是出于个人的功绩或贵族出身。他辅佐的楚顷襄王，公元前298—前262年在位。[6]

昭子：昭子也是顷襄王的令尹，大约在公元前281年。从他的姓氏可以看出，他出身于楚王室的一个重要分支。[7]

---

[1]《战国策》（四部备要本），卷22第8页。
[2]《史记》（四部备要本），卷15第23页，卷70第6页。
[3]《史记》（四部备要本），卷44第9页。
[4]春申君的传记，参见《史记》（四部备要本），卷78；钱穆引用《韩非子》中的记载，证明他是楚国王子，参见钱穆《先秦诸子系年考辨》，第370—371页。
[5]参见其传记，《史记》（四部备要本），卷78。
[6]《战国策》（四部备要本），卷17第1—2页；王先慎：《韩非子集解》，卷10第4页。
[7]《史记》（四部备要本），卷40第26页。

上述有据可考的7位楚相中，有1位王子，2位与一个重要家族有关的，这个家族的成员被视为王室宗亲。经历最丰富的吴起，既来自异国，且背景为平民。然而，由于数据稀少，不可能对这7位相国得出任何一般性结论。然而，昭氏两次出现的事实表明，这一王室分支在战国时期的楚国相当活跃。

韩国

侠累*：侠累是韩国国相，也是韩国国君的季父。他的政敌严仲子，曾雇刺客来杀他：故事的一个版本是侠累和国君都被杀了；另一个版本是相似的，但名称有所改变，时间从韩烈侯时期转移到韩哀侯时期。第三种版本是哀侯没有被杀。不知道哪个是正确的。[1]

许异：许异的名字仅见一次，据说是在韩哀侯在位期间出任国相，他曾将哀侯从刺客手中救出，时间大约在公元前371年。此外的情况均已不得而知。[2]

申不害*：传统认为申不害是故郑国的贱民，地位卑微。在习得政治统治技艺之后，他成功说服韩昭侯，使昭侯认为他有能力治理好整个国家。公元前355—前337年的17年间，即

---

[1] 关于侠累出任韩相和为韩君季父的记载，参见《战国策》（四部备要本），卷27第6—7页；《史记》（四部备要本），卷86第6页。他被刺杀的时间在公元前397年，韩烈侯在位时期[《史记》（四部备要本），卷15第13页]；另说是在韩哀侯在位的公元前371年[《史记》（四部备要本），卷15第16页]；第三种说法见《战国策》（四部备要本），卷28第4页。

[2]《战国策》（四部备要本），卷28第4页。

韩昭侯在位的大部分时间,均由他出任韩相。[1]

张开地:张开地与其子张平,只是附见于《史记》其孙张良的传记中。据说,他曾经连续三朝担任韩相,即昭侯(公元前362—前334年在位)、宣惠王(公元前333—前312年在位)和哀襄王(公元前311—前296年在位)。[2] 一些学者认为,这个张氏家族以前的姓氏是韩,是韩王室分支,他们改名为张,以躲避秦始皇对我们熟知的张良的搜捕。[3] 然而,这种看法并不可靠。

张平:张平是张良的父亲。他在韩釐王(公元前295—前273年在位)、桓惠王(公元前272—前239年在位)两朝担任韩相。[4]

昭献:昭献的姓氏表明他出身于楚国宗室。他任韩相时遭遇秦国入侵,韩王计划解除昭献的职务,大概是为了通过断绝与楚国的友好关系来安抚秦王。昭献说服韩国重臣公叔说,他(昭献)应该留任以显示韩国与楚国的亲密关系,警告秦国并防止其入侵。这表明他出任韩相是韩楚间友好外交关系的保证,不是当时的一种不同寻常的外交实践。他所处的具体时代已无法考证。[5]

---

[1] 申不害的生平信息,参见《史记》(四部备要本),卷63第4页;其出任韩相的情况,参见《史记》(四部备要本),卷15第18、20页。
[2]《史记》(四部备要本),卷55第1页。
[3] 参见《史记》(四部备要本),卷55第1页司马贞《索隐》。
[4]《史记》(四部备要本),卷55第1页,另请参见前面的注释。
[5]《战国策》(四部备要本),卷26第3页。

第二章 社会分层与社会结构的变化

南宫揭：他在韩襄王时任相国，死于公元前308年。[1]

樗里疾*：南宫揭死后，秦国公子兼秦相樗里疾入韩国，接任韩相。这是上述外交实践的另一个例子。[2]

韩珉：韩珉曾在韩国重臣公仲手下任职，公仲曾派他去秦国执行外交使命。因为他后来被称作公仲珉，所以他可能与公仲有关系。[3]约公元前306年，他成为韩相后被其他国家视为韩国政府的真正负责人。[4]

韩成：约公元前306年韩珉去世后，他接替出任韩相。[5]

韩玘：他在最后一位韩王在位时（公元前238—前230年）担任韩相，其姓氏表明他是韩国宗室。[6]

暴谴：目前尚不清楚暴谴究竟曾为哪位韩王服务。我们所知道的是，（约公元前344年）他和魏相白圭相互帮助，以巩固各自的相位。[7]

对前面尚不完整的韩相名单的讨论表明，12位中有4位与韩国宗室有密切关系。张氏家族的历史尚不清楚，尽管有人认

---

[1]《史记》（四部备要本），卷5第21页。
[2]《史记》（四部备要本），卷5第21页；关于他在秦国的职业生涯，请参阅前文"秦国"。
[3]《战国策》（四部备要本），卷28第5页。
[4]《战国策》（四部备要本），卷28第5、2页；如若韩眛和韩珉是同一人的话，那么他也曾出任齐相。
[5]《战国策》（四部备要本），卷28第5、6页；相关年代参见《史记》（四部备要本），卷71第4页。
[6]《史记》（四部备要本），卷87第15页。
[7]王先慎：《韩非子集解》，卷10第6—7页。

为他可能也是韩国宗室分支。这个家族的起源有可能追溯到三家分晋之前,因为该家族当时已存在且为晋国贡献过一些小官。[1]昭献和樗里疾是因他国推荐而临时充任国相的。韩相中最重要的人物是申不害,他确实出身卑微。

魏国

季成子[*]:又称公季成。他是魏文侯的弟弟。季成子是文侯的两位国相候选人之一,并在公元前406—前397年被选任魏相。他被选中,不仅是因为他与国君的关系,还因为他喜欢留住贤能人士作为他的家臣,并推荐他们成为魏国政府官员。[2]

李悝[*]:李悝是魏文侯(公元前446—前397年在位)最著名的副手之一,据记载他在公元前405年曾担任魏文侯的国相。[3]

翟黄[*]:作为魏文侯的国相(全盛期约公元前405年),他不太能得到文侯的尊重。[4]

---

[1]例如《左传》提到过张侯,参见《春秋左传正义》(四部备要本),卷25第6页(成公二年)。有关《左传》中详细的张氏世系,参见陈厚耀原本、常茂徕增订:《增订春秋世族源流图考》,卷2第18—19页。
[2]《吕氏春秋》(四部丛刊本),卷19第19页。更详细的记载,参见《韩诗外传》(四部丛刊本),卷3第3—4页。
[3]《史记》(四部备要本),卷15第12页;另可参见王先谦《汉书补注》,卷30第40页。李悝、李克一般被认为是同一人,参见钱穆《先秦诸子系年考辨》,第121—133页;但是仍有学者坚持二者并非一人,参见齐思和《战国宰相表》,第191—192页。李克也曾任魏相,参见王先谦《汉书补注》,卷30第28页。
[4]《吕氏春秋》(四部丛刊本),卷15第10页。

商文：虽然他的出身和背景不详，但他似乎是一位最可靠、最值得信赖的魏相（全盛期约公元前384年）。他所服务的国君是魏武侯（公元前396—前371年在位）。[1]

公叔：公叔是魏国公主的丈夫，是商文（约公元前384年）的继任者。[2]约公元前361年之前，他曾向魏惠王（公元前370—前319年在位）推荐中庶子卫鞅接替他担任国相。他去世时仍是惠王的国相。[3]

白圭*：他在任魏相时，曾向韩相暴谴提议他们相互关照，以巩固各自地位。[4]约公元前344年，韩惠王曾给一个名叫丹的人封侯。丹可能是白圭的别名。这样，白圭可能最终被授予贵族地位。[5]

惠施*：惠施是一位学者，他为魏国制定了一部法典，并在惠王在位期间任国相，他掌权的时间可能是在公元前334年。[6]

中山君：魏文侯时，小国中山国被魏国兼并，一位魏国王子被封为中山的封君。[7]过了一段时间，这位王子被召回继承

---

[1]《吕氏春秋》（四部丛刊本），卷17第20页；或认为是《史记》中的田文，参见《史记》（四部备要本），卷65第5页。
[2]《史记》（四部备要本），卷65第5页。
[3]《战国策》（四部备要本），卷22第3页。
[4]王先慎：《韩非子集解》，卷10第6—7页。
[5]《史记》（四部备要本），卷15第19页；另见钱穆《先秦诸子系年考辨》，第234—236页。
[6]《吕氏春秋》（四部丛刊本），卷18第13—16页；《淮南鸿烈解》（四部丛刊本，也称《淮南子》），卷12第2页；参校钱穆《先秦诸子系年考辨》，第264—265页。
[7]《史记》（四部备要本），卷44第2页。

魏国王位，即魏武侯。[1]中山仍然是魏国的封邑。这位被称作中山君的人，在公元前342年被武侯之子惠王任为国相。他的名字不详，尽管他肯定是魏国王室后裔。[2]

田需：田需担任魏相时，公孙衍为大将。据记载，这两位关键人物势如水火。[3]公孙衍希望驱逐田需，但魏王相信田需的忠诚，认为应该留用他来制止有里通外国之嫌的公孙衍。田需应该是魏国本地人，[4]他于公元前310年死于任上。[5]

魏太子：田需死后（公元前310年），太子被任命为魏相，以阻止异国推荐他们各自的候选人。[6]

翟强：翟强仅在他去世后大家争论由谁来接任时（约公元前306年）被提到，他的背景和生平均不详。[7]

公孙衍*：在魏国，他曾被任命为犀首，即最高军事统帅。约公元前320年，他成功地驱逐张仪，并接替他出任魏相。[8]

田文*：公元前286年，田文被齐国国君放逐时，曾入魏国任魏昭王的国相。据说在公元前284年，燕国发动对齐国的报复战争时，他组织魏国与其他国家的联盟共同入侵齐

[1]《史记》（四部备要本），卷44第4页。
[2]《史记》（四部备要本），卷15第20页，卷44第6页。
[3]《战国策》（四部备要本），卷22第10页。
[4]《战国策》（四部备要本），卷23第1—2页。
[5]《史记》（四部备要本），卷44第9页。
[6]《战国策》（四部备要本），卷23第6页；《史记》（四部备要本），卷44第9页。
[7]《战国策》（四部备要本），卷15第1页；参见《史记》（四部备要本），卷71第6页。
[8]《史记》（四部备要本），卷70第16页。

第二章　社会分层与社会结构的变化

国。[1]因此,田文任相的情况与通常的情况完全不同:在通常情况下,某国派某人去另一个国家任相,是由于其能力而任国相;这与一个国家的人被派往另一个国家接任相位,以巩固两国间的友谊的常见做法大相径庭。

魏齐:魏齐是魏国王子,魏昭王时任魏相。约公元前277年,由于怀疑魏国人范雎有里通外国之嫌,魏齐对范雎实行了虐待与伤害。公元前266年范雎任秦相后向魏国施压,迫使魏齐在约公元前265年离开魏国。[2]在流亡赵国几年后,魏齐选择了自杀(公元前264年)。[3]

范痤:关于范痤的唯一信息是,在他被免去魏相职务后,赵国要求魏国将他处死。赵国对他抱有敌意的原因尚不清楚。他与信陵君同时代(全盛期在公元前276年,死于公元前243年)。[4]

信安君:他本名魏信,这表明他可能是魏国王子。据记载他在任魏相时,秦国曾邀请他去访问,具体时间已不清楚。[5]

长信侯:他是秦国击败魏国时的国相,这场战争可能是指秦国在公元前273年的那次胜利。[6]

---

[1]《史记》(四部备要本),卷75第5页。
[2]《史记》(四部备要本),卷79第1、9页。
[3]《史记》(四部备要本),卷79第10—11页。
[4]《史记》(四部备要本),卷44第12页。
[5]《战国策》(四部备要本),卷23第6页。
[6]《战国策》(四部备要本),卷24第3—4页;《史记》(四部备要本),卷44第11页。

在这17位国相中,既有魏国王子,也有异国王子;有本地职业政治家,还有其他国家推荐和派遣来的人员。由于魏国的特殊战略地位,他国势力经常试图通过让对己方友好的人担任魏相,来影响其国策,使其对本国有利。魏太子曾被任命为相,正是因为魏国惧怕他国势力的施压。然而,魏国有九位国相,如惠施等人,出身寒微。

燕国

子之*:出身不详,是燕王哙的国相。公元前316年,在子之朋友的劝说下,燕王哙仿效古代帝王尧、舜,将王位禅让给子之。这个事件的后果是可怕的:太子起兵强烈反对,由此引发的自相残杀的骚乱招致异国的入侵,王哙、子之和太子都在随后的动乱中被杀害(公元前314年)。一部堂吉诃德式的喜剧以悲剧结束。[1]

栗腹*:他是最后一个燕王的国相。栗腹在赵国长平惨败后建议立即攻赵,并亲自领导军队。公元前251年,他的军队战败,他本人也被杀。[2]

将渠*:将渠与栗腹同时,他曾指出栗腹侵赵的计划目光短浅。燕军在公元前251年被击败后,赵国要求任命他为国相,作为休战谈判的条件。他由此担任燕相,并促成燕赵争端

---

[1]《史记》(四部备要本),卷15第23页;《战国策》(四部备要本),卷29第6页。
[2]《史记》(四部备要本),卷15第30页,卷34第6页。

的和解。[1]

张唐：张唐是秦国朝臣，约公元前236年被派往燕国担任国相。这显然不是一个正常的任命，因为他是在秦统一六国前夕被派遣的，他或许是秦国向屈服的燕国派遣的专员。[2]

燕国国相仅有4位被我们所知，这4位我们也只知道名字，并不掌握他们出身和背景的历史材料。似乎前面提到的3个人很难有王室血统，最后1个人肯定与燕王室没有关系。

七、春秋、战国卿、相的比较

通过对上述战国相国的讨论，我们可以看出几个重要的现象。第一，相国的任期既不确定，也不是终身的。在春秋时期，除了那些在任期间被处死或放逐的人之外，没有一个担任过国相或同等职位的人不是终身留任的。战国时期相国的频繁更换似乎表明国君的权力在不断增强，国相手中的权力逐渐减弱。第二，战国相国出身来源广泛。有些人是异国公子王孙，有些人是周游列国的游说之士。这两个阶层的人可能都是由他们各自的国君选任，或是被有影响力的他国推荐就职。当他们经常改变效忠关系时，这些人也就不可能感觉到与他们所服务的国家有任何根深蒂固的联系。因此，他们实际上不属于任何

---

[1]《史记》（四部备要本），卷34第7页。
[2]《史记》（四部备要本），卷71第8页。

一国的社会,也不构成过去意义上的世袭阶层。第三,除极少数例外情况(如楚国的张仪),七国相位都授予给王室近亲或出身寒微的人。春秋时期在政治上具有重要地位的强宗大族,似乎到战国时期就消失了。

对这一现象中一个例证的考察可能表明,战国时代发生了巨大的变化。晋国"中军"的变化就是这个例证。"中军"最初是晋国军队最高指挥官的头衔,后来专指首相(执政卿)。从公元前587年中军成为合法执政开始[1],至公元前453年智氏灭亡,共有11名中军,几乎平均分布在六个家族中。其中栾氏1人,韩氏2人,荀氏3人,范氏2人,赵氏2人,魏氏1人。接任顺序也在计划中。[2]其中一人,即使还年轻,甚至被囚禁着,也能事先知道何时轮到他来做执政。[3]与战国时期相比,终身任职的执政卿没有一位来自异国或是游说的政治家,且全部出身于少数大家族。

两个时期之间的差异是明显的,但差异并不是突然发生的。前面曾提到,春秋的社会分层已经发生一些变化。就政治活动而言,公子们先是占据关键位置,后来又衰落、让位给势力不断膨胀的大贵族家族。其中一些家族最终甚至推翻自己的

---

[1]《春秋左传正义》(四部备要本),卷26第3页(成公三年)。晋国军队设置在公元前587年前经常变动,此后六军成为常设武装。
[2]顾栋高:《春秋大事表》,王先谦:《皇清经解续编》(第67—132册),南菁书院,1888年,卷22第5—16页。
[3]《春秋左传正义》(四部备要本),卷26第2页(成公三年)。

国君,篡夺君主名号和权力,并建立起一种新型君主制。同时,大家族之间发生互相残杀的激烈冲突,他们的数量明显减少。[1]

贵族家族数量的减少与一个相对较新的群体的兴起相一致,即士阶层:他们最初是武士和家臣,但到了战国时代,其中的国相和将军数量已经增加。这些新的国相和将军并没有像他们的前任——世代相传的春秋家族——那样构成世袭阶层。在整个战国时期,很难找到那些春秋旧家族。如果只是一个新的集团上台,而总的社会结构保持不变,那么新的家族应该会填补旧家族消失留下的空白。事实上,并没有发现与前一时期旧贵族家族相对应的新家族。因此,不仅在持久稳定的社会结构中存在着社会流动性,而且还存在着导致新的社会结构产生一个或多个根本变化。当然,如果社会其他方面没有相应的重要变化,这种变化就不会发生。既然战国时期的社会分层发生了巨大的变化,那么这种影响肯定也出现在其他领域,例如政治、经济制度以及意识形态等。后续章节将讨论这些方面的变化。

---

[1] 如果以晋国为例,可以看出在战国初期,晋国的十余个大家族减少为三个,并将晋领土划分为三个独立的国家。

第三章 诸侯国之间的关系与冲突

春秋和战国时期有许多方面的不同,但它们有一个共同点:诸国之间频繁的战争与冲突。然而,它们之间还是存在一些主要差异。这两个时期是从早期封建主义向大一统国家过渡的两个阶段:在春秋时期,旧的既定秩序发生崩溃;而在战国时代,新的秩序开始重塑。生活在旧秩序崩溃和新秩序建立之间的人们,常常困惑于缺乏解决争端和维护和谐群体关系的标准。唯一经过证明的生存手段是持续战争,因而其被认为是正当的。集团与集团作战,国家攻击国家,战鼓持续回响了五个世纪。这并不是因为当时的人民异常好战,而是因为他们生活在一个过渡时期。

经过几个世纪的血腥冲突,只有少数几个国家幸存下来。到最后,只剩下一个国家,其他的国家都被消灭了。与此同时,大多数旧制度、旧机构被连根拔起,许多昔日社会上层的成员下降到较低的阶层。当阻止他们上升的障碍被清除,在需要他们的才干的特殊情况下,有能力之人的社会阶层就会上升。伴随社会分层的深刻变革,社会流动迅速加剧。

虽然春秋时期旧的封建秩序崩溃,但是许多与封建主义有关的习惯和行为模式,至少在这一时期的一部分时间里仍得以幸存。另一方面,在战国时期,随着新秩序的逐步巩固,出现了新的情况。区别因此存在,但这两个时期都标志着旧社会结构的消失和新社会结构的出现。

一、列国关系中的家族联结

在西周封建社会,家族关系支配整个社会结构。据说,周王分封的71个诸侯国中,有53个是姬姓诸侯。[1] 在刻有现存最长的青铜器铭文之一的毛公鼎上,周王训诫毛公要"保我邦我家内外",此外还叮嘱毛公要约束他的家族不要酗酒,并善待自己的朋友。[2]《孟子》中记载了春秋时期第一个霸主齐桓公在葵丘会盟中,与诸侯签订的协议:

1. 诛不孝,无易树子,无以妾为妻;
2. 尊贤育才,以彰有德;
3. 敬老慈幼,无忘宾旅;

---

[1]《荀子》(四部丛刊本),卷4第1页,卷8第12页。
[2] 容庚:《商周彝器通考》,北平:哈佛燕京社,1941年,第84页。

4. 士无世官，官事无摄，取士必得，无专杀大夫；

5. 无曲防，无遏籴，无有封而不告。[1]

在这五个条款中，至少第一条和第三条涉及家族事务，似乎超出了列国盟约正常关注的范围。既然盟约确实包括这些部分，那么可以推断出春秋时期政治行为与家族关系密切相关。这是春秋社会最重要的现象之一。

在列国关系中，以家族为导向的思想显然是多方面的。周王习惯称呼公侯为"叔舅"，当然同姓为叔，异姓称舅。其他王室贵族通常被周王称为"兄弟"，"女今我王室之一二兄弟，以时相见"。在一位晋国使臣访问周都时，周王告诉他，为他准备的是朴素的家宴，是一种用来招待晋国等王室兄弟的宴会。[2]因而晋国使者产生如此困惑：他作为晋国的代表，为何没有受到正式的对待。

由于国君们彼此以宗亲相待，许多家族行为模式开始应用于列国关系——家族成员有责任在需要时互相帮助，各国也应该相互援助。因此，当晋国遭遇饥荒缺粮时，要求秦国这个潜在的敌人提供粮食，秦国竟然答应了。[3]公元前554年，晋国派军队准备攻打齐国，但当其指挥官听说齐国国君去世时，他选

---

[1]理雅各:《孟子》，6（2）7；我对其英译在语序和措辞上做了部分改动。
[2]《国语》（四部丛刊本），卷2第9页。
[3]《国语》（四部丛刊本），卷9第4页。

择下令撤军。[1]在当今时代,这种家族骑士精神几乎是我们无法想象的,因为在如今这个时代,国际事务很少涉及家族关系。

对于因行为不端或害怕不可避免的惩罚而离家出走的孩子,叔叔、舅舅或外祖母当然可以暂时庇护。春秋时期的贵族们也有类似的行为。例如,郑国一个大夫犯有小错逃到晋国,晋国执政卿问郑国执政卿应当如何处置这个逃亡的大夫。他被告知,逃亡大夫是郑国第二爵级的官员马师,根据传统其爵位应该降一级。因此,在逃大夫就在晋国按照比他以前低一级的爵位生活。[2]列国关系中体现家族情感的一个很好的例子,就是胜利国的国君与战败国使者之间的对话。在齐孝公击败鲁国后,鲁国派使者携带食物和酒水犒赏齐国军队。齐孝公问:"鲁国恐乎?"使者回答:"小人恐矣,君子则否。"公曰:"室如悬磬,野无青草,何恃而不恐?"对曰:"恃二君之所职业。昔者成王命我先君周公及齐先君太公曰:'女股肱周室,以夹辅先王。赐女土地,质之以牺牲,世世子孙无相害也。'今君来讨敝邑之罪,其亦使听从而释之,必不泯其社稷;岂其贪壤地,而弃先王之命?其何以镇抚诸侯?恃此以不恐。"齐孝公被此理由说服,与鲁国停战。[3]

社会下层,甚至是其他国家的下层,对社会上层的尊重源于家族的尊卑礼俗。公元前575年,在晋、楚决定性的战役鄢

---

[1]《春秋左传正义》(四部备要本),卷34第3页(襄公十九年)。
[2]《春秋左传正义》(四部备要本),卷44第8页(昭公七年)。
[3]《国语》(四部丛刊本),卷4第5页。

陵之战中，一位晋国贵族多次遭遇楚国国君的战车。每次，这位晋国贵族都脱下头盔以表示对楚君的尊敬。在同一场战役中，当时是楚国盟友的郑国国君落败奔逃，追击他的晋国贵族出于对其地位的尊重选择放弃追击，郑国国君也因此两次逃脱了被俘或战死的厄运。[1]

这些例子表明，家族意识的盛行在很大程度上降低了列国冲突的野蛮性。这种思想可能源于西周封建制度，这种封建制度除了具有贵族之间的团契感外，还与家族宗法制度密切相关。当宗法封建制度不再能够维持各诸侯国之间的秩序、列国冲突变得普遍时，家族取向仍然占据主导地位，是秩序崩坏时期缓解混乱、稳定秩序的重要理念。

二、春秋诸侯国的频繁争端

春秋时期战争频率的统计分析如表5所示。卷入不同冲突的国家数目有很大差异；因此，主要战争和次要战争将由参与每一场战争的国家数量决定。在172个诸侯国中，司马迁认为有12个是大国：齐、晋、秦、楚、郑、鲁、曹、宋、蔡、陈、燕和卫。公元前584年之后，吴国也应该被包括在内，在当时它通过对邻国楚国发动战争来参与中原事务。[2] 这13个诸侯国中的任

---

[1]《春秋左传正义》（四部备要本），卷28第5、6页（成公十六年）。
[2]《史记》（四部备要本），卷14;《春秋左传正义》（四部备要本），卷26第9页（成公七年）。

表 5 《左传》所见春秋时期的战争频率（公元前 722—前 464 年）[1]

年代（公元前）	10 年内每年的战争分数										战争积分数		和平年数	
	1	2	3	4	5	6	7	8	9	10				
722—713	4.5	4	0	11	11.5	4	1.5	0	1.5	13	51		2	
712—703	7.5	0	2.5	1	2.5	4.5	3	4	4	5	34	128	1	4
702—693	4	1.5	4.5	8.5	6	5	6	5.5	2	0	43		1	
692—683	1.5	4	1.5	6	3	0	2.5	2	10.5	2	33		1	
682—673	2.5	1.5	6	5	6	0	2.5	7.5	1.5	2	34.5	87	1	7
672—663	0	0	1.5	0	6.5	0	8.5	1.5	1.5	0	19.5		5	
662—653	1	4	4	8.5	4.5	3	22	3.5	15	2	67.5		0	
652—643	1.5	2	3.5	5.5	1.5	2.5	1.5	17	3.5	4	41.5	170	0	0
642—633	10	6	3	10.5	9	4	4	7	12.5	7	61		1	
632—623	18.5	0	5.5	1.5	1.5	1.5	4	7	11	5	69		1	
622—613	3.5	0	4.5	2	9.5	3.5	4.5	3.5	1.5	3	35.5	167.5	1	3
612—603	6	3	8	0	16.5	9	7	5	4	4.5	63		1	

[1] 在任何一次战役中，涉及 13 个主要力量中的每个每次都计 1 分，其他小国每个每次计 0.5 分。年度分值是这一年发生的所有战役的分数总和。这 13 个主要力量是：齐、晋、秦、楚、陈、郑、宋、鲁、曹、卫、吴和燕。参见第二章第二节。

续表

年代 (公元前)	10年内每年的战争分数											战争积分数	和平年数
	1	2	3	4	5	6	7	8	9	10		
602—593	4	6	13.5	9	6.5	7.5	5	4	3.5	2	61	0
592—583	0	3	1	10	11.5	3.5	0	10	12.5	7	58.5	1	2
582—573	7.5	9	0	1.5	9	1.5	3	14	22	7	74.5	1
572—563	16	7.5	3.5	5.5	12.5	2.5	2	4.5	14	17.5	85.5	0
562—553	21	4.5	2	14.5	3.5	12	6.5	2	4	1.5	71.5	0	5
552—543	1	0	4.5	21.5	8.5	7	0	0	0	0	41	5
542—533	0	3	0	0	11	11	2.5	0	2	2	31.5	4
532—523	1.5	2	5.5	3	0	2	1.5	3.5	1	4.5	24.5	1	9
522—513	0	5	3	9	3.5	0	2	2	0	0	24.5	4
512—503	1.5	1	1.5	0	2.5	1.5	21.5	5	5.5	4	44	1
502—493	10	2	2	0	2	5	6	3.5	7.6	1.5	39.5	1	2
492—483	5.5	2.5	4	8.5	8.5	8.5	6	11	3	2	50.5	0
482—473	7.5	2	10	0	10.5	1.5	3	1.5	0	1.5	37.5	2
472—464	2	4.5	0	3.5	3	0	0	0	2		15	4	6
259年总计											1211.5	38

战争积分数: 194, 198, 80.5, 134, 52.5

一个国家每参与一场战争，每次都会得到1分；其余任一小国每参与一次计0.5分。例如公元前645年，楚国进攻许国，鲁、陈、卫、郑、曹、齐和徐结成联盟援助许国。再加上楚国，共涉及9国，7大2小，因此这次战争的分值是8分。[1]

年度分数是《左传》记录的某一年发生的所有战争分数的总和。表5以《左传》涵盖的年份为准，列出了每10年的年度分值：其年份始于鲁隐公元年（公元前722年），终于鲁哀公二十七年（公元前464年）。

在春秋时期较靠前的两个阶段（公元前722—前693年和公元前692—前663年），这两个阶段的总分只有215分。整个春秋时期共有38个和平年份，其中11个属于第一和第二阶段。每30年一个阶段的平均得分为142.5分，每一阶段和平年代的平均得分为4.4分。从第三阶段（公元前662—前633年）开始，战争频率的分数飙升至170，第四阶段为167.5，第五阶段为194，第六阶段为198。第三阶段没有一年是和平的。然后在第七阶段，战争频率得分突然下降到80.5。在这个阶段（公元前542—前513年），甚至有多达9年的和平时期。公元前546年举行的一次弭兵会议，可能导致战争频率的下降。[2]另一个原因是，到那时，只有两三个大国有能力发动战争，而小国则受到了诸多限制，无法自由行事。在参与弭兵的国君被新

---

[1]《春秋左传正义》（四部备要本），卷14第1页（僖公十五年）。这里有两个国家的名字被命名为Hsü。这里"许"被改为"Hsu"以作区分。
[2]《春秋左传正义》（四部备要本），卷38第3—6页（襄公二十七年）。

一代国君取代后，战争频率分数再次上升，但第八阶段的分数为134，低于平均值140.4。最后一个阶段，《左传》只记载了15年，然而，即使为了使其数值与正常的30年阶段相一致而加倍，其分数仍然低于平均值。

若进一步分析，可以发现列国冲突发生频率最高的一个世纪，是在春秋时期的第7个10年到第17个10年之间。这个世纪恰逢卿大夫阶层取得主导地位的时期。尽管将持续不断的战争归咎于卿大夫阶层是不公平的，但卿大夫们通常都会从战争中受益。人类历史上有许多这样的例子：国君将军队的控制权交给了一位将军，而将军则会逐步篡夺国家的控制权。中国春秋时期从国君到卿大夫的权力转移过程中，国君似乎越来越多地将其军队的领导权和参加列国盟会的外交权力交给卿大夫，而不是自己履行这些职能。例如，公元前570年的盟会的与会者均是各国卿大夫，国君则完全缺席。[1]此外，至少两次重大战争是由卿大夫们指挥的：公元前589年的对齐国战争是由晋、鲁和卫国卿大夫发起和指挥的；公元前559年18国联军进攻秦国，虽然名义上由晋侯统率，但实际上是由他的卿大夫指挥的。[2]公元前546年的弭兵盟约也是由各国卿大夫而非其君主签署的，这与以前国君亲自参加会盟的做法截然相反；例如公元前651年的洮之盟，出席者就是齐、鲁、宋、卫、郑、许

---

[1]《春秋左传正义》(四部备要本)，卷29第7页（襄公三年）。
[2]《春秋左传正义》(四部备要本)，卷25第5页（成公二年），卷32第6页（襄公十四年）。

和曹诸国的国君。[1]

成功的卿大夫也因战争的胜利而得到国君慷慨的奖励。例如，公元前594年，晋国大夫桓子带兵击退狄人的入侵后，晋君赏赐他1000户被俘的奴隶；同时，举荐有功的士伯也被赏赐了"瓜衍之县"这块相当于一个小国的领地。[2]公元前563年，多国联军袭击小国偪阳，打算将其送给宋国大夫向戌。[3]许多卿大夫都分到了被征服国家的土地作为奖赏。公元前661年，晋国吞并古封国魏，将其封赏给重要的大夫毕万；他的后裔以魏为氏，直到战国初期魏氏都是晋国的强宗大族。[4]领地和奴隶的丰厚报偿大大增强了卿大夫们的实力，导致国家名义上的统治者——国君的权力下降，这也是颠覆中国封建制度的重要因素。

在已知征服年代的68个被征服小国中，有37个是在春秋第7个到第17个10年的这一个世纪内被征服的。正如上文所述，当时，卿大夫阶层的权力达到或接近顶峰。卿大夫们通过军事征服获得的优势可能有助于解释这一事实。[5]

---

[1]《春秋左传正义》（四部备要本），卷36第3—6页（襄公二十七年），卷13第4—5页（僖公八年）。
[2]《春秋左传正义》（四部备要本），卷24第7页（宣公十五年）。
[3]《春秋左传正义》（四部备要本），卷31第2—3页（襄公十年）。
[4]《春秋左传正义》（四部备要本），卷11第2页（闵公元年）。
[5] 顾栋高在他的《春秋大事表》卷5中列出了春秋时期的172个国家，他在其中记录了每个国家的地理位置、国君的姓氏、爵命等级以及被征服的年代。其中有些国家在春秋之前被征服，有些在春秋之后被征服，但大多数国家，不少于110个，是在春秋时期被灭的。有明确年代记录的75个国家中，10个是在这一时期的前60年，21个是在最后80年结束；其中一半以上，44个国家，在公元前662—前543年结束其统治。

然而，春秋战争的另一个方面是那些战败国的国君和卿大夫的悲惨命运。尽管家族宗法关系在春秋时人的行为模式中还起着重要作用，但许多国君的土地仍然被同宗的强国兼并。公元前655年，晋吞并小国虞就是一个例子。当时虞、虢和晋三国同宗同氏，是周王的后裔，也都是王室亲属。晋君请求虞君允许晋军在进攻虢国时途经虞国，虞国大夫宫之奇警告虞君防备伐虢返回的晋军，说他们可能有偷袭虞国的阴谋。尽管宫之奇强调虢公与晋侯也是同宗，但虞君还是选择相信了晋国，同意其请求。虢国轻易地被晋国攻灭，而虞国也被凯旋的晋军吞并了。[1]

公元前688年，邓国也以几乎同样的方式被楚国所灭。楚王在攻打申国的途中，途经并拜访邓国，邓国国君是楚王的舅舅，他盛情款待了这个外甥。邓君的另外三个外甥是邓国大夫，他们怀疑楚王会背信弃义，建议邓君杀死楚王以自保。邓君认为自害其甥是不人道的，因此否决了这个建议。随后，楚王在从申国回来的路上袭击了邓国，十年后邓国被楚国吞并。[2]

从上面两个故事中可以看出，有些过于相信血缘亲情的国君，终会被他们那些不顾情义又肆无忌惮扩张的亲属所吞并。尽管在列国事务中还存留些许宗族感情和侠义精神，但在春秋

---

[1]《春秋左传正义》（四部备要本），卷12第12—15页（僖公十五年）。
[2]《春秋左传正义》（四部备要本），卷8第7—8页（庄公六年）。

时期至少有110个国家被消灭和吞并,幸存的22个国家继续为生存而斗争。[1]

三、失败者的命运

现在出现的问题是:一百多个被征服国家的贵族在其国家灭亡后,他们的数量有多大?一般来说,历史没有给出答案,尽管史料中会或多或少意外记录相关信息的蛛丝马迹。春秋时代,战败的国君通常不知道征服者是否会饶恕他们的性命,所以他们在向胜利者投降时甚至会携带一具棺材。这种仪式在《左传》中被提到过两次:一次是在公元前654年楚国击败许国时,一次是公元前538年赖国被楚国灭国时。这两次被征服国君的性命都得以保全,[2]其他不幸的国君有时会作为祭祀的牺牲被处死。《左传》中记载了两个这样的事件:公元前641年,宋公将小国鄫国的国君祭祀社神;公元前531年,楚王宰杀了蔡国太子。[3]然而,通常情况下,战败的国君会得到较好

---

[1]参见顾栋高:《春秋大事表》,卷5;另外40个国家的灭亡日期没有明确记录。据其他史料记载,晋献公吞并了17个国家,使38个国家屈服;齐桓公占领了30个国家;楚庄王征服了36个国家;秦在秦穆公统治期间灭亡了12个国家。参见王先慎:《韩非子集解》,卷2第1页,卷3第11、50页,卷15第17页。
[2]《春秋左传正义》(四部备要本),卷13第1页(僖公六年),卷42第15页(昭公四年)。
[3]《春秋左传正义》(四部备要本),卷14第12页(僖公十九年),卷45第11页(昭公十一年)。

的待遇，这可以从以下《左传》的摘录中推断出来。公元前597年，楚军突破了郑国最后一道防线，进入郑都。郑伯别无选择，只好前往楚营正式投降。他先是承认了自己没有做好楚国忠实属国的错误，然后说：

> 其俘诸江南以实海滨，亦唯命。其翦以赐诸侯，使臣妾之，亦唯命。若惠顾前好，徼福于厉、宣、桓、武，不泯其社稷，使改事君，夷于九县，君之惠也，孤之愿之，非所敢望也。敢布腹心，君实图之。[1]

郑伯的请求得到了楚王的重视，郑国被保留。因此，战败国有以下三种处理方式：其一，战败国可能被允许保留，但要作为征服国的附属国；其二，战败国臣民可能会送给他国做奴隶；其三，战败国的臣民可能会被重新安置在战胜国内。《左传》记述了以上三种可能。

只有第一种方式允许战败国的社会秩序稳定，社会阶层基本保持不变。战败后，陈、蔡和许都重新建立起独立国家。[2]

---

[1] 理雅各：《春秋左传》，第316页。我在翻译和音译方面做了一些小的修改。原文参见《春秋左传正义》（四部备要本），卷23第2页（宣公十二年）。

[2] 陈国和蔡国分别于公元前534年和公元前531年被楚国征服。公元前529年，陈、蔡被允许以自治形式复国。公元前504年，郑国灭许国。许国后来重建的年代不详，但由记载许国国君许男去世的公元前482年可以推测，许国复国应在此之前。参见《春秋左传正义》（四部备要本），卷44第13页（昭公八年），卷45第11页（昭公十一年），卷46第11页（昭公十三年），卷55第3页（定公六年），卷59第3页（哀公二年）。

有时，只有被征服国家的国君和卿大夫被驱逐出境，而平民则被允许留下；在某些情况下，只有国君会被驱逐。公元前520年，晋国打败狄人国家鼓国，其国君鼓子苑支被带回晋国。晋军统帅中行穆子下令，鼓子只能由其亲属和亲近的家臣陪同，所有鼓国平民必须留下来，接受晋国指派官员的治理。鼓国的一位朝臣不顾命令，要跟随鼓子入晋，中行穆子告诉他："鼓有君矣，尔止事君，吾定而禄爵。"[1]

战败后，战俘的投降仪式在《左传》中有详细记载。公元前548年，郑国占领了陈都。陈侯怀抱社主前来投降，并命令陈国男女国民分别自系，等待征服者的到来。郑国将军子展抓住了束缚陈国俘虏绳子的末端，另一位郑国将军子美清点俘虏数量。[2]在这种情况下，陈国人得到宽厚对待，国民没有被迁到郑国为奴。尽管在其他情况下，为了宣布胜利，俘虏常被送到周王室或其他国家。《左传》中称这种做法为"献捷"，意思是表示胜利或报告胜利。这个短语通常伴随着"献俘"（呈献俘虏）或"遗俘"（发送俘虏）。《左传》中曾记载齐国通过送俘虏以"献捷"于鲁，这一行为招致批评。因为只有周王室的王城，而不是任何一个诸侯国，

---

[1]《国语》（四部丛刊本），卷15第2页。即使被征服国家的一些大夫可能会继续帮助新君治理国家，但有时还是会重新安排人员。旧统治集团中的卿大夫常常不会被新君在过去的职位上任用，因此会失去官职和社会地位。

[2]《春秋左传正义》（四部备要本），卷36第5页（襄公二十五年）。

才应是"献捷"的接受者。[1]

《左传》还记载了几个胜利后"献俘"的事例。公元前706年，郑太子率军援助齐国，击退了北戎的入侵。北戎人被彻底击败，郑国太子将两名被俘的戎帅和300甲士献给齐侯。[2]公元前655年，晋征服虞、虢之后，虞公和虞大夫被作为晋国公主与秦君结婚的嫁妆，被献于秦。这是一个明确的国君和卿大夫沦为奴隶的例子。[3]公元前632年，晋楚城濮决战。胜利的晋国呈送被俘虏的楚国士兵1000名和4匹马拉的战车100辆，向周王"献捷"。[4]公元前593—前592年，晋吞并了一批所谓的戎狄国家，并两次献狄俘于周。[5]楚国入侵郑国的公元前589年，一个楚国地方官员被擒，郑国将其献于晋国。[6]公元前509年的夏天，鲁执政卿季桓子前往晋国，将前一年所俘获的郑国俘虏献于晋国。[7]

除了作为礼物献出的战俘外，大量战争中所获或作为战利品掠夺来的俘虏会被征服国留下。历史并没有告诉我们，这些囚犯后来发生了什么，但很可能有些囚犯是作为酬劳而被赏赐给有功将帅的。公元前594年，一位晋国将军因为晋

---

[1]《春秋左传正义》（四部备要本），卷10第10、11页（庄公三十一年）。
[2]《春秋左传正义》（四部备要本），卷6第12页（桓公六年）。
[3]《春秋左传正义》（四部备要本），卷12第14页（僖公五年）。
[4]《春秋左传正义》（四部备要本），卷16第12—13页（僖公二十八年）。
[5]《春秋左传正义》（四部备要本），卷24第7—8页（宣公十五、十六年）。
[6]《春秋左传正义》（四部备要本），卷26第8页（成公七年）。
[7]《春秋左传正义》（四部备要本），卷55第3页（定公六年）。

国开疆拓土而获赐1000户狄人。[1]公元前500年，小国卫被晋国打败，晋军统帅赵鞅后来把500户卫国俘虏收归其私人所有，声称这些俘虏是卫国给晋国的贡礼。赵鞅把他们安置在自己的封地，让其做自己的农奴。[2]上面提到，虞公和他的大夫成为奴隶，作为嫁妆的一部分。[3]根据一个战国时期的传说故事，说春秋时期的虢国被晋国灭亡后，一位虢国大夫被卖作奴隶，最后成为秦国的牧民。一位秦国官员了解到这位虢国俘虏的才干后，以五张羊皮的价格买下了他，并把他推荐给秦穆公，让穆公任用他为官。[4]齐国大夫晏子，在晋国遇到一人背负一捆干草，将皮裘反披在肩。看到皮裘，晏子怀疑此人不是真正的庶民，经询问后发现他是从齐国被俘而来的。晏子立即解下他的左骖马，以换取这位同胞的自由。[5]

这几个例子告诉了我们春秋时期战俘的命运。考虑到这些例子，可以有把握地假设：许多俘虏失去了以前的社会地位，在陌生的国度生活，社会地位低微，没有归国希望。由此可见，每个国家的每一次失败或被征服都会导致一些臣民的社会

---

[1]《春秋左传正义》（四部备要本），卷24第7页（宣公十五年）。
[2]《春秋左传正义》（四部备要本），卷56第6页（定公十三年）。
[3]《春秋左传正义》（四部备要本），卷12第14页（僖公五年）。
[4] 理雅各：《孟子》，5（1）9；另见《吕氏春秋》（四部丛刊本），卷14第16—17页；《史记》（四部备要本），卷5第8页。尽管孟子怀疑这个故事的可靠性，但这个故事至少是广泛流传的，因为这里引证的不同版本就有三个来源。
[5]《吕氏春秋》（四部丛刊本），卷16第5页。

地位下降，社会流动性随即向下。由此失去地位的人数甚至无法估计，但可以确定的是，由于春秋时期发生过数百次战役，100多个国家灭亡，这个数字一定相当大。

四、战国时期的战争

战国时期由于战争和征服导致社会地位下降的人数，肯定较春秋时期少。因为当时只有16个国家被七雄消灭，后来六国又亡于秦国。然而，尽管涉及的国家数量减少，但战国时期的战争频率并不比春秋时期低多少；此外，战国时期的战争一般持续时间更长，规模更大。

战国的冲突频率可以通过《史记》中给出的该时期主要事件的年表，即《六国年表》来计算。这张表始于周元王统治的元年（公元前475年），结束于秦的覆灭（公元前207年）。[1] 表中同时列出了战国七雄和周王室各自发生过的事件。类似于表5对春秋时期的统计估算，《史记》年表中记录的有关战国冲突频率的统计估算，如表6所示。计分方法也是一样的：赵、齐、秦、楚、韩、魏和燕七国中任一国参与战争一次，在年度分值计1分；小国每参与一次计0.5分。

表6的首年是公元前463年，即春秋结束后的次年。最

---

[1]《史记》（四部备要本），卷15《六国年表》。

表6 《史记》所见战国时期的战争频率（公元前463—前222年）[1]

年代（公元前）	10年内每年的战争分数										战争积分数		和平年数	
	1	2	3	4	5	6	7	8	9	10				
463—454	0	0	0	0	0	3	0	0	2.5	3.5	9		7	
453—444	0	0	0	0	0	1.5	0	1.5	1.5	0	4.5	14.5	7	23
443—434	0	1	0	0	0	0	0	0	0	0	1		9	
433—424	0	1.5	1.5	0	0	0	0	0	0	1.5	4.5		7	
423—414	0	0	0	0	2	0	0	0	0	8	10	31	8	20
413—404	4	1.5	0	2	6	3	0	0	0	0	16.5		5	
403—394	0	2	5.5	0	1.5	0	0	1.5	3.5	3.5	17.5		4	
393—384	0	2	5	1.5	0	1.5	2	4.5	0	2	18.5	60	3	10
383—374	0	0	6	1.5	5.5	1.5	3.5	1.5	0	7.5	24		3	
373—364	3.5	2	4	4	4	0	3	1.5	4	0	26		2	
363—354	5	2	0	0	2	3.5	0	1.5	4	5.5	23.5	57.5	3	11
353—344	2	2	0	0	0	2	0	0	2	0	8		6	

[1] 在任何一次战役中，涉及七雄中的每个每次都计1分，其他小国每个每次计0.5分。年度分值是这一年发生的所有战役的分数总和。这7个主要力量是：齐、秦、楚、赵、韩、魏和燕。参见第三章第四节。

续表

年代（公元前）	1	2	3	4	5	6	7	8	9	10	战争积分数	和平年数
343—334	0	2	5	4	1.5	0	0	2	0	4	18.5	4
333—324	3	1.5	2	4	2	1.5	0	4	0	2	20	2
											66.5	8
323—314	2	0	0	2	6	7	3.5	2	3.5	2	28	2
313—304	8	1.5	1.5	0	2	2	2	0	0	4	21	3
											85	6
303—294	0	10	2	2	6	0	4	5.5	2	3	34.5	2
293—284	0	2	4	2	2	2	5.5	3	8	2	29.5	1
283—274	2	2	6	4	2	2	3	4	2	4	30	0
											76	5
273—264	4	2	4	2	2	0	2	3	2	2	24	1
263—254	4	2	2	0	0	4	7	3	0	0	22	4
253—244	0	2	0	5	2	10	2	0	2	2	25	3
											68	6
243—234	2	8	2	0	2	0	2	3	2	2	23	2
233—224	2	2	2	2	2	0	4	2	2	2	20	1
223—222	6	4									10	
242年总计											468.5	89

第三章 诸侯国之间的关系与冲突

后一年是公元前222年，即秦始皇攻灭六国和统一中国的秦代开始的前一年，因此选择此年而不是公元前207年。因此表6的统计涵盖242年的数值，大致与春秋表中涵盖的259年相当。

令人惊讶的是，在所谓的"战国"时代，战争分值总数仅有468.5分，和平年代长达89年。这些统计数据显示，即使考虑到战国单一战役的规模较大，与春秋时期1211.5的总分以及仅38年的和平相比，战国时期的军事斗争也相对要少。有三个原因可以解释这两个时期数字的巨大差异。首先，《史记》中的年表不如《左传》中记录的完整或详细。《史记》年表中只提到主要战役，而忽略了许多小规模的冲突或突袭。其次，由于政府对其领地的控制比春秋时期更为严格，战国时期列国间的小争端不太可能发展为武装冲突。春秋时期君主对许多半独立的封建领主缺乏有效的控制，故而无法阻止他们之间的许多小争端。[1]最后，数学概率表明，在所有其他因素不变的情况下，更多国家间冲突的概率大于较少国家之间冲突的概率。春秋时期的主要国家有12个或13个，外加数十个小国；战国时代，七个大国牢牢控制了中国。这里的数学问题不需要我们关心，但两个时期之间冲突概率的差异远远大于13/7所显示的比率。

---

[1] 例如楚吴之战的起因，就是源于生活在共同边界的庶民之间一点微不足道的争端。参见《史记》（四部备要本），卷31第9页。

仅凭战国时期的战争分数，不足以衡量列国军事争端的程度及其影响；必须考虑到战国战争的持续时间和规模。通常，春秋时期的战争由一场战斗组成。战斗后，要么战败部队逃跑，要么双方谈判休战，整个过程持续时间很短。只有在围城的情况下，战争才需要更长的时间。公元前632年的城濮之战就是这种围攻的实例。

公元前633年冬天，楚国围攻宋国首都，宋国当时是晋国的盟友。于是，晋国派遣了一支强大的部队，进攻楚国的盟友曹国，以帮助宋国。两场战斗都不是很激烈。围宋之战没有什么大战斗的记载，仅有入侵曹国的晋国军队有些伤亡。晋军在一个月内成功击败了曹国，但围困宋都的楚军仍然没有战果。曹国沦陷后的第二十四天，晋、楚军队及其盟军在城濮会战。战斗只持续了一天，楚军战败逃跑；三天后，晋军凯旋返乡。因此，尽管对这两座城市的围困在几个月前就开始了，但全面武装冲突其实仅持续了一天。[1]

到春秋晚期，列国战争持续的时间逐渐拉长。公元前506年，吴国进攻楚国，在吴军进入楚国国都之前，先后进行了六次大战。到那时为止，这场战役涉及数百里的部队调动。在另一场战斗之后，楚国暂时遏制了吴国的攻势。不久后，晋国出兵援助楚国。公元前505年夏，吴国多次战败。七战之后，吴军被赶出楚国。因此，这次吴楚之战延续了半年多，前后至少

---

[1]《春秋左传正义》（四部备要本），卷16第5—12页（僖公二十七、二十八年）。

涉及13场战斗。[1]

一般来说，战国时期的战争持续时间更长，围困一座城市通常需要几个月的时间。例如，楚军用了5个月的时间围困韩城雍氏。[2] 重大战役有时需要10天的时间来决定结果。[3] 秦国派去韩国华阳的增援部队，花了8天时间才击败围城的赵魏联军。[4] 公元前314年，齐国趁燕国内乱突袭，在大约50天的战役后方才占领该国。虽然燕国几乎没有抵抗，但齐宣王仍然吹嘘"五旬"内征服一个国家必有天佑。[5] 30年后，燕国攻入齐国俘虏齐王，并占领其一半领土进行报复。然而，齐国坚持抵抗，5年后燕国军队才被彻底击退。[6]

五、春秋和战国军队的规模

可以看出，战国时期的战争不仅持续时间更长，而且冲突的规模也比春秋大得多。春秋时期的军队规模通常以战车数量来描述。以下例子取自《左传》。

---

[1]《春秋左传正义》(四部备要本)，卷54第12—14页(定公四年)，卷55第1—2页(定公十年)。
[2]《战国策》(四部备要本)，卷27第1页。
[3]《战国策》(四部备要本)，卷8第8—9页。
[4]《战国策》(四部备要本)，卷28第7页。
[5] 理雅各：《孟子》, 1 (2) 10。
[6]《史记》(四部备要本)，卷46第14页，卷80第2页，卷82第2页。

公元前722年，郑国用200乘（辆）战车镇压暴乱。[1]公元前660年被狄人击败后，幸存下来的卫国部队只有30乘战车；然而，几年后，卫国的军队恢复为300乘战车的兵力。[2]公元前548年，郑国用700乘战车入侵陈国。[3]在公元前534年的一次阅兵中，二等大国鲁国全军共拥有战车1000乘；而在公元前529年，当时的最强国晋国拥有战车4000乘。[4]而到春秋末期，小国邾也拥有战车600乘。[5]

上面的例子表明，一个小国的军队可能拥有战车300乘，而一个大国战车可能达到4000乘；我们还可以看到，一场战斗有时会有数百乘战车参加。然而，因为每辆战车的步兵（徒兵）数量尚不明确，所以很难计算每次投入军队的实际人数。每乘战车本身载着三个人：一位驾车，两位武士战斗。按传统说法，每乘战车配备步卒72名。[6]但现存历史记载中没有证据支持这一观点；事实上，有迹象表明其他数字或许更接近真相。公元前660年，齐国派遣战车300乘和甲士3000人戍守曹国；公元前632年，晋国向周王献楚俘战车100乘、甲士1000

---

[1]《春秋左传正义》（四部备要本），卷2第11页（隐公元年）。
[2]《春秋左传正义》（四部备要本），卷11第5、6—8页（闵公二年）。
[3]《春秋左传正义》（四部备要本），卷16第5页（襄公二十五年）。
[4]《春秋左传正义》（四部备要本），卷44第13页（昭公八年），卷46第6页（昭公十三年）。
[5]《春秋左传正义》（四部备要本），卷58第6页（哀公八年）。
[6]《春秋左传正义》（四部备要本），卷2第11页（隐公元年）杜预注；杜预是公元3世纪的一位将军，他是根据后世失传的"战国古兵书"得出这个结论的。

人。[1]这两个例子都暗示每乘战车配备10人。另一个可能的比例是每乘战车配备30人:《诗经·鲁颂》中有一首诗说鲁公有车1000乘,有徒30000人。[2]

五人小队似乎是战车配备的最小步兵单位,如公元前707年的郑军。[3]

无论怎样,每乘战车配置的步卒比例似乎并不高。公元前541年,晋国在山区与狄人步兵作战。晋军统帅决定不使用战车,并将战车士兵重组为五人小队。如果晋军的战车配有充裕的步兵,那他们就不需要使用战车上的人员来增援步兵了。[4]

目前战车配备步兵的确切人数尚不确定,但证据表明这个数字不大,可能是5的倍数。如果我们假设这个数字是10,除了战车上的3位,那么史料记载的春秋时期最大规模的军队,是公元前589年齐晋鞌之战的晋国参战军队。这支军队有战车800乘,估计总数超过万人:2400名战车武士和8000名甲士步卒。[5]《左传》还提到在战车之外的作战单位中使用步兵。公元前570年,楚将率领甲士300名和被练(轻装甲兵)3000人

[1]《春秋左传正义》(四部备要本),卷11第6页(闵公二年),卷16第12—13页(僖公二十八年)。
[2]理雅各:《诗经》,4(2)4,第5页。
[3]《春秋左传正义》(四部备要本),卷6第6页(桓公五年)。
[4]《春秋左传正义》(四部备要本),卷41第10页(昭元年)。
[5]《春秋左传正义》(四部备要本),卷25第5页(成公二年)。

入侵吴国。[1]公元前556年，在鲁齐之间的一场战斗中，鲁国300名甲士冲破齐军包围以便送信求援。[2]公元前484年，吴国动用7000名甲士击退了齐国的入侵。[3]公元前482年，一位吴国贵族率5000名步卒进攻越军。[4]以上数字，联系前面提到的分配给战车的步兵数字，似乎表明春秋的军队规模在数千人上下，但一般不超过万人。

而战国军队的规模要大得多。表7列出了据史料记载的秦国在统一六国战争中造成的六国伤亡数字。

这些庞大数字的可靠性值得怀疑。《史记》在战国时期使用的主要资料来源是秦国的历史记录[5]；故而这些数字可能被极度夸大了，尤其是因为这些数字涉及以秦为胜利者的战争。然而，公元前260年长平之战的总规模并不一定令人难以置信，因为一般认为，整个秦国边境的赵人军队在投降后遭到集体坑杀。此外，秦国不得不为这场战斗征调全部人力，包括15岁以上的年轻人。[6]这场战斗结束后，赵国只有13万人去抵抗60万燕国军队的入侵。[7]

---

[1]《春秋左传正义》（四部备要本），卷29第6页（襄公三年）。
[2]《春秋左传正义》（四部备要本），卷33第4页（襄公十七年）。
[3]《春秋左传正义》（四部备要本），卷58第11页（哀公十一年）。
[4]《春秋左传正义》（四部备要本），卷59第4页（哀公十三年）。
[5]《史记》（四部备要本），卷15第1页；另见卜德《中国第一个统一者》，莱顿：博睿学术出版社，1938年，第5页。
[6]《史记》（四部备要本），卷5第25页，卷73第2—3页。
[7]《战国策》（四部备要本），卷31第1页。

表7　战国时期战争的伤亡数字[1]

年代（公元前）	伤亡人数（千）	战败国
364	60	韩、赵、魏联军
354	7	魏
317	80	韩、赵联军
312	80	楚

[1] 数据来源《史记》（四部备要本），卷15《六国年表》。

卜德怀疑《史记》中给出的几场战争的伤亡数字，并认为战国时期的军队规模被极度夸大了。他给出的理由是，当时的人口太少，无法组建庞大的军队，战争武器太"原始"，无法在任何一场战斗中杀死这么多人，"如此庞大的军队在早期的食物、运输和指挥问题"是"无法克服的"。参见卜德《中国第一个统一者》，第5页。然而，尽管战国时期没有人口普查记录，但像魏国这样的国家拥有大约100个县区［参见《战国策》（四部备要本），卷24第2页］。如果每个县通常有一万户家庭［参见《战国策》（四部备要本），卷20第1页；参看卜德《中国第一个统一者》，第137页］，那么每个县约有5万人口。因此，像魏国这样的国家可能有大约500万人口。从这些人口中招募35万人参军可能并不困难。更大的，如齐、秦、楚诸国，可能有更大规模的军队。战国时期的总人口数量可能达到3000万到4000万。在汉平帝在位的公元2年，总人口数量根据1555个县、国的普查，共有59594978人（王先谦《汉书补注》，卷28下第49页；又见钱穆《国史大纲》，上海：商务印书馆，1940年，台北重印，1956年，第1册第155页）。战国人口可能不会比这个数字少多少。一支60万人的军队曾被称为秦国武装力量的最强大的主力［《史记》（四部备要本），卷73第6页］。关于使用相当原始的武器造成如此多伤亡的可能性，如本书所述，应该注意的是，在中国，被击溃军队的逃兵通常被包括在伤亡人数中。此外，威力强大的弓弩、锋利的长矛和长剑，以及高度发达的战术，如火战和水战，似乎都足以造成此类伤亡。致命的弩绝不是一种"原始武器"。战国军队的运输和粮食问题比今天的此类问题要简单得多。历史记录显示古人曾使用惊人数量的民众从事公共建筑，例如埃及建造的金字塔和中国的秦长城。组织和处理这样一个庞大群体的问题虽然困难，但并非不能克服。尽管如此，我同意卜德的观点，即官方记录中可能存在一些夸大；但我倾向于相信这里给出的数字可能与事实相差不远，至少比卜德认为的要近。

续表

年代（公元前）	伤亡人数（千）	战败国
307	60	韩
300	30	楚
293	240	韩、魏联军
280	20	赵
274	40	魏
273	150	赵、韩、魏联军
260	450	赵

战国时期的军队规模，与春秋军队相比，有几万甚至几十万，这意味着战国时期的战争规模是春秋的10倍。春秋时期许多国家，有3万人的军队就被认为是庞大的；而在战国七雄时期，占领较大的城池需要数十万人，战争也经常持续数年。[1] 虽然战国时期的战争不太频繁，但其持续时间通常较长，规模更大，造成列国间秩序混乱，至少与春秋时期战争的影响一样深远。战国时期，更大范围的地区遭到掠夺，许多民众被迫逃离故居，社会地位一落千丈。大规模的战争导致更多的俘虏，他们要么被屠杀，要么被奴役。尽管没有更多数据支撑，但由于战国时期的战争冲突而导致社会地位下降的人数肯定是特别大的。[2]

---

[1]《战国策》（四部备要本），卷20第1页。
[2] 秦统一后，六国精英失去社会地位，阶层下降。由于它发生在本书研究的时段之外，这种现象暂不讨论。

六、骑兵和步兵的出现

贵族地位的丧失和地区社会秩序的破坏,并不是战争的唯一后果。战争导致大部分人口被迫服兵役,因此还催生了一批职业军人:武士和战略家。随着战国历史的发展,这正负两方面的影响变得越来越明显。

春秋时期和以前一样,战斗仅是贵族的职业。驾驶由四匹奔驰的马拉着飞奔、摇摆变换的战车,这个技能需要长时间的训练;在行驶的战车上使用弓箭准确地击中目标也是如此。驾驶和射箭因而被列入贵族的六门基本技能。[1]因此,军事职业仅限于熟悉这些专门技术的人。平民只能在战斗中充当跟随战车、辅助甲士的徒兵,他们一定很难赶上由四匹骏马拉动的战车。步兵的相对不重要,可能是为什么春秋早期有关战争的所有记载都记录战车冲锋的原因。而在公元前570年之前,很少有人提到步兵是战场上唯一的力量。[2]

战斗之道要求精湛,以至于即使在最激烈的战斗中,所有人都必须遵守骑士风度。在向对方挑战时,驭者和骖乘的行动必须遵循严格的程序。[3]当一名武士遇到一个爵级更高的敌人

---

[1]另外四项是乐、诗、数和礼。礼至少在儒家观念里表示合乎行为规范的原则和实践。对这个概念很好的理解,可参见顾立雅《孔子与中国之道》,纽约:哈珀出版社,1960年,第82—88页。
[2]《春秋左传正义》(四部备要本),卷29第6页(襄公二十九年)。
[3]《春秋左传正义》(四部备要本),卷23第8页(宣公十二年)。

时，他必须小心不要冒犯他，尤其是当他的敌人恰好是国君的时候。[1]甚至在互相追捕的甲士之间也要礼貌地交谈，战斗中的礼貌是绅士的标志——有一次，一位晋国武士不辞辛劳地射杀了一只鹿，并将其献给敌方；[2]公元前632年城濮之战中一位楚国将军向晋侯发起挑战，他措辞婉转：

请与君之士戏。[3]

对于这些贵族来说，战争确实是一种游戏。

在春秋末期，步兵的作用逐渐变得更加重要。南方的两个大国吴国和越国都擅长使用步兵，因为他们领土上的许多湖泊、河流和沼泽限制了战车的使用。此外，船是当地土著文化的重要组成部分。公元前482年，吴王带着10000名步兵北上参加中原黄池之会。[4]公元前484年齐鲁之战中，鲁军由7000名甲士组成。统帅是孔子的弟子，他率领一支由300名平民组成的步兵部队，冲锋时也一改通常的弓箭而使用长矛。[5]

步兵取代战车的具体原因尚不清楚，但有两点值得注意。第一个，战车相当昂贵。事实上，战车被视为国家和贵族家

---

[1]《春秋左传正义》(四部备要本)，卷28第6页（成公十六年），卷52第3页（昭公二十六年）。
[2]《春秋左传正义》(四部备要本)，卷23第8页（宣公十二年）。
[3]《春秋左传正义》(四部备要本)，卷16第12页（僖公二十八年）。
[4]《国语》(四部丛刊本)，卷19第8页。
[5]《春秋左传正义》(四部备要本)，卷58第11页（哀公十一年）。

族的财富单位；史书常见记载某个国家拥有大约1000乘战车，而某个贵族家族可能拥有100乘。曾有一位楚国令尹的宠信被人羡慕，因为他非常富有，拥有足够装备数十辆战车的骏马。[1]战车也被认为是绝佳的礼物。[2]因此，对一个国家来说，扩充以战车为主的军队的费用，可能高得令人望而却步。解决经费问题的办法之一似乎是增加军队中的步兵部队，从而降低战车的相对重要性。战国时期对某一国军事力量的描述通常是"带甲数十万，车千乘，骑万匹"[3]。战车的数量与春秋时期大致相同，而军队的其他兵种则或是新增或是大大增加其数量。

战国时期，骑兵首次在中国出现。骑马而不是把马套在战车上的基本理论，可能已经在实践中得到了发展。公元前597年，一位晋国贵族从战车上解下两匹马，以便在战败后使他的两个亲戚逃走。[4]首次使用骑兵的确切日期尚不清楚，中国北方与现代西伯利亚接壤的各地区显然采用了游牧部落的骑兵作战理念。赵武灵王"胡服骑射"采用游牧民族的服饰和骑马战术——他指定赵国的一个地区为"骑兵邑"，这大概意味着从该地区招募的所有士兵都将成为骑兵。[5]骑兵可能是当时不太流行的战车的一个很好的替代品，特别是在战斗需要高速运动

---

[1]《春秋左传正义》（四部备要本），卷35第3页（襄公二十二年）。
[2]《春秋左传正义》（四部备要本），卷21第4页（宣公二年）。
[3]《战国策》（四部备要本），卷19第1—2页。
[4]《春秋左传正义》（四部备要本），卷23第10页（宣公十二年）。
[5]《战国策》（四部备要本），卷19第7—8页，卷10第11页。

时，如冲锋和侧翼移动。然而，史料中体现出的是，与战国军队中十倍于骑兵的步兵相比，骑兵只占整个部队的小部分。在后来长期的中国历史中，步兵一直在战争中发挥主要作用。[1]

步兵取代战车的第二个原因，涉及车战的固有劣势。早在春秋初期的公元前714年，郑伯就在对北戎的战役中，担心敌人的轻步兵会袭击他的战车。[2]在沼泽地区，战车很容易被困，就像晋惠公一样，当他的战车陷入泥潭时，他被秦军俘虏。[3]战车在路况很差或没有道路的山区也几乎没有用处。公元前541年，晋国与北方群狄部落作战，晋军统帅意识到战车在山地的无用性，将士兵重组为步兵小队，从而击败了敌人。[4]因此，骑兵和步兵取代昂贵而低效的战车似乎有充分的理由。

战车和射箭的贵族战争最终被步兵战术所取代，步兵手持长矛或剑徒步前进。这种战术需要较少的个人技能，但需要大量的士兵；因此，战国军队与春秋军队截然不同。骑士精神和绅士风度在战斗中消失了；大批强壮的步兵，大多数是勤劳的农民，他们习惯了艰苦和辛劳，取代了英勇的战车贵族。

军队规模的增加和性质的改变，都使得征召平民成为必要。目前尚不清楚春秋时期军队是如何组织的。虽然新兵被分配到某些大夫指挥下的特定军事单位，但重点似乎是贵族对贡赋的

---

[1]《战国策》(四部备要本)，卷19第2页。
[2]《春秋左传正义》(四部备要本)，卷4第8页(隐公九年)。
[3]《春秋左传正义》(四部备要本)，卷14第3页(僖公十五年)。
[4]《春秋左传正义》(四部备要本)，卷41第10页(昭公元年)。

分配，而不是军事组织。例如，鲁国人分属于三支军队，分别由鲁国三位最强大的贵族领导。这三位贵族通常是由他们所掌握的臣民向其纳贡来支撑的。[1]到战国时代，征兵制度已经司空见惯。商鞅为秦国建立起一套什伍军事制度，士兵起征年龄似乎是15岁。[2]在楚国，所有年龄在60岁以下、身高在5尺以上的男性都必须在军队服役。[3]有时，某一特定地区，通常是边境的居民，需要全体武装对抗一些特定的敌人，以保卫自己的领土。例如，齐国西部地区的民众只有在赵国入侵的情况下，才能被征召；而北部地区的居民，则被指派防御燕国可能的袭击。[4]一个国家的不同地区显然为军队中的特定兵种供应兵员，赵武灵王就曾命令赵国的一个地区只供应骑兵兵员。[5]

七国以平民为人力资源，建立起规模从几十万人到一百万人不等的常备军。据史料记载，最小的两个国家，韩和魏，各自拥有约30万人的军队[6]；而最大的两个国家，秦和楚，能够支撑约100万人的部队[7]。像临淄这样的大城市，有民7万户，

---

[1]《春秋左传正义》（四部备要本），卷31第9页（襄公十一年），卷43第1页（昭公五年）。

[2]《史记》（四部备要本），卷68第3页，卷73第3页。

[3]《战国策》（四部备要本），卷15第4页。战国时1尺相当于23厘米。参见罗福颐《传世历代古尺图录》，北京：文物出版社，1957年，第3—8号。

[4]《战国策》（四部备要本），卷29第6页。

[5]《战国策》（四部备要本），卷19第11页。

[6]《战国策》（四部备要本），卷24第2页，卷26第2页。表7的注释中讨论了军队的规模。

[7]《战国策》（四部备要本），卷14第1、5页，卷26第2页。

甚至能提供21万人从军。[1]

虽然历史学家可能对普通士兵及其行为不感兴趣,但许多普通农民已经变成职业的军人,几乎无法或不愿回到从前的耕种生活。这种变化过程本身,就是一种涉及大量人群的大规模的社会流动。它在整个人类历史中频繁发生;然而,在诸如战国这样的时期就尤为重要,因为当时许多战争都是由广大平民参与的。

七、职业军人的角色

前面讨论过战败或被俘后,被征服者的羞辱、降级或奴役情况。我们还必须考虑那些在战争中因特殊能力脱颖而出并得到晋升的人。

战争期间,君主通常渴望留住那些有战争技能的人才,以及获得那些对取得未来胜利有价值的人的服务。当他们取得胜利时,国君通常会慷慨地给予他们奖励。战国时期特别需要两种类型的军事人员:勇猛无畏的武士和足智多谋的谋略家。

春秋后期,职业武士阶层已经出现,即使当时骑士制度仍然在贵族中保留。公元前552年,齐国国君建立了一套授予战斗勇士荣誉称号的制度,并考虑将两名最勇猛的战士作为荣誉候选人。另一位因英勇而闻名的晋国武士,在其前主人垮台后

---

[1]《战国策》(四部备要本),卷8第8页。

向齐侯寻求庇护，他请求获得上述荣誉称号。这似乎是中国历史上第一次，仅为奖励战斗中的勇猛而授予头衔的情况。[1]两年后，齐国派部队进攻卫国时，前锋、大殿、左右翼、车右、御者及公副车都是勇猛的武士，但他们似乎已很少有人与贵族家族有关联。这种情况引起了一位齐国贵族的严厉批评。[2]

战国时期，即使是普通士兵也需要保持强健的体魄。一名魏兵必须足够强壮，能够穿上盔甲，能够拉开重弩，并且能够在半天内携带全套盔甲、武器和物资行军100里。[3]符合这一标准的人可以免除税赋和劳役。在齐国军队，技击技能受到极大鼓励，在战斗中即使只杀死一名敌人也会得到奖励。

战国时期，优秀的纵横家和兵家也很受欢迎。有人兼通外交策略和军事技能，比如张仪和公孙衍。两人都很聪明，都能为自己的国家赢得盟友、孤立敌人，而且都是战场上的称职将军。[4]尽管这类人受到大多数同时代人的尊敬，但孟子对他们的活动持消极态度。[5]一位被称为"孙子"或"孙膑"的职业兵法家非常有名，他最终几乎成为一个传奇人物。[6]《韩非子》中提到许多雄心勃勃的人都希望成为能干的

---

[1]《春秋左传正义》（四部备要本），卷34第11页（襄公二十一年）。
[2]《春秋左传正义》（四部备要本），卷35第7页（襄公二十三年）。
[3]《荀子》（四部丛刊本），卷10第5—6页。战国时1里大约1800尺。
[4]有关张仪的更多资料，参见《史记》（四部备要本），卷70第4—14页张仪传记；公孙衍，参见《史记》（四部备要本），卷5第19—21页。
[5]理雅各：《孟子》，3（2）2。
[6]《史记》（四部备要本），卷65第2—3页。

兵法家,他们研习那些据说是孙子和另一位著名的政治家、兵法家吴起撰写的著作。[1]

春秋末期,军人阶层的上升通道已经打开,战场上的功绩会得到应有的奖励。公元前550年,在晋国范氏与栾氏的决战中,范氏的一个奴隶请求:如果他成功杀掉那位让范氏惧怕的栾氏武士,他希望因此而得到自由。他最终成功地杀死了栾氏武士,并很快获得了自由。[2]公元前493年,晋郑铁丘之战中,晋军统帅宣布,凡在战斗中有立功表现的人将根据他们的地位得到奖励:大夫授予封地,士授田10万亩,平民、工匠和商人将被授予官位,处于人臣隶圉等奴隶地位的人将被释放。[3]因此,毫无疑问,许多人在这个时候的社会地位提高了。

战国时期的战功奖赏包括晋升社会等级以及军人免税,如上所述,分别与秦、魏士兵有关。一名在战争中表现出色的秦士兵,将被授予可以享有五个家族的服务的权利。[4]此外,商鞅还规定,只有那些在战争中立功的人才能享受奢侈的生活。[5]秦国二十等爵实际上是根据军事成就的辉煌程度来分级

---

[1]王先慎:《韩非子集解》,卷19第8页。
[2]《春秋左传正义》(四部备要本),卷35第6页(襄公二十三年)。
[3]《春秋左传正义》(四部备要本),卷57第6页(哀公二年)。1亩在周代约合3600平方尺。参见吴承洛《中国度量衡史》,上海:商务印书馆,1937年,第97页。
[4]《荀子》(四部丛刊本),卷10第7页。这里提到的五个家庭可能是其他国家的被俘家庭。很难相信,秦国会给一名士兵五个同胞家庭做奴隶。
[5]《史记》(四部备要本),卷68第3页。

的，即军功爵制。[1]这似乎是中国历史上第一个依靠军功，而不是贵族出身或血缘关系来获得高级职位的贵族等级制度。

这一做法可能不仅限于秦国，其他六国或许也在使用类似的系统，尽管目前还没有直接证据证明这一点。其他国家一定发生过这样的情况，在选任将军时，战争才干比出身高贵更重要。这一说法的证据是，在战国时期，几乎七国都有出身寒微而成为将帅的人；然而在春秋时期，将军们几乎都来自贵族家族。

下面将讨论被《史记》收录传记的战国时期的一些著名将领。

孙膑*：出身不详，得名是因为身有残缺，曾在魏国被砍掉双脚，受到惩罚和羞辱，后来被齐国特使偷载出魏国。他的兵法谋略给齐威王留下深刻印象，因此他被任命为军师。其谋略促成了公元前343年齐国对魏国的两次重大胜利。[2]

吴起*：虽然出身于一个富裕的家庭，但吴起在数次创业失败后，失去了自己的所有财产。他后来在鲁国找到一个职位，曾指挥部队战胜齐军。由于在鲁国不受欢迎，他选择去魏国。在魏王的领导下，他成为魏国战略要地西河地区的指挥官和军事执政官。后来，他去了楚国，并于公元前382年被任命为令尹。执政期间，他实行了财政改革——废除冗官和停止对公室亲属的津贴等，以便调动所有可用资源来加强

---

[1] 王先谦：《汉书补注》，卷19上第25—26页。
[2] 《史记》（四部备要本），卷65第2—3页。

楚国的军事实力。[1]

张仪[*]：张仪出身不明，家境贫寒，甚至曾被怀疑犯有盗窃罪。公元前328年，他处理列国冲突的策略赢得了秦王的信任。他两次担任秦军统帅，数次以特使身份出使他国。在不同时期，他曾分任秦相、魏相和楚相。[2]

樗里疾[*]：樗里疾是秦国公子，他曾担任秦军统帅，并于公元前309年任秦相。[3]

甘茂[*]：他不是贵族出身。当他第一次到达秦国时，他被任命辅佐秦将魏章，他们率领军队成功平定汉中之地。后来，魏章去魏，甘茂成功镇压了秦国西部边境的蜀侯叛乱。公元前309年，他被任命为左、右丞相之一。公元前307年，他以秦相身份指挥庞大的军队围攻韩国战略要地宜阳。随后，他领导了至少一次针对魏国的军事行动。之后，他在秦国失宠，被迫逃到齐国。[4]

魏冉[*]：魏冉是秦国太后的亲属。公元前295年后担任秦相多年，偶尔他也会担任秦国对外战争的统帅。[5]

白起[*]：白起是一名出身寒微的职业军人，受魏冉推荐晋升。他从左更升迁国尉，最后因杰出战绩而被封侯，其最著名的战绩是在长平击败了赵国40余万军队。那时，他已经在秦

---

[1]《史记》（四部备要本），卷65第4—5页。
[2]《史记》（四部备要本），卷70第1—14页。
[3]《史记》（四部备要本），卷71第1—3页。
[4]《史记》（四部备要本），卷71第3—7页。
[5]《史记》（四部备要本），卷72第1—5页。

军服役35年,即公元前294—前260年。两年后,他因拒绝指挥他认为会输掉的入侵行动而被降级为普通士兵。又一年后,他被秦王处死。[1]

王翦*:王翦的来历不详,在统一前,他是秦始皇的大将。史料表明,他是平民,从未被授予贵族头衔。征楚前,他预先要求他的赏赐,并说他从不希望被封侯,因此想得到房子和土地等合适的物质奖励。公元前223年攻灭楚国,是他最后也最伟大的军事成就。他的儿子和孙子继续做将军,王氏家族培养了好几代职业军人。[2]

田婴*:田婴是齐王的弟弟,偶尔也率军作战(公元前343年)。[3]

公子无忌*:他是魏王的兄弟。公元前257年,公子无忌(信陵君)以武力指挥一支魏军,去帮助当时被秦国围困的赵国。他在赵国滞留了十年,之后于公元前247年被任命为魏军统帅。随后,他率领五国联军,对秦国进行了惩罚性的远征。他有许多顾问和助手当门客,其中的一些人编写了一本兵法书籍。[4]

黄歇*:他是楚王的儿子,曾长期担任楚国令尹。公元前258年,他曾率领大军援助赵国。[5]

---

[1]《史记》(四部备要本),卷73第1—5页。
[2]《史记》(四部备要本),卷73第5—7页。
[3]《史记》(四部备要本),卷75第1页。
[4]《史记》(四部备要本),卷77第1—6页。
[5]《史记》(四部备要本),卷78第5页。关于春申君的出身,参见钱穆《先秦诸子系年考辨》,第371—373页。

乐毅*：乐毅是著名将领乐羊的后裔，乐羊在战国初期曾服事魏文侯。乐毅以精通军事著称。起初他在赵国任职，公元前295年赵国内部动乱后，他去了燕国。新即位的燕王渴望重建燕军，以报复齐国的入侵，他非常慷慨地欢迎贤者，因此乐毅被委任为亚卿。乐毅建议与友好国家结盟，以增强复仇远征的力量。然后，他率领五国联军伐齐，并在公元前284年占领齐国一半以上的领土，因此被封侯。新王继承王位后，新君对他的敌意迫使其逃亡赵国，赵王同样给他封侯。他的儿子和一个亲戚都成为赵国大将。[1]

廉颇*：他是赵国的职业军人，以勇猛著称。他长期担任赵军统帅，后来被封侯，并担任假相（守相）。[2]

赵奢*：赵奢起初是田部吏，其才能给一位赵国王子留下深刻印象，因此被推荐给赵王。公元前270年秦国入侵赵国，廉颇和乐毅的儿子都试图营救被围困的赵都，但均未成功。赵奢最终被选中领导增援部队，并成功地击溃了秦军，作为回报，他被封侯。赵奢死后，他的儿子赵括*成为大将。赵括虽然擅长军事战术，但缺乏实战经验，于公元前260年在长平战败被杀。[3] 由于熟知兵法，《战国策》记载，赵奢曾撰写有关军事理论的著作。[4]

---

[1]《史记》（四部备要本），卷80第1—2、5—6页。
[2]《史记》（四部备要本），卷81第1、3—4、7页。
[3]《史记》（四部备要本），卷81第5—6页。
[4]《战国策》（四部备要本），卷20第1页。

李牧*：李牧是赵国的职业军人，出身不详。他曾前往北部边境任职，任务是侦察匈奴部落的情况，但他后来参加了赵国和其他国家之间的战争。公元前234年，他最终被任命为赵军统帅，并被封侯。[1]

田单*：田单虽然是齐国王室疏属，但起初只是齐国的一名文职官员。公元前284年，齐国被燕王打败后，他聚集分散的齐军余部，并最终带领重组的军队收复了所有失地。他拥立新王即位，自己被封为安平君并任齐相。[2]

蒙骜：虽然他成了秦国的职业军官，但蒙骜的原籍是齐国。自公元前249年起，他出色地为三位秦王服务，为秦国开疆拓土。他的儿子成为王翦帐下的军官，并参加了公元前223年对楚的最后一次作战。蒙骜的孙子也是秦国大将，曾指挥30万人修建长城。[3]

在上述24位将军中，只有田婴、樗里疾、信陵君和春申君是4位王子。4人中的信陵君，是在没有合法任命的情况下指挥了魏军。此外有一位将军是国君亲属。6位将军是王、乐、赵和蒙4个将军世家的后代。其他人，包括这4个家族的4位第一代将军，全都出身寒微，或来自异国。出身寒微与来自异国的社会地位相似。在战国时期如果一个人迁移到另一个国

---

[1]《史记》（四部备要本），卷81第8—9页。
[2]《史记》（四部备要本），卷82第1—2页。
[3]《史记》（四部备要本），卷88第1页。

家,即使他在自己的祖国可能是一个贵族,他也要靠着自己的能力在异国新政治环境中发展。

然而,24位将军中只有一些人的出身情况较为清楚。赵奢和田单是低级非军事官员;吴起、张仪和甘茂,都是战国时期的策士型将军,他们在政治和军事上都很重要。4位王子和1位王室亲属之外,其他人都是由于在战场上作为统军大将或作为军事战略家的卓越才能,而获得高级军事职位的,有些人甚至还获得了国相等高级文官职位。

相比之下,在整个春秋时期,很少有将军出身贵族家族之外。在晋国的整个历史中,只有贵族担任过中军的高级职务,即军队统帅(后来成为事实上的执政)。事实上,晋三军的统帅都来自少数贵族家族。[1]军队由世袭贵族指挥的情况在春秋时期的所有国家都相当普遍,只有秦国由于当时身处中原地区外围而缺乏史料,可能是唯一的例外。

将春秋时代的贵族将领与战国时代的职业军人进行比较,似乎可以看出,贵族的世袭将军身份在春秋以后不再存在。战国时期的严酷战争,需要一个新的群体,即专业战略家、兵法家、组织者和战士等拥有赢得战争专门知识的人。勇敢的士兵、能干的军官和才华横溢的将军,甚至技术娴熟的外交官,都通过同一条道路上升——卓越的战争表现。

---

[1] 顾栋高:《春秋大事表》,卷22第1—16页。

八、小结

虽然作为周代早期封建制度的延续，春秋时期列国之间存在着家族关系和贵族阶层的团结，但这种关系遭到破坏的情况是显而易见的。结果，随着卿大夫手中权力的增长和君主控制权的削弱，独立国家的数量也随之减少。封建秩序的瓦解与列国冲突频繁的时期同时发生，被征服国家或战败军队的俘虏注定会完全失去其社会地位——频繁的战争意味着大量的人被迫忍受这种屈辱。战国时期见证了旧秩序的破坏，以及作为新秩序重塑手段的密集战争的出现。实现这一目标需要列国之间进行斗争，以确定决出最适合生存的人。与前一时期相比，战争持续时间更长，规模更大。这种必要性就必然催生了一种新型的战斗力量——步兵部队，以取代春秋时代的战车。其结果有两个：旧式骑士、武士被淘汰，趋于消失；普通民众卷入列国冲突的旋涡。所有平民在被征召入伍时，都脱离了原来的职业和家乡，有才干的人会被提升为将军、参谋和官员，进入统治集团。一个职业群体诞生了，他们倾注了全部精力和才智，设计出最佳的战略、战术和外交政策，使他们所服务的国家能够在残酷的列国战争中幸存并扩张。

在快速旋转的旋涡中，物体的位置变化比在静水中更快、更突然；水草可能被拉到水面，而浮渣则可能沉到底部。春秋、战国时期的社会也是如此。

第四章　内部冲突与新型国家

一、国家的家族观念

在中国古代封建社会中，国家内部的关系和国家间的关系一样，都受到宗族行为准则的支配，如前一章所述。春秋诸侯国不是一个纯粹的政治机构，而像是一个扩大的家族：国君领有国家但不治民；卿大夫们重要，不是因为他们的官方职位，而是因为他们与国君的关系，或者因为他们是显赫家族的首领。例如，鲁国三个最重要的家族，即季孙、叔孙和孟孙，分别被冠以三个大夫中的一个的头衔。《左传》只提到过一次他们的官职。任何一位大夫都不太可能去干涉其他大夫的家族事务。

在这样一个由君主控制紧密的宗法家族式政府里，国君的近亲理应在政治活动中扮演最重要的角色。通常，国君的近亲是他的兄弟，因此也应该是最自然的国相候选人。再次以鲁国

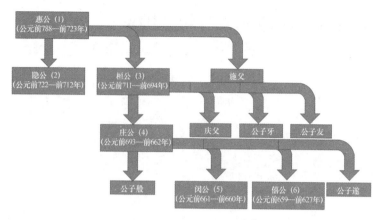

图2 鲁公室血缘世系[1]

为例,我们发现:在春秋早期,当一位新国君即位时,国家权力会由已故前任国君的兄弟移交给新君。图2显示了六位鲁国国君及其兄弟的血缘世系关系(这一群体的第一位统治者是第13位鲁公)。隐公是被其兄弟授意谋杀的,这位兄弟继位为桓公。桓公在位期间,他的兄弟施父只在迎接来访的外国宾客时出现过一次。[2]庄公在位期间,他的三个兄弟开始参与政治活动。庄公二年,庆父首次率领军队进攻邻国。[3]庄公去世后,他的弟弟公子牙密谋让庆父继位,就谋杀了王位继承人公子般和闵公。然而,庄公另一个兄弟公子友成功拥立僖公,庆父和

---

[1] 顾栋高:《春秋大事表》,卷1第15页。
[2]《春秋左传正义》(四部备要本),卷7第4页(桓公九年)。此外,施父再没有被提及,他的后代似乎从未获得任何重要职位。
[3]《春秋左传正义》(四部备要本),卷8第3页(庄公二年)。

公子牙后来都受到了惩罚。[1]在僖公与他的兄弟公子遂共享国政时,他们的叔叔公子友,因为拥立之功而成为当时最重要的政治人物。他长期担任执政,并在僖公元年就被授予封地费邑。公子友在僖公十六年去世后,公子遂继任并终其一生担任执政。

上述情况表明,执政不是世袭的,新国君的兄弟们才能得到这个职位。由于国君一直是世袭制,而执政职位不是世袭制的,因此国君们发现很容易维持对公室的部分控制并调解纷争。但家族式关系体系中的另一个固有因素,即国君的统治权力根本不是绝对的,这导致封建制度不可避免的崩溃。对宗族家长的尊重是个人的,而不是制度化的。这一制度下也可以这么认为:贵族——国君的所有兄弟或其他近亲,不仅未被他的命令控制,而且实际上分享着他的统治权。新君将执政职位交给他的兄弟,就是这种权力分享形式的一种体现。因此《左传》襄公十四年有云:

> 是故天子有公,诸侯有卿,卿置侧室,大夫有贰宗,士有朋友,庶人、工、商、皂、隶、牧、圉皆有亲昵,以相辅佐也。[2]

---

[1]《春秋左传正义》(四部备要本),卷10第13页(庄公三十二年),卷11第4页(闵公二年)。
[2]理雅各:《春秋左传》,第466页。

换言之，任何人与他的属从都是不可分开的。需要注意的是，这些属从是他自己的家族成员。国君无法解除大夫职务，因为这些大夫不是由他任命的，而是为了帮助他统治而生的。在这种情况下，君主充其量只能对大夫们实行不完全的控制。如果某个卿大夫雄心勃勃的儿子决心继承父亲的职位，当他的父亲在位时间足够长，能够为他的家族赢得巨大的威望时，即便是国君似乎也无法阻止这位野心勃勃的儿子追求权力，尤其是当国君年幼或软弱的情况下。此外，有野心的卿大夫们往往有充足的机会，将缺乏经验或软弱的人扶上君位。

二、国内冲突

既然鲁国是春秋留存史料最多的诸侯一国，我们就继续用它来讨论第二阶段的发展情况。

僖公在位33年，他的儿子文公在位18年。《左传》中从未提及文公的兄弟；因此，庄公之子公子遂在僖公、文公时期一直掌权。文公去世后，公子遂接连杀死两位法定继承人，将他喜爱的宣公扶上君位。[1] 公子遂死后，他的儿子公孙归父也活跃于政坛。根据李宗侗教授的研究，文公期间，公子遂曾8次独自参加列国盟会或领军出战，而庆父的儿子、公子牙、公子友总共有19次。公子遂也曾由公子牙的儿子叔孙得臣陪同。

---

[1]《春秋左传正义》（四部备要本），卷20第6页（文公十八年）。

因此看来，公子遂在保持主导地位的同时，也将部分权力与三个家族分享。[1]然而，宣公时期，公子遂和他的儿子公孙归父几乎完全控制了政权。在14次外交活动中，有10次是由公子遂或其子执行的，而其他三桓家族的成员只参与过4次。[2]宣公末年，公孙归父在宣公支持和晋国的帮助下，曾试图废黜三桓。[3]随后导致三桓与公子遂家族的东门氏之间的斗争，其以东门氏家族的覆亡和公元前591年宣公去世后公孙归父被流放而告终。这一事件也标志着，鲁国执政权力由前任国君兄弟传给下任国君兄弟这一惯例的结束。从那时起，鲁国新君的兄弟们很少有人能获得重要职位，鲁国也不再有新的大家族出现。由季孙或季氏家族领导的三桓家族占据鲁国政府的最高职位，而像臧氏那样的少数旧家族则占据次要地位。季氏家族的大夫们最终不仅接管了政治权力，甚至还接管了许多宗教特权——这些特权在春秋时期通常是君主权力的一部分，从而使鲁公黯然失色。[4]公元前566年，季孙宿在封地费邑周围修建了一道城墙，以巩固自己的地位。[5]8年后，三桓家族共同巩

---

[1] 李宗侗：《中国古代社会史》，台北：中华文化出版事业委员会，1954年，第2册第233—235页。
[2] 李宗侗：《中国古代社会史》，第2册第235—236页；这三个家族此后即被称为"三桓"。
[3]《春秋左传正义》（四部备要本），卷24第11页（宣公十八年）。
[4]《春秋左传正义》（四部备要本），卷51第9页（庄公二十五年）；理雅各：《论语》，3（1），3（2），3（6）。
[5]《春秋左传正义》（四部备要本），卷30第5页（襄公七年）。

固了孟孙氏领地的防御。[1]此后,他们不止一次以武力扩张其领地。[2]公元前562年,他们将鲁人重新划分为三军,三桓各领一军。[3]到公元前537年,季氏家族实际控制了一半的鲁人,而另一半由其他两个家族控制。鲁公已经失去对臣民和领地的一切权力,只剩三个家族给他选择的些许贡品。[4]鲁侯自然急于改变这种局面。公元前530年,机会来临,当时季氏家族家臣,时任季氏封地首府知事的南蒯,表示将支持鲁公的儿子消灭季氏家族。如果政变成功,鲁公的儿子将接管季氏家族的权力并担任执政,南蒯将被任命为鲁国公室的官员(对他来说,这是一个晋升),而鲁公也有望重新获得对国家和臣民的权力。但是南蒯在鲁公出访时没有抓住适当时机发动叛乱,政变失败了,这些计划化为乌有,所有相关人员都被放逐。[5]

第二次尝试是在公元前517年,当时的昭公在他儿子公为的力劝下,召集了包括臧氏、邱氏在内的几个贵族家族,共同

---

[1]《春秋左传正义》(四部备要本),卷32第12页(襄公十五年)。
[2]例如,公元前562年,季氏家族占领了邻近的小附庸国郓,参见《春秋左传正义》(四部备要本),卷31第13页(襄公十二年);《论语》中也记载了季氏吞并了颛臾,参见理雅各《论语》,16(1);公元前544年,占据曾是公室领地的卞,这是对公室权威最严重的威胁,参见《春秋左传正义》(四部备要本),卷39第2—3页(襄公二十九年)。
[3]《春秋左传正义》(四部备要本),卷31第8页(襄公十一年);值得注意的是,春秋时期的租税通常采取劳役和军役的形式,如保养维修战车等军事费用。分配给某个军队组织的人员实际上由该军统帅直接控制。因此,军除了是军事组织外,还可以被视为经济实体。
[4]《春秋左传正义》(四部备要本),卷43第1页(昭公五年)。
[5]《春秋左传正义》(四部备要本),卷45第16—17页(昭公十二年)。

攻打季氏。鲁公的士兵攻入季氏府邸，差点捕获季孙意如，但被叔孙家族的家臣击退。孟氏士兵也杀害了郈氏的郈昭伯，三桓家族随后联军向鲁公反击。昭公被击败，被迫带着几个随从逃往国外，8年后在流亡中去世。[1]从那时起，直到春秋结束，三桓家族牢牢控制着鲁国，鲁公只是傀儡，其他贵族也不再抗议。然而，在战国时期开始时，鲁国作为一个非常弱小的国家重新出现在历史舞台时，三桓也消失了。季氏家族的领地被费国所占据，这是一个新的小国家，可能是在春秋、战国之际由费氏建立的。在《孟子》中费被视作一个独立的诸侯国。[2]

晋国可能是另一个国内冲突的例子，卷入其中的不是国君的公室亲属，而是非公室的卿大夫。春秋初期，晋侯与他的势力强大的兄弟发生争执，这位兄弟的封地占据晋国战略要地。周王曾指派几个旧贵族与首位晋侯共同建国。公元前734年，他们计划支持晋侯兄弟所在的支系取代公室，因而卷入君位继承的纷争。[3]后来，在献公在位期间，他的叔叔和叔祖父建立的家族异常强大，对君位构成威胁。公元前671年，献公密谋除掉这些家族，两年后屠杀了这些家族的所有成员和亲属。献公的儿子们发生的继承冲突使晋国形成习俗，即国君的儿子，

---

[1]《春秋左传正义》（四部备要本），卷51第9—12页（昭公二十五年）。
[2] 理雅各：《孟子》，5（2）3。
[3]《春秋左传正义》（四部备要本），卷4第1页（隐公六年），卷54第10页（定公四年）。

第四章　内部冲突与新型国家

不是明显继承人的将被派往国外。[1]在这样的条件下，不同世代的公子之间自然不会像鲁国那样发生冲突。然而，在文公在位期间及以后，随他流亡的追随者们占据了晋国政府所有关键职位，在晋国逐渐形成几个世袭贵族家族，他们的成员依次担任重要职务。其中最有影响力的家族，有栾氏、郤氏、胥氏、原氏、狐氏、续氏、庆氏、伯氏、羊舌氏、智氏、祁氏、范氏、中行氏、韩氏、赵氏和魏氏。这些家族之间的关系并不和平，以下是他们主要冲突的简要描述。

公元前621年，由于赵氏家族及其盟友的压力，狐射姑被放逐，狐氏家族的亲戚续简伯被杀。此后，狐氏家族不再见于记载。[2]公元前607年，赵盾谋杀晋侯，拥立流亡归国的太子。此后大夫的儿子们被授予公族、公行等原先是公室成员的姓氏，并规定真正的公室子弟不能再冠以这些姓氏。[3]公元前574年，晋厉公计划用自己宠信的三人取代郤氏家族的三位大夫，三位郤氏大夫被杀，但厉公也被栾氏和中行氏杀死，他们新拥立了一位在国外生活的公子。[4]公元前552年，范宣子将栾氏逐出晋国，栾盈出奔齐国。两年后，栾盈从齐国率军返回，并率其领地的民众进攻晋国都城。魏氏准备援助栾军，而

---

[1]《春秋左传正义》（四部备要本），卷10第1、3、5页（庄公二十三、二十四、二十六年），卷21第7页（宣公二年）。
[2]《春秋左传正义》（四部备要本），卷19上第6页（文公六年）。
[3]《春秋左传正义》（四部备要本），卷21第7页（宣公二年）。
[4]《春秋左传正义》（四部备要本），卷28第13—15页（成公十七、十八年）。

韩、赵、中行和智氏都站在范宣子一边。范氏劫持晋公和魏献子为人质，栾氏被击败。栾盈撤回封地，但不久就被敌人俘虏、杀害。[5]公元前514年，祁氏和羊舌氏家族灭亡后，他们的领地被分为10个地区，其中4个地区由韩、赵、魏、智4个家族的子孙管理。事实上，这4个家族分享了祁氏和羊舌氏的遗产。[6]

公元前497年，赵氏与范氏、中行氏爆发严重冲突。双方在各自领地修筑工事加强防御，战斗零星进行了6年。尽管范氏、中行氏得到齐、魏两国军队的帮助，但在晋侯的帮助下，赵鞅最终战胜范氏、中行氏，这两个家族由此自晋国政坛消失。[7]

公元前454年，智襄子强迫韩、魏两家与他一起围攻赵氏家族的都城。但是，韩和魏随后选择与赵联手，成功地消灭智氏，智氏的土地和臣民被三家瓜分。公元前403年，三家皆被封作诸侯，他们将晋国的土地瓜分，建立起三个独立诸侯国。[8]

齐国最古老的卿大夫家族是国氏和高氏，这两个家族一直

---

[5]《春秋左传正义》（四部备要本），卷34第8页（襄公二十一年），卷35第5—6、10页（襄公二十三年）。

[6]《春秋左传正义》（四部备要本），卷52第14页（昭公二十八年）。

[7]《春秋左传正义》（四部备要本），卷56第7—8、9、10页（定公十三—十五年），卷57第4—8、12页（哀公元—二、五年）。

[8]《国语》（四部丛刊本），卷15第10—11页；《史记》（四部备要本），卷4第26页。

延续到春秋末期,当时这两家的大夫都被逐出齐国。[1]另外两个经常被选为大夫的家族是鲍氏和晏氏;晏氏在公元前449年与国氏、高氏一起被放逐。崔氏曾弑杀齐侯,并在庆氏的帮助下执掌齐国国政,但在公元前546年被翦灭;第二年,庆氏也被放逐。栾氏和另一个高氏家族都是惠公的后裔,公元前532年,栾氏和高氏的两位大夫选择流亡鲁国。[2]最终取代齐国姜姓公室的是陈氏家族,陈氏是陈国公子在本国发生政治骚乱后入齐国寻求庇护时所建的家族。[3]陈氏和鲍氏多次联手摧毁其他家族;他们先是瓜分了栾氏和高氏的领地,然后又放逐国氏、晏氏和高氏家族的大夫。在鲍氏的支持下,当太子被谋杀后,陈氏拥立了齐侯的庶子。[4]最终,陈氏家族成为齐国的主导势力。公元前481年,陈成子杀死了齐侯[5],几年后,他的孙子篡夺了齐国国政。

在宋国,所有贵族大夫家族都是公室支属:华氏、乐氏、皇氏和老氏是戴公子孙,仲氏出于庄公,鱼氏、鳞氏、荡氏和向氏是桓公后裔,灵氏出自文公。还有一些名氏不详的家族,

---

[1]《春秋左传正义》(四部备要本),卷58第1页(哀公六年)。
[2] 晏氏,参见《春秋左传正义》(四部备要本),卷58第1页(哀公六年);崔氏,参见《春秋左传正义》,卷38第8—9页(襄公二十七年);栾氏和高氏,参见《春秋左传正义》,卷42第9页(昭公四年),卷45第7页(昭公十年)。
[3]《春秋左传正义》(四部备要本),卷9第12—15页(庄公二十二年)。
[4]《春秋左传正义》(四部备要本),卷45第7—8页(昭公十年),卷58第1、2—3页(哀公六年)。
[5]《春秋左传正义》(四部备要本),卷59第8—10页(哀公十四年)。

它们可能是武公、穆公的后代。此外，国君的兄弟们多次被授予要职。要说明这些家族的所有复杂关系和冲突，将耗费太多笔墨，因此将每个家族的最终命运列在表8中。

表8 《左传》中所示的宋国贵族家族的命运[1]

家族	年代（公元前）	命运	《左传》出处
华	520	出奔楚	卷50第6页（昭公二十二年）
皇	520	出奔楚，复回国	卷50第6页（昭公二十二年）
老	573、576	不详	卷28第19页（成公十八年），卷27第12—13页（成公十五年）
仲	500	自愿出奔陈	卷56第4页（定公十年）
鱼	576	自愿出奔楚	卷27第12—13页（成公十五年）
荡	611	荡氏大夫被杀	卷20第3页（文公十六年）
鳞	576	自愿出奔楚	卷27第12—13页（成公十五年）
向	481	向氏大夫出奔楚、卫、齐	卷59第10页（哀公十四年）
灵	469	只出现一次，其他资料无	卷60第12页（哀公二十六年）
武、穆之后	609	被集体放逐	卷20第11页（文公十八年）
乐		战国时期仅存的重要家族	

乐氏家族直到春秋末期都保持着强大的势力，它可能在《左传》创作时仍然存在。战国时期的宋朝公室，实际可能就是已篡夺国家控制权的乐氏家族，这并非不可能。[2]

---

[1] 乐氏似乎是宋国唯一幸存到战国时期的。
[2] 王先慎：《韩非子集解》，卷14第3—4页；篡位者子罕也有可能属皇氏家族。参见王先慎《韩非子集解》，卷10第12页。

郑国最显赫的大夫家族是穆公的11个儿子所建立的，其中7个最重要。表9列出这11个家族在史籍中最后出现的年代和相关资料。

表9 《左传》中所示的郑国贵族家族的命运[1]

家族	年代（公元前）	命运	《左传》出处
罕、驷、丰		可能在春秋结束后仍在掌权	卷47第11页（昭公十六年），卷55第10页（定公九年），卷56第11页（昭公七年）
游	500	最后一见	卷56第1页（定公十年）
国	510	最后一见	卷53第13页（昭公三十二年）
良	543	良氏大夫被杀	卷40第4页（襄公三十年）
	535	良氏之子复立	卷44第6页（昭公七年）
印	526	最后一见	卷47第11页（昭公十六年）
孔	526	最后一见	卷47第8—9页（昭公十六年）
羽	543	羽氏大夫出奔晋	卷40第5页（襄公三十年）
子革、子良之族	554	一同奔楚	卷34第4页（襄公十九年）

楚国的情况则与上述情况不同。少数贵族家族，无一例外均是公室支属家族，令尹、司马和其他重要中央或地方官员均从中产生，但是没有一个职位被某个家族垄断。而楚王显然比北方各国的君主拥有更多的真正权力：例如楚王有权处决犯有严重过失或罪行的令尹。[2]然而，楚王和大夫之间以及贵族家

---

[1] 罕氏似乎是战国时期郑国唯一有权势的家族。
[2] 顾栋高：《春秋大事表》，卷23第16页。

族之间仍然存在冲突。对贵族家族的第一次镇压,于公元前605年见诸史载。当时的令尹楚国宗室子越椒野心膨胀,他的家族过于繁盛,令楚王内心不安。子越氏家族和楚王军队之间不可避免地发生战斗,楚王差点无法战胜叛军。[1]公元前530年,另一个贵族家族仅因是子越氏同宗,就被诛灭。[2]令尹子南于公元前551年被处决,因为他用不正当的手段使他宠信的人致富。[3]贵族之间至少有两次冲突。其中一次发生在公元前584年,三个家族因为与一位流亡大夫有关,几个贵族家族联合起来将三家摧毁,并分割了他们的家产。[4]第二个例子是公元前515年,一个遭诽谤的贵族家族被屠杀,而造谣者的所有家族成员也都被处死。[5]

三、冲突的后果

尽管在某些方面有所不同,但几个诸侯国的卿大夫专权有一些相似之处。其重要的共同特征中的第一个,是获得世袭权力的大贵族家族大多创立于春秋中期。鲁国的三桓家族是由桓公(公元前711—前694年在位)的儿子们建立的,桓公

---

[1]《春秋左传正义》(四部备要本),卷21第11—12页(宣公四年)。
[2]《春秋左传正义》(四部备要本),卷45第15页(昭公十二年)。
[3]《春秋左传正义》(四部备要本),卷35第3页(襄公二十二年)。
[4]《春秋左传正义》(四部备要本),卷26第9页(成公七年)。
[5]《春秋左传正义》(四部备要本),卷52第10—11页(昭公二十七年)。

是《春秋》中鲁国的第二位国君。晋国的重要家族是由晋文公（公元前635—前628年在位）的追随者建立的，文公是《春秋》中该国的第六任国君。郑国的七穆家族是公元前627年至前606年在位的郑穆公之子的后裔。至于齐国，高氏、国氏和崔氏都宣称自己是春秋以前的国君的后代，然而，这三个家族的成员在《左传》中首次作为官员出现，分别发生在公元前632年、前685年和前633年。[1] 庆氏家族由齐桓公（公元前685—前643年在位）建立，但直到公元前574年才在《左传》中出现。[2] 栾氏和高氏源出齐惠公（公元前608—前599年在位）的儿子，在公元前545年首次出现。[3] 陈氏家族是由一位陈国国君的儿子创建的，他在公元前672年齐桓公统治期间来到了齐国，他的孙子于公元前550年开始在齐国政府中任要职。[4] 宋国的五个重要家族，声称是由春秋之前的戴公建立的；此外一个来自庄公（公元前709—前693年在位）；四个来自桓公（公元前681—前651年在位）；还有一个由文公（公元前610—前589年在位）建立。最早记载这些家族成员的史料在公元前711年，提到当时一位名叫华父督的高官。[5] 然而，

---

[1]《春秋左传正义》（四部备要本），卷8第11页（庄公九年），卷16第11页（僖公二十八年）。
[2]《春秋左传正义》（四部备要本），卷28第11页（成公十七年）。
[3]《春秋左传正义》（四部备要本），卷38第14页（襄公二十八年）。
[4]《春秋左传正义》（四部备要本），卷35第7页（襄公二十三年）。
[5]《春秋左传正义》（四部备要本），卷5第2页（桓公元年）。

华氏家族直到公元前620年才再次出现在记录中。[1]其他五个家族的首次出现如下：乐氏家族在公元前620年、皇氏家族在公元前564年、老氏家族在公元前576年、戴氏家族在公元前534年，而由庄公之子创建的仲氏家族第一次出现是在公元前609年。在桓公的后裔中，鱼氏出现于公元前651年，鳞氏、荡氏均出现在公元前620年，而向氏出现在公元前576年。[2]这些年代数据表明，几乎没有任何一个重要的家族能在春秋初期的几代掌握真正的权力。

第二个共同点是，这些家族一旦在自己的国家建立，他们就变成统治集团不可或缺的一部分，以至于国君也很难根除。在前面鲁公与季氏家族斗争的讨论中，我们看到了叔孙家族在关键时刻援助了季氏。叔孙家族的家宰坚持认为，每个家族的存在都是由其他家族继续生存所保障的。[3]公元前575年，鲁国使者出使晋国，晋侯问他，季氏是否应该被消灭。这位鲁国贵族回答说，季氏和孟氏是鲁国不可分割的一部分，这两个家族的终结意味着鲁国的灭亡。另一位贵族将季氏和孟氏比作晋国的栾氏和范氏家族，认为他们都是国家统治权威的源头。[4]

---

[1] 此年，华御事被任命为司寇［参见《春秋左传正义》(四部备要本)，卷19上第7页（文公七年）]。
[2]《春秋左传正义》(四部备要本)，卷19上第7页（文公七年），卷30第15页（襄公九年），卷27第13页（成公十五年），卷44第13页（昭公八年），卷20第11页（文公十八年），卷13第8页（僖公四年），卷27第12页（成公十五年）。
[3]《春秋左传正义》(四部备要本)，卷51第10页（昭公二十五年）。
[4]《春秋左传正义》(四部备要本)，卷28第9页（成公十六年）。

在另一个例子中，叔孙氏的一位大夫在参加列国会盟时被晋国扣押，是因为此前鲁国执政季氏对邻国入侵的不当行为，破坏了晋国倡导的不侵略邻国之盟约。后来，在他以某种方式获得了自由并返回鲁国之后，执政季氏拜访了他。虽然他对自己在晋国的经历仍余怒未消，但他还是克制住怒火，热情接待了来访的季氏，说他深知季氏是鲁国的真正支柱。[1]

第三个共同点是，尽管君主和贵族都意识到大夫家族的重要性，但他们都不去阻止这些家族之间长期的冲突。考虑到大家族的消失时间，以及前面对他们斗争的讨论，表明绝大多数春秋大夫家族没能见证这一时期的结束。幸存下来的一个或几个家族继续掌权，代价是其他贵族家族的灭亡。宋国的乐氏、齐国的陈氏和晋国的韩、魏、赵氏，都是在与同时代家族的致命斗争中幸存下来的。

这种卿大夫专权政治及其后期发展，对社会流动性的影响是多方面的。首先，一群大夫家族成为国家事实上的执政，国君除了名义上的主权之外什么都没有；一些国君如鲁昭公，甚至遭到自己国家的流放。尽管君主阶层的社会地位基本保持不变，但其功能却大为退化。照此发展，最终结果是名义上的国君被赶下君位，由事实上的执政来取代。当这种情况发生时，上一个统治集团已被消灭，其成员的地位会下降到一个他们基本不可能再获得高贵地位的境况。

---

[1]《春秋左传正义》（四部备要本），卷41第4、7—8页（昭公元年）。

对社会流动性的第二个影响是公子王孙们的阶层下降。在早期，公子可能会在政府中占据重要地位。然而，当几个大夫家族垄断权力时，公子们既不可能担任高级政府职务，又很难建立一个延续很久的重要家族。虽然宋国偶尔会有新的家族创建，但只能视为罕见的特例。这些诸侯国的大部分公子王孙和他们的家族在历史上都是未知的。晋国公室的庶子，由于被迫要一生流落异国，是特别不幸的。这些公子的社会地位，远远不如那些仍然掌权的公室太子。可以说，君主的近亲很难获得与其称号和出身相一致的社会地位。

对社会流动性的第三个影响是大夫家族的崛起，他们从自己的阶层中脱颖而出，成功进入各国权力的最高层，甚至使国君黯然失色。虽然严格来说，他们仍然是贵族阶层，但他们升到最高层是以国君及其亲属的地位下降为代价的。贵族政治发展的最严重后果，乃是导致贵族之间以及公室和贵族之间的斗争。如前所述，很少有家族幸存，冲突中的失败者遭到毁灭性打击。被摧毁家族的成员不仅沦为一般贵族，而且会遭遇更惨痛的命运。他们或被迫以平民身份耕种农村土地，如范氏和中行氏家族的成员[1]；或者成为胜利家族的奴隶，正如叔向所提到的晋国8个前贵族家族的命运[2]。由于幸存的家族数量很少，因此遭难灭绝的家族中应该有许多成员死亡。正如上一章所讨

---

[1]《国语》(四部丛刊本)，卷15第8页。
[2]《春秋左传正义》(四部备要本)，卷42第6页(昭公三年)。

论的那样,到战国时期开始时,只剩下7个主要国家和几个小国。这些国家中的每一个,都由在春秋时贵族之间的冲突中获胜的唯一大夫家族统治。将战国时期全部国家的少数几个贵族家族,与春秋时期的鼎盛情况相比,春秋鼎盛时各国都有许多强宗大族,其中一些家族有时在同一个国家内是并存的;然而,战国时期所有国家内仅存少数的贵族家族。这一鲜明的对比显示出变化,可以看到的不仅有社会的流动,还有这个贵族阶层的实际消失。大批人失去贵族地位,而剩下的一小部分人成了各国的统治者。事实上,春秋时期的贵族大夫通过互相残杀使整个阶层灭绝,导致的不只是社会流动,还有对原有社会分层的重塑。

战国时期开始几十年后,当历史资料再次丰富时,没有哪一个春秋时期的大夫家族在记载中再次出现。这是国内冲突对社会流动的第四个,也是最重要的影响。

第五个影响是士人的兴起,士最初由贵族家族的家臣和武士组成。这是一个贵族和平民交叠的阶层;一个贵族家族的子孙,既没有继承父亲的头衔和职位,也没有被任命为大夫,可以在自己的家族或另一个贵族家族中担任家臣或武士,或两者兼任。[1]史籍中不止一次地提到,一个功勋卓著

---

[1]《春秋左传正义》(四部备要本),卷28第12页(成公十七年)。齐国鲍氏家族的子孙在鲁国施氏任职。由于他自己家族的族长被齐国放逐,随后他被召回做族长,后来终成齐国重要人物。

的平民可能会被贵族征召入伍,从而获得士的地位。[1]然而,士人可能不被允许将自己的职位传给儿子,在一次列国盟会上甚至就此制定了规则,尽管这条规则是否得到执行尚不清楚。[2]因此,由受过教育的贵族子弟和最能干、最有才华的平民组成的士阶层构成了封建政治的基础。由于他们是根据自己的能力而不是出身来担任公职的,而且他们的人数超过了卿大夫阶层;这些质的和量的原因,使得士阶层产生了一些相当杰出的人物。

贵族大夫之间的冲突,通常迫使他们争取自己家臣和武士的支持,并授予他们官职,管理新占领的土地。因此,士阶层的人最终能够担任许多通常只能由大夫们担任的职位。士被任命为邑宰,管理过去旧大夫封邑的情况十分常见。[3]士人逐渐变得重要,甚至在国家政治中也开始发挥越来越关键的作用。在鲁国,地方官一次又一次地反对他们的主人。公元前530年,季氏封地费邑宰南蒯叛乱,季氏耗费了两年时间才勉强平

---

[1] 在一次战斗前夕,晋军统帅宣布,立下战功的庶人、工商业者都能奖励政府官职。这意味着他们进入士阶层[《春秋左传正义》(四部备要本),卷57第6页(哀公二年)]。

[2] 理雅各:《孟子》,6(2)7,第3页;然而其他史料记载的同一盟约并不包含对士人地位的特别约定。参见范宁注《春秋穀梁传注疏》(四部丛刊本),卷5第9—10页;何休注《春秋公羊经传解诂》(四部丛刊本),卷5第6页。

[3] 例如,鲁国的郈氏由于封在郈邑得名,公元前517年叔孙氏杀死郈氏大夫夺取其封邑。17年后,郈邑作为叔孙氏的领地再次被提到,由叔孙氏任命的邑宰管理[《春秋左传正义》(四部备要本),卷51第10页(昭公二十五年),卷56第3页(定公十年)]。

息。[1]公元前500年,郈宰侯犯反叛叔孙氏,他的一位助手也是一名士人。在叔孙氏虽然困住郈邑但没有新进展时,他通过阴谋导致了侯犯的失败与流亡。[2]两年后,费邑再次在季氏的另一位邑宰的领导下反叛,叛军甚至攻进了鲁国国都。[3]公元前480年,成邑宰公孙宿反叛了孟氏。[4]在鲁昭公与季氏的决战中,叔孙家族的家宰促使他们向季氏提供援助,并亲自率军击败了昭公的追随者。[5]公元前498年,孔子弟子、季氏家宰子路带领军队摧毁了三桓封邑的堡垒要塞等防御工事,显然是为了削弱难以驾驭的地方官员的实力。[6]

孔子的另一个弟子,也是季氏家宰,曾率领鲁军抵抗齐国的入侵。[7]另还有一次,他作为季氏代表会见了外交使节。[8]然而,最突出的例子是公元前505年,季氏家臣阳虎俘获他的前主人。随后,他四年"陪臣执国命";在此期间,他强行扣押大夫,率领鲁军与侵略者作战,甚至入侵邻国。最终,孟氏家宰打败了他,才结束了他的独裁统治。[9]

[1]《春秋左传正义》(四部备要本),卷45第16—17页(昭公十二年),卷46第2页(昭公十三年),卷47第1页(昭公十四年)。
[2]《春秋左传正义》(四部备要本),卷56第3—4页(定公十年)。
[3]《春秋左传正义》(四部备要本),卷56第5页(定公十二年)。
[4]《春秋左传正义》(四部备要本),卷59第10—11页(哀公十五年)。
[5]《春秋左传正义》(四部备要本),卷51第9—11页(昭公二十五年)。
[6]《春秋左传正义》(四部备要本),卷56第5页(定公十二年)。
[7]《春秋左传正义》(四部备要本),卷58第11页(哀公十一年)。
[8]《春秋左传正义》(四部备要本),卷60第9页(哀公二十三年)。
[9]《春秋左传正义》(四部备要本),卷55第1、3—4、5—8、9页(定公五、六、七、八年)。

春秋末期的鲁国历史充满了士人的政治活动。这一阶层的权力和影响力一直在上升，在接下来的一段时间里，这一阶层上升得更高。

国家内部冲突的第六个影响是，贵族大夫们对普通民众的关注增加了。在贵族斗争期间，民众的支持成为一项重要资源；民众的力量经常会被有野心的贵族所利用。当鲁昭公与季氏作战时，鲁大夫预言了昭公的失败，因为季氏执政期间，通过招徕贫困者而赢得了一大批忠实的追随者。[1]在晋国，晋侯通过将公室剩余财产分给民众来加强政府的稳定。[2]据记载，国君需要民众的支持才能建立新的贵族家族，但是只有那些不受欢迎的旧贵族才能被取代。[3]这种影响在齐国更为明显，在齐国，民众的援助是取得国内斗争胜利的必要条件。齐懿公几乎将他所有的财富都分发给穷苦民众和支持者，此后才获得君位。[4]据记载，景公的两个兄弟对民众慷慨地提供物资援助，使他深感不安；他也不得不这样做以保住君位。[5]最终篡夺姜氏齐国的陈氏家族，好几代人都在通过这种方式努力取悦民众。例如，陈氏家族的贷款以相当大的折扣偿还，陈氏赞助的商家价格合理、交易公平。相反，公室对民众课以重税，并实

---

[1]《春秋左传正义》（四部备要本），卷51第10页（昭公二十五年）。
[2]《春秋左传正义》（四部备要本），卷30第18页（襄公九年）。
[3]《国语》（四部丛刊本），卷4第14页。
[4]《春秋左传正义》（四部备要本），卷19下第8页（文公十四年）。
[5]王先慎：《韩非子集解》，卷13第2—3页。

施严刑峻法。[1]陈氏家族非常受欢迎,以至于当这个家族两次与其他贵族家族作战时,齐国的民众都支持他们。[2]因此,陈氏逐渐战胜其他贵族家族,最终控制了整个国家,这是一个自然的结果。

招徕民众的做法在各国都很普遍,甚至成为时尚。郑国遭遇饥荒时,罕氏通过向每个家庭分发粮食使整个国家免于饥馑。其结果是,由于民众的支持,郑国执政甚至成为罕氏的世袭职位。宋国的乐氏效仿罕氏,出粟以贷民众。因此有预言说,罕氏和乐氏均将在未来接管他们的国家。[3]在宋国,至少文公是靠在饥荒时期竭粟贷民获得君位的。[4]在楚国,觊觎君位的白公胜利用一切可能的手段获取民众支持,以篡夺君位。起初,他成功了,但在他掌权后,并没有像他承诺的那样将国库财物、粮食分发给民众;他的对手这样做了,白公胜因此被击败。[5]这些事例表明,国内冲突的胜利者往往必须得到民众的支持。因此,一些有能力的平民通过帮助贵族的斗争,能够在社会阶层上有所提升。在贵族之间的冲突中,对有功平民的奖励是授予他们官职。[6]这可能意味着斗争双方都招募了平民。

[1]《春秋左传正义》(四部备要本),卷42第5页(昭公三年),卷52第7页(昭公二十六年);王先慎:《韩非子集解》,卷13第3页。
[2]《春秋左传正义》(四部备要本),卷45第7页(昭公十年),卷58第1页(哀公六年)。
[3]《春秋左传正义》(四部备要本),卷39第3页(襄公二十九年)。
[4]《春秋左传正义》(四部备要本),卷20第2—3页(文公十六年)。
[5]《淮南鸿烈解》(四部丛刊本),卷12第2页,卷18第20—21页。
[6]《春秋左传正义》(四部备要本),卷57第6页(哀公二年)。

在这种时候,奖励通常是慷慨大方的;不仅平民获得官职,而且在某些情况下奴隶也可以获得自由。[1]据记载,公元前550年,一名奴隶在贵族之间的战斗中取得很高的战功,就获得了自由。[2]肯定还有许多这样的例子被史籍漏载。因为我们掌握的关于国家内部斗争对平民和奴隶的影响的材料很少,我们至少要符合从他们所起作用中得到的推论。

现在我们总结一下春秋时期国内斗争的直接结果。第一,国君经常失去对国家的控制,充其量只是名义上的国家元首,最终一些旧公室被消灭。第二,公子们在大夫家族崛起后失去了担任政府要职的机会。他们的社会地位也就比他们生活在大夫家族获得控制之前的祖先们要低。第三,在一段时间内,权势显赫的卿大夫家族的数量有所增加。第四,他们中的少数人成为新国家的统治阶层,但由于家族间的权力斗争,大多数人跌至社会底层。第五,士阶层在贵族冲突中为他们的主人服务;当主人获得统治权时,他们经常会被晋升至突出地位。第六,平民开始偶尔参与冲突。少数平民社会地位的上升仅仅是一个逻辑推论,因为目前没有明确的证据表明它已经发生。

而国家内部冲突在政治制度方面的结果,是一种新型国家的出现。这反过来又产生了对另一种不同类型的大臣的需求,他们将自己置于主人的支配之下。换句话说,他们严格执行命

---

[1]《春秋左传正义》(四部备要本),卷57第6页(哀公二年)。
[2]《春秋左传正义》(四部备要本),卷35第6页(襄公二十三年)。

令,不再像昔日贵族政治结构中的卿大夫那样自行其是,甚至影响政策。

四、国家的巩固

国内斗争导致诸侯国政府的巩固。在君位争夺中胜出的国君深知,地方封建领主与君主分享相当权威的松散制度不应再继续下去。领地不再作为封地在国君的亲属和公子之间分封;在春秋末年,普遍的做法是任命地方官员来管理国家各个地区。[1]这种类型的管理方式长期以来一直在楚国实行,一些被吞并的小国是由楚王任命的地方官来治理的。尽管这些地方长官拥有公室封爵,但他们的职位不是世袭的,他们与国君之间也不存在附庸关系。这些职位的空缺通常由国君或其他贵族的公子填补,尽管他们偶尔也会被调任其他职位。[2]前面谈到,三桓各自将封地交给家宰治理。晋国大夫将战败贵族的领地划分为十个行政区域,每个区由一位不是封臣的地方长官管理。其

---

[1]马克斯·韦伯对两种国家做了区分。一种是行政官员自身"拥有"管理方法,领主要在自治"贵族"的辅助下进行统治,因而需要与贵族们分享这块领地。另一种是行政官员从管理方法中"分离"出来,他们仅由领主任命。参见马克斯·韦伯《以政治为业》,H. H. 葛斯、G. W. 米尔斯编译:《马克斯·韦伯社会学文选》,纽约:牛津大学出版社,银河图书,1958年,第81—82页。春秋时期的国家是前一种,战国时期以及春秋晚期的部分国家是后一种。
[2]顾栋高:《春秋大事表》,卷10第29页,卷45第46页。

中一位地方官曾将一宗无法判决的司法案件上报晋国政府。[1]因此,可以合理地假设,中央政府对地方的控制,比春秋早期君主对其封臣附庸的控制要严格得多。也就是说,国家比前一时期的封建领地制下更加巩固。

如此稳固的国家需要挑选最有能力的人担任官员,君主也需要对他们进行严格控制,以避免他们危及自己的地位。为了提供这类高素质的官员,职业教育成为必要。战国时期新型国家达到了一个高度发展阶段:拥有一批组织有序、训练有素的职业官员。[2]

战国初期,好几个国家都进行了政治改革,肃清了封建制度的最后残余,奠定了新型国家的基础。其中最早的一个是魏国,它曾是强国晋国的一部分,在贵族家族之间长期的致命斗争之后,晋国被韩、赵、魏三个最强大的家族瓜分。魏文侯(公元前446—前397年在位)招揽一大批有才能之士担任政府要职,包括国相。当时魏相职位有两位候选人,一位是文侯的兄弟,另一位出身寒微。尽管文侯的兄弟被选中担任这一职务,但双方都被认为是条件等同的。[3]文侯的追随者吴起在文侯去世后前往楚国,并在那里成为一名官员。他说服楚悼王减弱宗室的影响,甚至派他们去开垦荒地,以增加维持军队

---

[1]《春秋左传正义》(四部备要本),卷52第16页(昭公二十八年)。
[2]有关地方政府管理的简要历史论述,参见齐思和《战国制度考》,《燕京学报》1938年第24期,第213—218页。
[3]钱穆:《先秦诸子系年考辨》,第118—126页。

的给养。他给出的理由是，贵族大夫们并没有做好工作，而是对上威胁国君、对下压迫民众。悼王死后，愤怒的贵族疯狂报复了不幸的吴起。[1]商鞅在秦国的政治活动和仕途也经历了类似的过程。在他执政下，旧贵族被镇压，并在军功基础上建立起一个新贵族阶层。民众被编入什伍组织，由国家官员直接管治。[2]另一位重要人物是出身卑微的韩国大臣申不害。顾立雅博士最近的研究表明，申不害应该被认为是塑造中国官僚制度的最重要人物之一。他为政府设计出一套人员考核方案，遗憾的是现存任何文献资料中都不见相关记载。然而，他的部分理论保存在少数其他著作中，以《韩非子》所记最为重要。他强调君主的作用以及官僚政府的组织和运作。正如《韩非子》中所引用的，他的理论要点是：

> 因任而授官，循名而责实，操杀生之柄，课群臣之能者也，此人主之所执也。[3]

就像车轮的轮毂与辐条关系一样，君主使所有大臣同心协力治

---

[1]《史记》（四部备要本），卷65第5—6页；王先慎：《韩非子集解》，卷4第14页。
[2]《史记》（四部备要本），卷68第3—4页；王先慎：《韩非子集解》，卷4第14页，卷17第9页。
[3] 王先慎：《韩非子集解》，卷17第7页；英译参见顾立雅《法家："法学家"还是"管理者"？》，《"中研院"史语所集刊外编第四种：庆祝董作宾先生六十五岁论文集》，"中央研究院"历史语言研究所，1961年，第609页。

理国家。[1]君主通过某些技巧,包括对大臣的资格和功绩评定对其严格控制;君主决定政策,大臣们负责日常执行[2];当君主根据一个公平的标准评估他们的表现时,就像用天平称重,轻重自然清楚[3]。

春秋时期许多国家都由几个贵族家族分治,后来国家数目大大减少,而且仅由公室一家单独统治。这导致国家的威权性与君主的专制性相结合。君主掌握了绝对的权力,不再有贵族家族能够挑战他的权威。封建制下的社会分层消失了,国家出现两部分的权力体系:在上的君主和在下的臣民。官员虽为官员,也是臣民。他们以自己的才干和治国知识为君主服务,但不像春秋时期的贵族那样分享他的权力。社会分层发生了变化,对新型官员的需求就需要新的手段来招募所需的人员、留住有能力的人员和筛除不合格的人员。

当政府职位是少数家族的专属时,君主在辅佐时几乎没有发言权。只有权力集中到君主手中,他才能选择自己的大臣。正如第二章所讨论的那样,这种君主权力的变化可能导致了战

---

[1] 魏徵等:《群书治要》(四部丛刊本),卷36第25—26页。
[2] 魏徵等:《群书治要》(四部丛刊本),卷36第26页。
[3]《慎子》,马国瀚辑:《玉函山房辑佚书》,长沙:长沙娜嬛馆,1883年,卷71第48页。对吴起、商鞅和申不害改革的更详细论述超出了本书的范围,因为本书只是为了研究社会流动,但是他们的一些理论将在第六章中讨论。关于这个问题的更多资料,请参考齐思和《战国制度考》,第197—218页;《商鞅变法考》,《燕京学报》第33期,1947年,第163—194页;顾立雅《法家:"法学家"还是"管理者"?》,第607页及以下;《释"刑名"》,E. 索伦编:《高本汉七十华诞汉学研究论文集》,哥本哈根:E. 芒克斯加德,1959年,第200—207页。

国时期的情况。在这种情况下,很长时间内没有重要的家族存在,政府中的关键职位几乎总是由君主的近亲担任,或者由与公室毫无关系的杰出人士担任。前者被认为是值得信赖的,而后者不仅有用,而且作为社会"无名小卒",比世袭大臣更依赖君主的青睐,因此会对君主更忠诚,所以他们更受专制君主的欢迎。此外,君主为了防止自己大权旁落,必须阻止任何新的贵族家族的发展;大多数公室都是权力斗争的老手,他们深知国内同时存在几个权势集团的危险。因此,这就解释了没有任何国家的公室可以再建立长久繁盛家族的情况。[1]一个没有特殊功绩的公子,仅仅因为他是君主的兄弟而在位,很难指望在他兄弟统治结束后继续保持他的地位;当新君登基时,他的仕途就结束了。[2]

战国君主勤勉地维护自己的威权,这对专制君主来说具有重要意义。有一则故事告诉我们,在围攻赵都晋阳失败后,赵国君主将最高荣誉授予了一位在战斗中未立军功的官员,因为他从未忘记对君主表现出应有的敬意。[3]在宗族关系的封建社会中,这种崇敬并没有受到太多的重视,也不需要严格遵循。只有当君主独自拥有最高权力,由一群大臣服务,而且这些大臣与任何组织——比如一个古老而强大的家族——都没有密切联系时,君臣之礼才有必要这样强调。这个故事不仅揭示出君

---

[1]《战国策》(四部备要本),卷21第10页。
[2]《战国策》(四部备要本),卷30第5—6页。
[3]《吕氏春秋》(四部丛刊本),卷14第12—13页。

主的大权独揽，而且显示出整个朝廷的不稳定性。

可以合理地设想，一个专制政府需要一个有效的监督体系来保持官员的协调一致。这种被称为"上计"的制度确实存在，并且可能是由申不害发明的，虽然它在其他国家很常见，而且在不同的著作中也被提到过。它的工作流程如下：中央政府各部门需要派送详细的年度上计报告（据说齐王厌倦了阅读这些无聊的报告）。[1]地方官必须每年向郡守报告上计，郡守又必须向君主报告上计。魏国苦陉令向他的上司中山郡守上计；邺令西门豹及魏国东封之官解扁，将有关当年收入的年度上计呈送文侯；[2]在这种制度下，官员可以被视为在官僚机构内受制于奖升惩降的职员。很难想象，在封建制度下，一个手握与生俱来的统治其家族权力的贵族，在担任大臣后，会根据他的工作表现而被升职或降职。然而，在官僚社会体制中，一个官员可以凭借自己的能力获得更高的职位，从而获得更高的社会地位；也可以因为被证明不合格而被降级。流通的路径不仅存在于官僚体系内部，也存在于整个社会之中。

战国政府中奖优、罚劣、惩贪的覆盖范围很广。齐国一位忠于职守的地方官员得到重赏，另一位却因玩忽职守而被判处死刑。[3]前面提到的三位魏国地方官似乎都得到了某种晋升或

---

[1]《战国策》（四部备要本），卷8第12页；王先慎：《韩非子集解》，卷14第11页。
[2] 王先慎：《韩非子集解》，卷12第9页，卷15第5—6页；《淮南鸿烈解》（四部丛刊本），卷18第9页。
[3]《史记》（四部备要本），卷46第6页。

惩罚，尽管没有具体说明，但从上下文中还能看出这一点。西门豹最终成为魏国朝廷中的重要人物。[1]

简言之，战国的君主们现在需要一个强有力的官僚机构，为他提供必要的帮助，引导国家在国家间的生死攸关的斗争中获胜。[2]

五、新型行政专家

官僚机构的成员是从哪些来源招募的？如前所述，很明显，旧世袭贵族已被权力斗争所摧毁，因为极少数旧贵族家族最终以毁灭其他家族及其成员为代价，获得了国家的统治权。随着少数人进入统治阶层，大多数人失去社会地位，世袭贵族事实上已消失。正如第二章所指出的，这一过程可能解释了战国时期开始后，强宗大族的姓氏从官员名单上消失的现象。[3]贵族大夫消失所留下的社会真空，最合乎逻辑的是，必须由新君主的追随者来填补，这些追随者是他们的主人登上王位之前

---

[1]《韩非子》中指出，好的大臣和将军是那些经过多次能力检验后，从普通百姓中得到提拔的人（王先慎：《韩非子集解》，卷19第15页）。
[2] 马克斯·韦伯列举了官僚组织的技术优势：精确、速度、明确、文书技能、连续性、判断力、严格的从属关系、减少摩擦以及物质和人员成本。从战国和现代国家的角度来看，他提到的这些观点大多是至关重要的。请参阅 H. H. 葛斯、G. W. 米尔斯编译《马克斯·韦伯社会学文选》，第214页。然而，应该注意的是，战国时期的政府仅仅处于中国庞大官僚机构的初级阶段。与中国后来的官僚组织和德国帝国时代的官僚机构相比，战国时期的政府在规模和复杂程度上仍处于劣势。
[3] 参见附录C。

的扈从，如管家、武士、地方官和其他家臣。这里提到的情况可能发生在赵、汉、魏、齐等国，而秦国和楚国的情况似乎有所不同。因为春秋、战国两个时期，两个国家的公室保持不变。卿大夫的家臣获得提升和卿大夫执掌朝廷的情况，在这两个国家是不可能的。然而，应该注意的是，秦、楚都位于中原文化核心之外的边缘地区。关于秦国的史料相当少；似乎唯一确定的事实是，在秦国历史记录上，没有任何一个强大的世袭贵族家族（除了公室）出现。从春秋初期到战国时期，从出身于东方国家的百里奚时代，到先是出身卫国公室而后为魏国家臣的商鞅时代，秦国高层似乎总是欢迎他国人。秦国可能早就存在着某种程度的自由社会流动。整个战国时期，东方六国人一次又一次地向秦国贡献他们的能力，他们最终推进了中国的统一。[1]对于秦国君主来说，将东方六国迅速发生的社会流动性变化，控制在一个更缓慢、更均衡的程度可能并不困难。

　　关于楚国，有大量可以利用的资料，虽然尚无法与晋国和鲁国相较。楚国在某些方面的变化似乎有些缓慢；例如，当中原各国的公子被迫让位给执政大夫家族时，楚国公子仍不时在政府中占据关键位置。在担任楚国令尹的25人中，有8人是国君的兄弟，另外17人来自8个家族。斗氏家族贡献了5位，其中3位被楚王处死。成氏家族有3名令尹，其中1人被处决；而整个成氏家族在第四代就灭绝了。芳氏有4位；而屈、阳、

---

[1]《史记》（四部备要本），卷87第2—3页。

南、子西和沈氏各有1位。所有这些家族都是楚国公室的分支。这些事例和数据表明，公室掌握着权力的平衡，而楚王通常强大到足以摧毁哪怕最强大的贵族家族。[1]在强大公室的统治下，楚国在整个春秋时期都相对稳定。因此，世袭贵族避免了在权力斗争中自我毁灭。事实上，楚国是战国时期唯一一个仍然从贵族家族中选任大部分国相的国家。[2]

除了楚国这个唯一可能的例外，贵族的消亡为新精英集团的崛起扫清了道路。春秋晚期开始出现他们崛起的征兆。有一次，鲁公为外国使节举行国宴，仪式包括射箭比赛。鲁公朝廷的武士中只有两对被选出参赛，第三对则是从季氏的家臣当中挑选出来的。[3]后来，季氏的家臣接掌了鲁军一半的军队；其中阳虎甚至担任了四年鲁国执政。这虽然是一个例外情况，但仍然表明士阶层的崛起。[4]下一个阶段的进展是任命贵族家臣担任政府职位。例如，当晋国两个被摧毁的贵族家族的领地被划分为十个地区时，大多数以晋公名义任命的新地方官，可能都是当时掌权的贵族家族的家臣。即使在他们被任命为公职后，其中的两人仍然在主人家中担任家臣。在这个事例中，有两个贵族的家臣身份的人被任命为地方守令，而此前这个职位

---

[1]顾栋高：《春秋大事表》，卷23第1—15页；陈厚耀原本、常茂徕增订：《增订春秋世族源流图考》，卷5第1—13页。
[2]参见本书第二章。
[3]《春秋左传正义》（四部备要本），卷39第4页（襄公二十九年）。
[4]《春秋左传正义》（四部备要本），卷58第11页（哀公十一年）。

只能由贵族充任。[1]

最后一步发生在一个贵族家族的领地成为一个国家,其追随者自然成为新朝廷的大臣。当赵氏家族在晋阳被围困时,只有家臣留下来帮助击退袭击者。后来,当赵氏成功击败智氏家族建立独立国家时,赵氏家臣就被任命为新诸侯国的大臣。他们从管家阶层转变为政府精英,社会地位自然因此大幅提升。不幸的是,在春秋、战国之间的过渡时期,也就是这种转移可能发生的时期。由于我们缺乏资料,因此只能进行猜测。

独裁君主的统治下,驾驭大臣的技术有助于士人官员的招募、筛选。虽然士阶层以前由贵族家族的家宰和武士组成,但在战国时期,士阶层经历过一次转变,几乎成为一个新的群体。新旧士人之间的主要差异,是封建社会贵族家族与新型国家之间差异的结果。如果一个国家面积是一个贵族封地的数倍,那么治理它的问题的复杂性不仅仅是成比例地增加。例如,一个管家虽然有能力从方圆几里的数个农场上收集贡赋,但他可能仍会对一个欧洲国家的行政管理感到完全不知所措。春秋早期的一名战士,习惯于在战车上与数千名骑士战友进行类似的战争游戏;如果他被要求领导一支十倍规模的军队进行复杂、血腥和残酷的步兵战斗,他可能会感到十分困惑。此外,治国之道变得更加复杂和专业化,以前的训练已不再有用。这就需要新的教育方法,将来自不同出身的人员培养成能

---

[1]《春秋左传正义》(四部备要本),卷52第14页(昭公二十八年)。

够满足专业治国要求的官员。这些人背景各异，这意味着精英阶层的流动性也相当自由。

在封建社会中，职位通常由家族继承，如何从事这些职位的知识也由家族传承；因此，有一句谚语说，弓匠的儿子玩着竹杖就会制作竹器。封建社会的大夫们用类似方法，学会了统治国家的技艺。年轻的贵族有时会被派往其他贵族家族受训或见习。鲁国的季孙行父有一次引用大夫臧文仲的话，称后者是他的老师，臧文仲显然是教他道德原则，而不仅仅是管理技巧。[1]在多数情况下，贵族大夫们可能更关心礼仪规范，而非治国之道。此外，人们似乎认为，地方官员可以通过边做边学来了解其职责。公元前542年，大约在春秋时期的最后四分之一，发生在郑国的一个争论，揭示出在任命官员之前对其进行培训的必要性存在争议。执政子皮希望任命他的属臣为城邑大夫，他的副手子产表示反对，认为属臣太年轻。子皮回答说，年轻人可以在为政的同时学习他的职责。然后，子产接着反对，他认为这等同于将一把刀递给一个可能会伤到自己的不懂使刀的人手中，或者给人一匹好锦来学习制衣。[2]还有一个类似故事，是关于孔子和他的弟子子路的。子路是季氏家宰，子路希望任命子羔为邑宰，孔子反对说，这样的重任可能会毁掉如此年轻的人。子路回答："有民人焉，有社稷焉。何必读书，

---

[1]《春秋左传正义》（四部备要本），卷20第7—11页（文公十八年）。
[2]《春秋左传正义》（四部备要本），卷40第11页（襄公三十一年）。

然后为学？"[1]看来，子路并不认为一个人需要专门的训练才能管理一个城镇，而孔子认为这种训练是必要的。战国时期，职业能力的需要已成为共识。人们认为，国家事务不应交给没有治国经验的君主亲属；这种做法与命令一名官员用一块布做帽子，而不是让裁缝来完成任务进行类比。[2]这种态度预示着政府中职业专家的出现。[3]

战国时期的许多学术著作，都与实际或有远见（空想）的政府制度、军事战略、行政管理设计和哲学基础有关。例如《孟子》被认为是孟子与梁、齐国君之间的对话，透露出孟子的理想经济措施。[4]《战国策》里的许多篇幅都包含有关大战略战术的讨论，例如张仪的说辞等。[5]一个忙于学习宗教仪式、战争技巧和礼节礼仪等问题的贵族阶层，很难指望他们积累关于政府或列国关系的广泛而坚实的知识；战国时这些知识变得相当重要，因为对敌人力量的错误估计或对自己国家的错误评估，都有可能导致灾难性后果。[6]

---

[1] 理雅各：《论语》，11（24）。
[2]《战国策》（四部备要本），卷20第11页。
[3] 参见H. H. 葛斯、G. W. 米尔斯编译《马克斯·韦伯社会学文选》，第215—216、235—237页。马克斯·韦伯在《经济与社会》讨论官僚制度的章节中指出了职业专家的性质和价值。
[4] 理雅各：《孟子》，1（1）3，第4页；1（1）7，第23—24页；1（2）5，第3页；3（1）3，第13—20页。
[5]《战国策》（四部备要本），卷3第5—8页。
[6] 例如公元前251年，燕国遭受的大失败，就因为燕国国相低估了赵国的实力[参见《战国策》（四部备要本），卷31第1页]。

六、教育机构

为了满足培养新的行政专家和战略家的需要，在春秋晚期出现了一个新的机构，这就是私学。私学是由一位大师和他的弟子们组成的学校，在那里，大师将他对不同事物的观点教授弟子，而弟子则通过与他生活、听课以及辩难来学习。人们普遍认为，第一位这样的大师是孔子。孔子自己声称，他出身卑微，做过委吏，后来又做过乘田。他的出身尚不确定，尽管传统认为他是宋国公室的后裔。他致力于研究我们今天所称的文科教育，包括历史、伦理、政府管理和文学。这些研究似乎是他为最终目标做准备的一部分——其最终目标是在国家政府服务，以建立他的理想社会，但是他一生从未获得这样的机会。在生命的最后几年，他显然已经放弃这一理想，全身心投入教学。[1]孔子给学生们良好的道德修养训练，使他们具有可靠的道德品质，这无疑受到君主的高度赞赏，他们恰好对那些不道德又野心勃勃的下属充满担心。他向弟子们传授的行政原则和统治技巧，使他们对君主来说很有价值，因为君主需要这样有能力的人来处理他们越来越复杂的国家事务。[2]孔子认为仅会读书的书呆子不如能干的外交家。孔子弟子中最杰出的外交家是子贡，他的国际声誉不是来自贵族血统，因为他是一介平

---

[1] 关于孔子生平和相关资料来源极好的参考书，是顾立雅《孔子与中国之道》，第25—56页。
[2] 顾立雅：《孔子与中国之道》，第32页。

民,而是源于他自己的才能。[1]孔子的课程中一定包括治国之道,因为君主和他的弟子不止一次地向他咨询善政的方法。他的回答通常是理论性的,因此听起来可能不切实际;[2]但这表明他完全理解良好统治的重要原则,诸如民众对君主及其统治可靠性的信心具有极端重要性等。[3]教育和富民也是一个人口稠密的列国政府需要关注的方面。[4]孔子还提到一个好的官员必须具备两个标准:努力工作和忠实履行职责。[5]他告诉那些担任政府官员的弟子,作为上级应该成为下属的榜样,应该容忍微小错误,并且应该举用贤才。[6]

这些相当片段的语录表明,他肯定自己的弟子在执政技艺方面受过良好的训练。因此,他的教导造就了一些非常能干和高效的行政人员来帮助君主治理。至少两个有影响力的人,其中一个是鲁国的实际掌权者季康子,曾试图任命孔子弟子为官。[7]弟子们中至少有子路、冉有和冉雍三人成了季氏家宰,或者说实际上的鲁国首席行政官。根据顾立雅的研究,在《论语》中提到的22名学生中,有9人获得较重要的职位,而有十

---

[1] 理雅各:《论语》,12(5),13(20);《春秋左传正义》(四部备要本),卷59第12页(哀公十五年),卷60第13页(哀公二十七年)。
[2] 理雅各:《论语》,12(17),12(19)。
[3] 理雅各:《论语》,12(7)。
[4] 理雅各:《论语》,12(9)。
[5] 理雅各:《论语》,12(14),13(1)。
[6] 理雅各:《论语》,13(2)。
[7] 理雅各:《论语》,5(7),6(6)。

分之一的人拒绝过提供给他们的职位。这些人所担任的职务从家宰到邑宰不等,还有一些是执行外交任务的使节,如子贡和公西华。[1]正如顾立雅指出的那样,孔子的教育和推荐使他的许多弟子担任高官,有些人追随孔子,仅是希望能找到一个好的职位。孔子本人也曾哀叹,缺少真诚的学生,他们可以在不考虑俸禄的情况下完成三年的学习。[2]

通过孔子的培训和推荐,一些人能够从默默无闻升到有影响力的职位,但这并不是他的教诲的最重要影响;最重要的是,他开辟出一条道路,让一个能干的年轻人通过自己的能力和充分的训练,可以在出身低微的情况下获得高级职位。孔子说他从未拒绝任何有学习愿望的人。[3]孔门弟子又通过传授他们所学的知识,使受过教育的人数成倍增长。他的一个弟子子游,在他管理的城邑向人们传授祭祀用的舞蹈和音乐。舞蹈和音乐这两项此前都是贵族专用的。[4]虽然我们对孔子追随者在普通民众中传播教育情况的资料有限,但这显然是加速社会流动的一个重要因素。

[1] 顾立雅:《孔子与中国之道》,第31、67、299页,注释9、10。
[2] 顾立雅:《孔子与中国之道》,第30—31页。理雅各将《论语》8(12)翻译为:"The master said, It is not easy to find a man who has learned three years without coming to be good."(孔子说:很难找到一个已经学习三年还不变好的人。)实际上,此处的"禄"指俸禄或报酬,正如理雅各在《论语》14(1)中翻译的一样。因此这段文字应该译作:"…It is not easy to find a man who has learned three years without thinking of salary."(很难找到一个能学满三年而不考虑俸禄的学生。)
[3] 理雅各:《论语》,7(7)。
[4] 理雅各:《论语》,6(12),17(4)。

孔子也开创了这样一种实践，即有学问的人可以建立学校，用自己的思想、知识、技巧和其他有用的知识，来指导他们的弟子。任何对知识感兴趣的年轻人，都可以追随大师接受教育。孔子的弟子子夏、子长、曾子，也许还有其他人，将孔子的思想传播到了中国各地；他们自己也受到各国君主的尊敬，并被普遍视为资政顾问。[1] 孔门弟子的追随者可能会比他们的前辈获得更高的地位。贵族阶层的消亡所留下的社会真空必须由优秀的人才填补，这为来自大师学校的人提供了机会。例如，吴起这位早期的改革家，是魏国和楚国的重要人物，声称曾是曾子的学生。[2] 这些学派的教导使雄心勃勃的人，有机会获得必要的知识来实现他们的抱负；这对社会流动性产生明显影响。

孔子树立的榜样被许多其他大师所效仿，其中最早的是墨子。墨子曾在宋国任大夫，之后一场针对他的阴谋导致他被诬陷下狱。[3] 他被授予宋国大夫职位，可能是因为他曾劝阻楚国计划的侵宋行动，并派弟子驻扎在宋国抵抗楚国入侵。[4] 孙诒让曾列出墨子的15位门徒，其中6位是被他推荐去各国从政的，另有2位可能升迁到重要职位。[5] 墨子向年轻人许诺将来

---

[1]《史记》（四部备要本），卷67，卷42第2—4页，卷121第1—2页；理雅各：《孟子》，4（2）31。
[2]《史记》（四部备要本），卷65第3页。
[3]《史记》（四部备要本），卷74第5页，卷83第9—10页。
[4]《墨子》（四部备要本），卷13第10页。
[5] 孙诒让：《墨子闲诂》，上海：商务印书馆，1936年，第448—453页。

有机会进入政府部门做官,以此吸引年轻人跟随他学习。据记载,有一名学生在跟他学习一年后,要求他提供承诺的这种做官机会。[1]

战国时期有学问的大师几乎都有大批弟子和追随者,像孟子、田骈、慎到、许行和其他一些人等。他们带着学生周游列国,接受礼物、受到礼遇并获得报酬。其他有学问的人和有名望的人会被君主邀请担任高级职位,尽管这些职位有时只是顾问性的。子夏、段干木和田子方,都曾在魏文侯时期担任这样的官职。[2]齐宣王是学者们最大的赞助人;他让大约1000名学者居住在齐国首都,并授予他们大夫的名号,这是封建社会贵族的头衔。他们养尊处优,闲暇时讨论许多哲学问题,没有人指望他们会对国家做出任何实际贡献。其中有荀子、淳于髡、田骈、慎到等重要人物,[3]他们都凭借文学或学术上的卓越成就获得了崇高的社会地位;他们根本不考虑是否为贵族出身,淳于髡甚至被认为曾是家内奴隶。[4]有时,学者们在国家事务中比这些齐国的业余哲学家更为活跃。据记载,这一活动最早发生在战国时期,当时赵肃侯邀请三位学者去担任他的顾问。他们在赵国发起一场政治改革,从中发挥相当大

---

[1]《墨子》(四部备要本),卷12第10页。
[2]《史记》(四部备要本),卷44第2—4页。
[3]《史记》(四部备要本),卷74第3、4页。
[4]钱穆:《先秦诸子系年考辨》,第330—331页。

的领导作用。[1]

大多数改革者、战略家和职业外交家,都花了很长时间通过学习为自己的职业生涯做准备,其中许多人最终获得各国政府的最高职位。吴起曾就学于曾子;申不害的治国之道打动了韩王;商鞅在逃往秦国之前,一定对治国之术有深入研究,他的理论说服了秦王,并在秦国付诸实践。苏秦、甘茂、虞卿、陈轸、公孙衍、乐毅、范雎和蔡泽,这些本书前面出现过的名字,他们都出身寒微,但通过学习列国争雄时期对君主有用的知识,他们都跻身社会最高阶层。苏秦是一位半传奇式的人物,他的名字与一次联合东方六国阻止雄心勃勃的秦国扩张的努力联系在一起。然而,那些史载他应参与的活动,绝大多数都显示出年代错误。[2] 他由一名学习列国关系的学生崛起,以及他在成功之前奋斗的戏剧性故事,能够帮助我们了解这些学生的渴望和他们走向成功的漫漫长路。据说苏秦全家生活在洛阳贫民窟简陋的小棚子里。经过几年自学,或是在传奇学者鬼谷子的指导下,他决定奔赴前程。他曾入秦国,试图让秦王对他征服东方六国的战略感兴趣,但秦王对其提议不以为意,也没有给他一个官职。他在秦国花光所有盘缠,只好走回洛阳。到洛阳后,他已看起来像一个流浪汉,疲惫不堪地出现在家人面前。他们背对着精疲力竭的苏秦,当苏秦进屋时,他的妻子

---

[1]《史记》(四部备要本),卷43第11—12页。
[2] 有关苏秦的可靠研究,参见钱穆《先秦诸子系年考辨》,第268—278页。

继续织着布,甚至没有温情地看他一眼。家人的残酷对待,而不是他以前的失败,促使他更加发奋。多年来,他夜以继日地学习当时的时事知识,掌握游说技术。他决心不再向国君建议,除非他感觉到自己的奖赏会很丰厚。当他建立了足够的自信心后,他入赵国游说自己联合东方六国抗秦的合纵理论。这一次他成功了。赵王给他丰厚的俸禄,派他担任特使,以赢得其他东方六国的支持。当他回到洛阳的家时,受到了热烈的欢迎,他不禁为人性的变化无常而感叹。此时他说,如果他有一小块土地可以耕种,他可能不会取得这么大的成就。[1]

这个故事揭示了一个有抱负的人,在没有任何帮助的情况下,可以通过获得对从政有用的知识和技能来改善自己的社会地位。除了少数例外,这些人缺乏为世界做出贡献或改善社会的愿望;他们的动机完全是自私的,渴望自己过上奢侈的生活。教育和辛勤工作,只不过是一条通往财富和名声的道路;他们不是吉诃德式的理想主义者,而是追求财富和地位的务实者。[2] 成功的人似乎轻松而突然地完成了他们的目标,以至于

---

[1]《史记》(四部备要本),卷69第1—3、12—13页;《战国策》(四部备要本),卷3第3—4页。
[2] 这些人的动机被蔡泽和宁越很好地表述出来。前者声称他的理想是在死前当上大夫,享受荣耀和物质财富[《史记》(四部备要本),卷79第12页;《战国策》(四部备要本),卷5第10页]。据说宁越对作为庶人耕地厌烦了,就去问朋友什么是获得财富和荣耀最容易的办法。他朋友回答说是学习,并说要成为学者必须学30年。宁越回答说他可以不休息、不睡觉,以便15年就能达到目的——15年后,他的学术声誉使他成为周威公的顾问[《吕氏春秋》(四部丛刊本),卷24第9页]。

其他人都受到鼓舞，效仿他们的榜样。《庄子》中提到，由于上述原因，人们听到一位好老师的名字，就会蜂拥而至，离开家庭放弃职业，常常远道而来听他的教导。[1] 读书变成时尚，以至于韩非声称，管仲和商鞅的理论书随处可见。[2] 人们对学习抱有极大热情，但在这种热情背后隐藏着社会地位上升的实际动机。根据《韩非子》的记载，两位学者被任命为政府官员，这刺激了他们家乡一半的人卖掉房子，放下工具，而跑去读书。毫无疑问，这种记载有些夸张；但它反映了战国时期人们的流行心态。[3]

这种求知欲的结果，是许多不同职业的人挤进通向更高社会阶层的一条通道。战国末期成书的《吕氏春秋》中重点描述了这种现象：

> 子张，鲁之鄙家也；颜涿聚，梁父之大盗也，学于孔子。段干木，晋国之大驵也，学于子夏。高何、县子石，齐国之暴者也，指于乡曲，学于子墨子。索卢参，东方之巨狡也，学于禽滑黎。此六人者，刑戮死辱之人也。今非徒免于刑戮死辱也，由此为天下名士显人，以终其寿，王公大人从而礼之，此得之于学也。[4]

---

[1]《庄子》（又称《南华真经》，四部丛刊本），卷4第24页。
[2] 王先慎：《韩非子集解》，卷19第8页。
[3] 王先慎：《韩非子集解》，卷11第2页。
[4]《吕氏春秋》（四部丛刊本），卷4第6页。

七、小结

　　总而言之，在春秋时期，国君的兄弟们最先失去权力，他们被新兴的几家专权贵族大夫取代。接下来，专权贵族被贵族家族的内部斗争所摧毁，到春秋末期，贵族大夫阶层几乎被摧毁；而在战国时期开始后不久，当历史资料再次丰富时，由于强宗巨族的消失，社会阶层发生颠覆性的变化。在贵族之间的权力斗争中，卷入其中的贵族寻求家臣——士阶层以及平民阶层的帮助，因此这两个阶层变得比以往任何时候都重要。作为对他们宝贵援助的奖赏，这两个群体的杰出成员被提升到更高的社会阶层。在战国开始时，一种新的国家类型出现了，即君主行使专制权力，大臣被纳入官僚制度并自由任免；官僚制度选拔和提拔有能力者，淘汰不合格者。国家事务更加复杂，需要一批治国理政的专家而非彬彬有礼的绅士。无论是跟随大师学习还是自学，必要的训练都需要花费数年时间。一个新的精英阶层出现了。他们不仅是补充政府官员缺额的生力军，而且是更高社会等级的候选人。

第五章　经济生活与社会流动

在春秋、战国时期发生巨大变化之前，中国的经济生活大体上与西欧的庄园制度相似。中国的庄园是贵族家族的封地，庶民在田畯的监督下耕种土地，领主为他们供应食物和衣物。当庶民不在田里劳作时，他们要从事其他劳务，如为庄园的厨房供应野味、修理房屋或去菜园种菜。女性庶人除了日常的家务外，还要忙于养蚕为主人织布和染布，做日常的家务。[1]城镇附近也许有一些商业活动，但似乎规模有限，可能是以物易物。[2]这些城镇本身并不大，根据记载，最大的贵族封邑，理论上是诸侯国国都周长的三分之一，被4600米或690米的围墙包围；其他贵族封邑是国都周长的五分之一或九分之一。这些城市似乎是防御中心，而非商业中

---

[1] 理雅各：《诗经》，1（9）6，1（15）1，4［(12)］5，4［1（2）］2。
[2] 理雅各：《诗经》，1（5）4。

心。[1]因此,庄园经济结构的总体图景是一个分区系统;每个小区域通常是一个庄园,构成一个自给自足的单元。这种结构下,区域交流和职业分工可能都没有发挥重要作用。

春秋、战国时期,伴随一定程度的社会流动性,发生了许多巨大的变化。就农业而言,土地的所有权逐渐从领主转移到平民或者非贵族的土地所有者手中。商业活动蓬勃发展,手工业专业化且规模逐渐扩大,城市化成为中国经济生活中的一个新因素。所有这些变化都不可避免地导致社会结构的重大变化。

一、租税取代劳役

第一个重大变化有关农业和土地制度。在庄园制度中,庶民依靠领主,他们用自己的劳动种植粮食,养活整个庄园。耕种者没有土地私有权,因此没有必要向农民征税。孟子提出并详述的井田系统作为一种功能布局似乎有些不切实际,而且显得过于理想化。[2]然而,他的建议似乎是基于前期已经存在的原则,即使用依赖庶民的劳役而不是对他们征税的原则;这被

---

[1]《春秋左传正义》(四部备要本),卷2第10页(隐公元年)。这段文字以100堞为单位比较了城镇的大小。据杜预和孔颖达的注释,每堞100尺或30尺。周代1尺为23厘米。参见杨宽《中国历代尺度考》,上海:商务印书馆,1938年,第44页;罗福颐《传世历代古尺图录》,第2、3—8号。
[2]理雅各:《孟子》,3(1)3,第13—20页。本书第一章对这一主题有详细的讨论。

称为"籍"。[1]这种劳役大概是为领主提供的。事实上，由于国家和政府与公室或君主是同一的，因此没有必要区分国家税收和领主劳役。君主的收入既可以从自己的庄园中获得，也可以从他的封臣们的贡品中得到。该制度的缺陷在于，除非有监工监督，否则农民很难在庄园土地上高效劳作，需要新的经济方法来消除这一弱点。据记载，公元前594年，鲁国最先开始根据土地保有量征税，即"初税亩"。[2]这一改革可能导致庄园制度的根本性变化。如果一个农民被命令以实物形式纳税，他也将拥有他以前为他的主人耕种的那部分庄园土地。在这种情况下，他除了支付固定实物税之外，可以获得他耕作田地的全部产量。孔子时代的税率是总产量的20%。[3]如上所述，在战国专制政府出现之前，国家的组织结构有些模糊，因此税收可能是由领主而非国家征收的。由于春秋贵族一般生活在强大贵族的阴影下，因此，贵族向国库缴纳的租税是否稳定就值得怀疑了。

虽然季氏实际上是鲁的执政家族，但这个家族很难将其权威扩展到其他贵族家族。《左传》记载季孙、叔孙和孟孙三家是以不同的方式管理臣民的。[4]公元前493年，晋国范氏的一

---

[1]《国语》（四部丛刊本），卷5第16页；《礼记》（四部丛刊本），卷4第8页。
[2]《春秋左传正义》（四部备要本），卷24第7页（宣公十五年）。
[3]理雅各：《论语》，12（9）；《左传》中关于此事的记载说庶民为领主"服力役"，而《墨子》则说庶民向领主交"税"，《春秋左传正义》（四部备要本），卷32第2页（襄公十三年）；孙诒让：《墨子闲诂》，卷12第1页。
[4]《春秋左传正义》（四部备要本），卷31第9页（襄公十一年）。

名税务官在向范氏臣民征税时被敌对家族的家臣绑架。因为他是在范氏领地内履行职责,所以他被敌对贵族释放了。[1]这意味着贵族家族在自己领地内有相当程度的行动自由。税率由领主而不是政府确定;据记载,赵氏家族的一位家宰曾向他的主人询问税款数额。[2]

因此,农民与其说是一个国家的公民,不如说是某个贵族家族的臣属,他缴纳的税也可以说是租。农民以前依赖庄园生活,实行实物税之后,他就成为支付租金的租户。当然,以前领主负责的衣食住行等责任都落在了农民自己身上。因此,税制改革带来了社会结构的巨大变化,庄园农奴被解放为佃户,这给了他们更大的自由,同时也免除了领主的许多扶养责任。

《汉书》记载了一个五口之家的农民家庭的年度预算账目,据传是由公元前446—前397年在位的魏文侯的国相李悝所写的。据说,一个农民耕种100亩土地,可以收获150石的粮食,每石的价格是30钱。收支情况如图3所示,简单的计算表明,这个有代表性的家庭的预算中,存在着大约450钱或15石粮食的赤字。[3]

---

[1]《春秋左传正义》(四部备要本),卷57第8页(哀公二年)。
[2]王先慎:《韩非子集解》,卷14第11页。
[3]王先谦:《汉书补注》,卷24上第7—8页;战国时1亩是3600平方尺,1尺长约23厘米。1石重120斤,1斤相当于228.8克(参见罗福颐《传世历代古尺图录》,第3—8号;吴承洛《中国度量衡史》,第97、109、73页)。

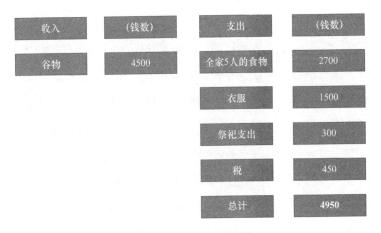

图3　农民家庭年度预算

显然,《诗经》中描绘的那种生活已不复存在；农民的生计必须由他们自己,而不是其他人来关心。《墨子》的记载揭示出一个农民完全支配着自己的生产和生活。如果他努力劳作,他就会衣食富足；如果没有,他会遭受贫穷和饥饿。[1]这与庄园制度不同,庄园制度下农奴只为他的领主劳作,而不是为他自己的目的工作,对此他没有任何控制权。

二、土地私有制

远离租佃的另一步是土地的私有制,这一概念在古代中国有些模棱两可。理论上,国王拥有整个国家,每一寸土地都是

---

[1] 孙诒让:《墨子闲诂》,卷9第10页。

周王的财产。[1]然而,诸侯国君也可以要求拥有该国的土地所有权,当时他不仅统治该国,也拥有该国。[2]列国之间的战争中,领土被自由割让、吞并,甚至没有征询周王这位名义上的所有人的意见就占领他国。同样,封建领主们也基本不尊重他们的君主名义上的所有权。如第四章所述,通过将战败贵族家族的土地分给胜利者来重新分配封地的做法,在各诸侯国都很普遍。文献中没有记载任何一个贵族请求国君允许他从其他贵族家族夺取领地。这就容易误导人们,将这种所有权观念与现代司法所有权观念视为等同。在古代中国,更重要的是维持对某块土地的控制权,而不是所有权的合法问题。在这里,"拥有"一词可能比"所有"更适合使用。

对这些术语长期的争论,可能有助于我们理解土地买卖成为可能的那些变化。如果土地在严格意义上归国家所有,它就不可能成为个人之间自由买卖的商品。然而,中国古代所有权的观念并不明确。如果领主能对土地保持有效和直接的控制,他就会被认为是土地的拥有者。在庄园制度下,向土地耕种者收取田税或租金,而不是向农奴征收劳役后,领主将部分土地所有权让渡给直接耕种土地的佃户。

正如第四章所讨论的那样,由于贵族之间的冲突,世袭贵族阶层事实上被摧毁了。谁在国内斗争中幸存下来并不重要;

---

[1] 理雅各:《诗经》,2(6)1—2。
[2]《春秋左传正义》(四部备要本),卷39第3页(襄公二十九年)。

重要的是，最后的幸存者成为国君；这样所有前贵族领地的租户，都发现自己变成了国君的租户。在通过购买来扩大自己土地的这种新型土地所有者出现之前，所有这些人实际上都是国家的佃户；"朕即国家"的形容，假如出现于战国君臣之间，又何尝不可能？因此，佃户支付给领主的租金与臣民支付给国家的税收是相同的。如果当时土地成为一种可买卖的商品，那么土地拥有者就不会像庄园农奴那样受到土地的束缚。

另一方面，整个春秋、战国时期开垦荒地也是一项重要的工程。春秋时代新开垦的土地并不一直属于某个特定的庄园。公元前563年，子驷划定郑国田地的疆界，以明确土地所有权。这一措施激怒了那些被迫放弃部分土地的贵族。[1]在这种情况下，多余出来的土地可能是新开垦的。20年后，子产将这项措施扩展到整个郑国，因此有人抱怨，子产将田地纳入郑国日常行政系统，从而对他们的土地征收赋税。[2]这些抱怨者很可能是独立的农民，他们自己开垦土地并一度免税。这样的新开垦土地可能占到中国土地面积很大的一部分。宋、郑两国边界的一片无人地带，最后出现了六个城镇。为解决哪个国家对这些城镇拥有主权的争议，人们诉诸武力。[3]为了增强国力，

---

[1]《春秋左传正义》（四部备要本），卷31第5页（襄公十年）。
[2]《春秋左传正义》（四部备要本），卷40第6页（襄公三十年）；《吕氏春秋》（四部丛刊本），卷16第11页。
[3]《春秋左传正义》（四部备要本），卷59第3页（哀公十二年）。

战国各国都非常重视从荒地中开垦耕地，[1]列国政府甚至通过设立专门负责开垦荒地的机构来鼓励垦荒。[2]因此，一定数量的平民成为独立的农民（自由民），他们耕作的土地不曾属于某个庄园。如前一段所述，他们对土地所有权的要求无疑比佃户的主张更为强烈。

战国时期还存在第三个土地所有者群体。为了鼓励军功，战国列国常常像魏国那样，向有突出战功的士兵奖赏肥沃土地和免税待遇。[3]当吴起任西河郡守时，他宣布在冲锋中第一个到达敌人防御工事的人将被授予公职，并赐给良田美宅。[4]得到奖励的这些人，其地位无疑与佃户大不相同。

因此，随着封建世袭领主的消失，新开垦土地上独立耕作的出现，以及新土地所有者的正式产生，土地的私人所有制形成。只有在私人所有制建立之后，土地本身才能成为可买卖的商品。

约公元前356—前338年，商鞅在秦国发起了一系列改革，其中一些是鼓励农业发展的措施。通常认为他废除了田间小径，这些田间小径被认为是庄园制度下土地的必要边界。在商鞅执政期间，秦国也首次对土地征收国税。[5]早在汉代，就有

---

[1] 理雅各：《孟子》，4（1）1：9，4（1）14：3；参见其第306页注释14，朱熹在文中引用的注释忽略了文本的意义。
[2] 王先慎：《韩非子集解》，卷12第11页。
[3]《荀子》（四部丛刊本），卷10第6页。
[4] 王先慎：《韩非子集解》，卷9第13—14页。
[5]《史记》（四部备要本），卷5第18页，卷15第19页，卷68第4页；齐思和：《商鞅变法考》，第182—185页。

人说他的措施导致了土地私有制的发展。因为穷人没有国家土地所有制的保护，富人就从穷人手中购买土地，这可能会导致土地集中在富人手中。[1]然而，这不是一个公正的评价。正如第一章所解释的，古代的土地制度，被学者称为井田制度。从孟子时代开始，直到马克思主义史学家都坚定地认为其是国有村社体制[2]；实际上古代土地制度确实多少表现为庄园制度，庶民在这种制度下仅仅是庄园的农奴。此外，在商鞅改革之前很久，私有制的演变就开始了。他在土地制度方面的改革措施，似乎只是官方对已经存在情况的正式承认。然而，必须指出的是，土地所有权的集中和贫富差距的扩大可能确实是私有制的结果。

《左传》似乎没有提到土地购买，但这在战国时期相当普遍。据记载，当两位学者在赵国政府获任要职后，当地半数民众卖掉土地和房屋，用于读书求学。[3]这个故事显然有些夸张，但它揭示出土地是可以买卖的事实。大约在战国末期，一位赵国将军花费一大笔钱购买便利的田宅。[4]土地集中在富人手中

---

[1] 王先谦：《汉书补注》，卷24上第16页；这段文字出自《汉书》中董仲舒向皇帝的谏言，其上下文显示在汉代以前土地兼并即已存在。
[2] 有关此问题争论的左派和右派的看法，参见胡适《胡适文存》，第587—597页；另可参校J. R. 列文森《井田上的恶风：对儒家争论基础的侵蚀》，第268—287页。
[3] 王先慎：《韩非子集解》，卷11第14—15页。
[4] 《史记》（四部备要本），卷81第7页。

第五章　经济生活与社会流动

的速度加剧,以至于富者田连阡陌,而贫者无立锥之地。[1]一位战国儒者声称,"古者"土地是不能买卖的,这似乎是对土地兼并的理想化反对。[2]这一进程的结果是贫富阶层之间的差距扩大。一个失去土地的庶民可能会沦为雇佣劳动者,靠做独立农民或新型土地占有者的租户谋生。雇工们通过特别努力地为雇主的田地耕种和捡拾残穗,以期获得更多报酬。[3]沼泽地区雇用劳力来排水[4],园艺场则雇工给田地浇水。一位齐国公子躲避入侵者的追捕而逃离齐国后,曾被雇用做这项工作。[5]失去土地的农民也成为佃户,他们的田租有时高达作物产量的50%。[6]这与国家法定20%的税率相比,是一个沉重的负担。然而,由于许多重要人物可以使他们的租户免除繁重的国家劳役,许多庶民宁愿支付高额田租获得这种受保护的佃户地位。[7]

农民失去土地的原因有很多,但至少有两个相对明显。第一是国家强加给农民的沉重赋税和不合季节的劳役;第二是富人由于政治或商业繁荣,握有剩余资本。根据《孟子》和《荀

---

[1]《吕氏春秋》(四部丛刊本),卷19第14页;王先谦:《汉书补注》,卷24上第9、16页。
[2]《礼记》(四部丛刊本),卷4第8页。
[3] 王先慎:《韩非子集解》,卷11第10页。
[4] 王先慎:《韩非子集解》,卷19第2页。
[5]《战国策》(四部备要本),卷13第1页。
[6] 王先谦:《汉书补注》,卷24上第16页。
[7] 王先慎:《韩非子集解》,卷17第19页,卷19第11页。

子》的说法，战国时期一个普通农夫必须用谷物和妻子生产的布料来支付国家的赋税，此外还要服劳役。[1]在孔子时代，鲁国的田税已达到十分之二，政府仍有意提高田税。[2]徭役更是难以预料，政府可以随时召集民众进行公共或私人建筑。因此战国学者，例如孟子，会时不时地警告君主说，不合时宜地征发劳役，尤其是当农民应该在田里工作时，会破坏他们国家的农业经济。[3]如果国家事实上每年只对农民征收十分之一的赋税和三天的劳役，庶民会感激涕零；正如《汉书》中引用的董仲舒所说，这是一种"古老"的做法。[4]庶人一年四季都在辛勤劳作，从初春冰雪刚刚融化，他就犁开坚硬的土壤；到夏天，顶着烈日在田里干活，烈日灼伤了他的背部；直到秋天最后的收获，仍然无法满足他的生活所需。[5]在好年成时，他尚能勉强养活自己和家人；如果作物歉收，他不免面临饥饿的威胁。[6]如果一个家庭的主要劳力被征徭役或服兵役，他的家人不仅会失去他的帮助，还必须为他准备某些必要的花费，从而耗尽他们最后的一点积蓄。[7]

---

[1] 理雅各：《孟子》, 7（2）27；《荀子》(四部丛刊本)，卷6第8页，卷7第25页。
[2] 理雅各：《论语》, 12（9）。
[3] 理雅各：《孟子》, 1（1）5：4；《墨子》(四部备要本)，卷5第2页。
[4] 王先谦：《汉书补注》, 卷24上第16页。
[5] 《战国策》(四部备要本)，卷6第4页；王先谦：《汉书补注》, 卷24上第7—8页。
[6] 理雅各：《孟子》, 1（1）7：22。
[7] 《淮南鸿烈解》(四部丛刊本)，卷6第8页。

为了使自己免于彻底的倾家荡产,庶民可能从任何可用的来源借钱,高利贷很普遍,但难以承受。庶民明白偿还高利贷的负担可能会让其处境更糟,但他别无选择。《管子》将这种悲惨的状况描述如下:农民只有在收获后才能获得收入,但赋税必须在作物成熟前支付。因此,农民不得不以高达100%的利息借钱来缴纳赋税。[1]有时,当作物需要额外浇水时,农民还被迫雇用劳力来帮助他灌溉农田,然后需要借钱支付工资。富人利用农民缺乏资金的困境,可能会在秋季购买粮食,然后在春季农民缺粮时以两倍的价格出售。除了各种赋税和徭役外,农民每年还要以高利贷利率借款四次。《管子》的作者总结说,在这种情况下,即使最严苛的法令也不能阻止庶民离开家园。农民没有任何资产;即使一个农民拥有最好的土地,每年都能指望有好收成,他还是什么都积攒不下来;有时甚至要将儿子卖为奴隶来还债。[2]

在同一本书中,另一个看似虚构的描述称,齐国有3万户庶民家庭靠从贵族和其他富裕家族借钱生活,高利贷率从20%到100%不等。[3]孟子认为那种不论年成好坏同样征税的做法,会迫使民众依赖高利贷者来支付赋税。这种情况的后果是整个

---

[1] 借款的偿还期没有提到,但债务可能在收获后偿还。
[2]《管子》(四部丛刊本),卷15第11—12页;《管子》一书声称由春秋政治家管仲所作,实际被认为是利用各个时期的材料在战国时期编集成书的,参见张心澂《伪书通考》,卷2第767—771页。
[3]《管子》(四部丛刊本),卷24第7页;文中未指定利息期限。

家庭的毁灭,"使老稚转乎沟壑"[1]。高利贷是一个严重的社会问题,从春秋时期开始,君主就将取消债务视为一种减轻民众负担的措施。[2] 从高利贷中获利的最著名政治人物是齐国的孟尝君田文。他的父亲是齐国公子,他从父亲那里继承了封地薛。田文以慷慨大方闻名于世,据称他为大约3000名才华横溢的门客提供庇护。一次,他派一位有会计能力的门客去薛地收取利息。他告诉这位门客,薛地的利息会有10万钱,足以支付3000名门客的庞大花销。但是这位门客并没有收取利息,而是烧掉所有契约,借此赢得薛地民众对孟尝君的忠诚。[3] 这个故事说明了两个事实:其一,高利贷的存在对领主有利;其二,领主与臣民之间的关系发生了变化,已经由领主供养农奴的家族关系转变为债主与债务人之间的债务关系。

另一组可以向穷人放债的人是富有的工商业者,尽管与上述故事相比,他们的高利贷活动似乎没有明确的记载。尽管如此,由于他们在战国时期积累了很多财富,从逻辑上讲,农民可以向他们贷款,并向他们出售土地。人们指责富人以剥夺穷人为代价将土地集中在自己手中。无地之人被描述为"无立锥

---

[1]理雅各:《孟子》,3(1)3:7。
[2]《国语》(四部丛刊本),卷10第17页;《春秋左传正义》(四部备要本),卷28第15页(成公十八年),卷49第7页(昭公二十年);《管子》(四部丛刊本),卷24第8页。
[3]《战国策》(四部备要本),卷11第1—2页;《史记》(四部备要本),卷75第6—7页。

第五章 经济生活与社会流动　　187

之地",这是战国时期的常用语。[1]富有的工商业者可以被视作新型土地所有者,事实上,在获得财富之后,由于吸引资本的投资渠道并不多,他们依旧主要投资于土地。[2]

现在我们来总结庶民的情况:在庄园制度崩溃之前的时期,世袭贵族拥有并控制了大部分可耕地,因此大多数农民都是他们的臣属;他们耕种领主的土地,作为回报,领主必须养活农民和他们的家人。当这种庄园制度被实物税收取代后,由于税收体制的效率更高,农民可能会在一定程度上拥有他们耕种的土地。独立农民开垦的新土地,不一定属于任何庄园;还有一些有杰出才能的人通过立功也得到土地奖励。这三个团体直接持有或拥有土地,从而确立了土地的私人所有制。然后,土地作为一种可买卖的商品,可以从一个人转移到另一个人。如果一个地主因为一些困难而不能保留他的土地,那么谁能付得起价格,谁就可以把它买下,土地集中的速度加剧。土地自由购买不可避免地导致了分化,从而扩大了两个群体之间的差距,即那些占有大量土地的人和那些被剥夺了土地的人。前者是拥有土地但没有分封或继承土地的新阶层,后者是没有土地的平民,要么靠出卖劳力生活,要么饥饿而死。因此,当庄园

---

[1]《吕氏春秋》(四部丛刊本),卷19第14页;王先谦:《汉书补注》,卷24上第16页。
[2]《史记》(四部备要本),卷129第15页;《汉书》中也有这一主题的相关记述,虽然那是汉代早期的事情,战国时期的情形大致如此,参见王先谦《汉书补注》,卷24上第14页。

经济让位给自由土地购买制时，农村人口出现了新的社会分层。沉重的赋税和高利贷负担，使得被迫放弃土地的无地农民的队伍发展加快。新的富商阶层通过工商业活动积累了大量财富，他们是土地的潜在买家。那些没有土地的农民通过加入强盗或其他非法集团，而成为社会中的不安定因素。根据孟子的说法，那些无"恒产"的人扰乱了社会秩序。[1]此外，许多以前独立的农民成了大地主的佃户。在新的社会结构中，流民、租户和雇工都遭受了不同程度的向下流动。

三、商业活动进步

随着春秋、战国时期的发展，以下几个因素催生商业繁荣。第一，列国控制区域的扩大，为商人提供了更多的安全旅行区域。第二，各国之间的频繁接触，无论是和平的还是军事的，都有助于改善陆路和水道交通。第三，通过地方产品的专门化生产，各地区在更大程度上相互依存。第四，货币交换媒介的出现促进了商业交易。伴随着广泛的职业专门化，本地贸易也变得活跃起来。在春秋、战国时期的经济变革之后，新社会出现商人这一新的权势阶层。

如第一章所述，商人以前是贵族家族家臣。[2]他们的职责

---

[1]《吕氏春秋》(四部丛刊本)，卷10第6页；理雅各：《孟子》，3 (1) 3:3。
[2]《国语》(四部丛刊本)，卷10第18页。

是获得本地不出产的某些货物,并销售本地特产,以补充小区域内自给自足的经济。在春秋时期,国家会在其边界征收关税,甚至可以在城镇门口向行人收取一定的通行费。宋国君主曾授予一位有功之人在国都城门口处收取通行费的特权,[1]鲁国大夫臧文仲曾被指控在国境线上建了六个关口。[2]

宋国可能有好几个城门收取通行费,鲁国也不止建有六关,而且春秋时期有几百个国家。[3]在一个被分割的国家,商人会发现很难在一个相对较大的地区进行大规模的贸易。因此,在中国被分割成许多小国的时候,区域间贸易可能会遇到困难,每个小国都有自己的海关来阻止过境货物。然而,贸易对所有国家都至关重要,春秋诸国因此订立盟约,以确保贸易的持续。至少,慷慨地对待商人来鼓励商业活动,对各国国君都有利。一个国家可以通过取消关税取悦邻国,就像齐桓公在位时期的齐国那样。[4]

便利旅行也成为列国关系中的一个关切点。公元前579年,当春秋时期的两个最强国秦和楚签署弭兵盟约时,其中的一项条款就是保证旅行和交通的便利。[5]第三章已谈到,由于诸侯国之间的斗争,春秋初期存在的数百个国家减少为七个大

---

[1]《春秋左传正义》(四部备要本),卷19下第2页(文公十一年)。
[2]《春秋左传正义》(四部备要本),卷18第8页(文公二年)。
[3] 参见第三章。
[4]《国语》(四部丛刊本),卷6第14页。
[5]《春秋左传正义》(四部备要本),卷27第3页(成公十二年)。

国和几个小国；第四章讨论的国内冲突，则巩固了列国政府的主权和效率。因此，战国时期每个国家都有效地控制了一个相对较大的地区，在这个地区，过去势力范围狭窄的贵族家族统治被统一的政府所取代。因此在高效政府的统治下，旅行的商人在任何一个国家都会感到安全，民众也可以享受良好的社会秩序。例如，秦国在商鞅执政时，据说在道路上丢失的物品不会被任何人带走[1]；齐威王在位期间也为其境内良好的社会秩序而自豪[2]。一个有序的社会，无论其原因是什么，肯定会为商业的繁荣发展提供有利的环境。

　　促进商业发展的第二个因素是道路交通的改善。据《诗经》记载，周代政府修建的道路笔直，路面坚实，大概是出于军事目的。[3]据说，沿路还种植有树木，并任命了看守来维护道路。[4]可能是后来这个道路系统受到限制或被破坏，春秋时期的旅行条件有时很差。例如，陈国的道路如此糟糕，以至于一位周王使者回去后抱怨说，他几乎找不到路。[5]如果道路系统一直很差，那么大规模的商品运输将会很困难，区域间贸易也不可能。然而，在整个春秋时期，各国之间的官方接触频繁而重要，几乎每年都有一次以上的列国盟会。例如，公元前

---

[1]《战国策》（四部备要本），卷3第1页。
[2]《史记》（四部备要本），卷46第6、8页。
[3] 理雅各：《诗经》，2（5）9。
[4]《国语》（四部丛刊本），卷2第12页。
[5]《国语》（四部丛刊本），卷2第10页。

722年，鲁隐公在位第一年，《左传》记载的11件事中，有5件是其他国家的贵宾来访，或隐公与他国国君会面。[1] 盟国国君问聘霸主更加频繁。有列国盟约规定，列国会盟分每三年和每五年举行一次。事实上，一些微不足道的小事，比如晋侯的妾去世，其他国家也会派使者前去表示哀悼。[2] 使者有时不会单独旅行，并经常携带礼物给被访的国君。晋国和楚国等主要大国希望较小的国家在朝觐时带上贡品。[3] 有一次提到这种礼物的数量。晋侯去世后，郑国要派使者去吊唁。使者准备携带礼物，但另一位大夫反对说，在吊丧期间送礼物是不合适的。此外他还说，如果要送礼物，需要装满100辆车，由1000人护送。[4] 如果春秋时期的使者们习惯于带着100辆车出行，那么道路系统一定相当好。因此，像晋国这样的国家不仅有责任为访客提供良好的住所，而且有责任维护道路。[5]

战国时代，地区间的交流似乎比前一时期更加便利。一位特使在没有几十辆车同行的情况下被派出去，是不寻常的[6]；甚至连私人旅行也没有多大困难。许多人从一个国家走到另一

---

[1]《春秋左传正义》(四部备要本)，卷2第3—15页(隐公元年)。
[2]《春秋左传正义》(四部备要本)，卷42第3、4页(昭公二、三年)。
[3]《春秋左传正义》(四部备要本)，卷40第8页(襄公三十一年)。
[4]《春秋左传正义》(四部备要本)，卷45第8页(昭公十年)。
[5]《春秋左传正义》(四部备要本)，卷40第8—9页(襄公三十一年)。
[6]《战国策》记述了相当多的此类事件，这里无法一一提及。一个例子足以说明。一位魏国外交官被派往楚国，随车100乘，另一位请求访问燕国和赵国，随车30乘[《战国策》(四部备要本)，卷22第6页]。

个国家,寻求官职或推销他们对时事的看法。[1]学者也身处这些漫游者之中,孔子的随从人员大概只有少数学者。[2]后来,孟子在几十辆车和数百名学生的陪同下,周游各国[3];农学家许行也带着一群学生游历天下[4]。因此,地处中原中部的魏国民众,无论夜间和白天都可以看到许多车辆在路上穿梭行驶。[5]

在整个春秋、战国时期,尤其是南部的楚、吴、越诸国,水道也得到了发展。当吴国北上争霸中原时,它修建了一条连接长江三角洲和淮河流域的运河,后来又将其延伸到了易水和济水。[6]据《史记》记载,在东部平原,即今山东省和河南省东部,有一条运河沟通着济水、汝水、淮河和泗水水系,还有一些水道通过汉江流域将长江与淮河连接起来。吴国境内的河流湖泊都通过水路相连,齐国有运河勾连睢水和济水。所有这些水道既可通航,也能用于灌溉。[7]秦国在今天的陕西省和四川省境内都修建有大的运河。水道的使用似乎促进了粮食的运

---

[1]《战国策》(四部备要本),卷28第2页;《史记》(四部备要本),卷46第13页;例如商鞅、张仪和甘茂都是从其他国家入秦的[《史记》(四部备要本),卷68第1—2页,卷70第1页,卷71第3页]。
[2]顾立雅:《孔子与中国之道》,第43页。
[3]理雅各:《孟子》,3(2)4:1。
[4]理雅各:《孟子》,3(1)4:1。
[5]《战国策》(四部备要本),卷22第3页。
[6]《春秋左传正义》(四部备要本),卷58第9页(哀公九年);《国语》(四部丛刊本),卷19第6页。
[7]《史记》(四部备要本),卷29第2页。

输。[1]长江，中国最大的河流，即使在古代也是一条重要的通航要道，她见证了楚吴之间的多次交战。公元前506年，吴国用水路运兵到楚国，给楚国造成最大的失败。[2]在战国时代，一艘运载50名士兵和他们3个月的补给的船只，足以以日行300里的速度从四川顺流而下航行到楚国，全程不足10天。[3]沿海的海运也已经出现，曾有吴将沿着海岸向北航行袭击齐国。[4]

上述讨论表明，春秋晚期及战国时期，陆路和水路交通都有长足发展。从一个地区运送到另一个地区，陆路可以通行上百辆装满货物的车队；水路可以通航运载有50人及其装备给养的船队。良好的交通运输显然促进了商业活动的发展。

四、区域间相互依存

伴随繁荣的区域间贸易出现的另一个现象，是各区域对各地地方特产的相互依赖。地方特产有两个来源。第一个是《书经》中的《禹贡》，传统认为它与夏朝（公元前2205年？—前1818年？）的创始人禹有关，但现在大致相信它成书于战国

---

[1]《史记》（四部备要本），卷29第2—3页；《战国策》（四部备要本），卷14第7页，卷18第9页。
[2]《春秋左传正义》（四部备要本），卷54第12页（定公四年）。
[3]《战国策》（四部备要本），卷14第7页；战国时1里等于1800尺（吴承洛《中国度量衡史》，第96—97页），因此300里大约为124千米。
[4]《春秋左传正义》（四部备要本），卷58第10页（哀公十年）。

时期。[1]《禹贡》中记述的物品,据称是诸侯献给周王的贡品,因而可以将它视为不同地区的地方特产。以下是这些产品的列表,以及它们来自的地区。齐、鲁地处兖州、青州,贡品有漆、丝、畎丝、绨、枲、织文、盐、海鲜、松、铅和用来装饰花园的奇石。徐州包括宋、齐的一部分和吴国,贡品有玭珠、鱼、磬、羽和上等玄纤。扬州包括吴、越和楚国的一部分,贡物有金、银、铜、瑶、锡、竹、象牙、革、羽、卉服、织贝、橘和柚。楚国地在荆州,贡物有金、银、铜、各种木材、砺、砥、丹、竹、青茅、玄缥和玑组。地处华中平原的豫州,贡品有漆、枲、绨和纻。梁州地处巴蜀(巴蜀诸国后被秦国兼并),贡品有璆、铁、银、镂、砮、磬、熊、罴、狐、狸和织皮。雍州属于秦国,贡品是各种玉石。[2]

第二个来源是《周礼》中的《职方氏》一章,它在传统上被认为是周公的作品,但现在被认为是战国时期的作品。[3]《周礼》列举的"利"(不同地区的自然资源)大致与《禹贡》记述的相同。兖州、青州盛产鱼和蒲;扬州出产铜、锡和竹制

---

[1]《禹贡》被认为是在战国后期写成的。因为书中记述的地理资料与《墨子》《孟子》中记述的不一致,同时书中对中国的华南地区也有记载;华南直到被秦征服以后才成为中古帝国的一部分。参见张心澂《伪书通考》,卷1第125—126页。
[2]《书经》(四部丛刊本),卷3第1—6页。
[3]《周礼》是一部体系宏大、组织严密的著作,包含许多有趣但常常不切实际的想法。根据这种说法,它是战国时期一位佚名学者编著,描述由体系庞杂的官僚机构管理的乌托邦政府。参见张心澂《伪书通考》,卷1第316—327页。然而,《周礼》的性质仍需进一步研究。

品；荆州出有丹砂、锡、象牙和革；豫州出产木材、漆、丝和枲；玉石是雍州特产；幽州，作为燕国滨海地区，有鱼盐之利；蓟州、并州都属赵国，分别有松柏之材和布帛之利。[1]

上述物产的情况得到了其他更分散资料的支持。战国时期最富饶的地区显然是楚国，那里有肥沃的土壤、温和潮湿的气候、原始的森林和湖泊，这些都是珍稀物品的来源，如大型木材和野生动物，包括犀牛、大象和鹿。[2]象牙、皮革和羽毛是楚国的出口物资。[3]楚国的含金砂层被视为国家财产，非法淘金要磔于市。[4]楚国的湖泊和河流中有丰富的鱼类和其他水生动物[5]，还有玉、珍珠和其他宝石[6]。与楚相邻的是今天的四川省，那里开采了可用于制造染料的曾青和丹砂。[7]山东半岛被齐国占据，齐国是一个富庶国家，从早期起就向列国输送丝绸、麻布[8]；鱼、盐也是齐国有利可图的出口产品[9]。燕国的特产是枣和栗子[10]，而赵国以其优良的猎犬和马匹闻名。

上述大多数产品都可以归类为自然资源，甚至人工制造的

---

[1] 孙诒让：《周礼正义》（四部备要本），卷63第3页—卷64第4页。
[2] 《战国策》（四部备要本），卷16第2页；《墨子》（四部备要本），卷13第9页。
[3] 《荀子》（四部丛刊本），卷5第10页。
[4] 王先慎：《韩非子集解》，卷9第10页。
[5] 《墨子》（四部备要本），卷13第9页。
[6] 《战国策》（四部备要本），卷16第2页。
[7] 《荀子》（四部丛刊本），卷5第10页。
[8] 《史记》（四部备要本），卷32第3页，卷129第2、7页。
[9] 《荀子》（四部丛刊本），卷5第10—11页。
[10] 《战国策》（四部备要本），卷29第1页。

商品，如织物或染色服装，都需要由特定地区的原材料制成。同时还可以观察到，从春秋到战国时期，上述贸易产品没有太大变化。例如，春秋时期楚国就以出产铁、羽毛、毛皮、象牙和木材著称[1]；当时的中国北方正在饲养马匹[2]。

某些地区的特产似乎在《左传》和《国语》中很少提及。然而，在战国时代，不仅每个地区都继续出产自己的特产，而且某些地区还发展出特色的工业品。例如，一种长矛以其铸造地狐父命名[3]；韩国擅长制造剑、戟和其他铁制武器[4]。齐国以其紫色布料闻名，显然其拥有发达的印染工业。[5]《周礼》附录《考工记》指出，越国没有专业制造农具的铁匠，燕国没有打造盔甲的匠人，秦国没有制造长矛柄的匠人；游牧部族中没有专门制作弓箭或战车的人，因为这些国家或部落的每个人都知道如何制造这些物品。这也意味着这些物品是上述地区的特产。[6]郑国的马刀、宋国的斧、鲁国的刀、吴越的剑，都被认

---

[1]《春秋左传正义》（四部备要本），卷14第10页（僖公十八年），卷15第6页（僖公二十三年），卷37第7页（僖公二十六年）。

[2]《春秋左传正义》（四部备要本），卷42第10页（昭公四年）。

[3]《荀子》（四部丛刊本），卷2第12页。

[4]《荀子》（四部丛刊本），卷10第16页；《战国策》（四部备要本），卷26第1页。

[5]《战国策》（四部备要本），卷29第9页。

[6] 孙诒让：《周礼正义》（四部备要本），卷74第6—7页；《考工记》原来并非《周礼》的一部分，《周礼》最后部分佚失后，就将其补入（王先谦《汉书补注》，卷30第11—12页）。《考工记》约成书在战国时期，因为文中提到燕国，而燕国是直到春秋晚期才在中原活动的；文中还提到"胡"，这是战国晚期对草原游牧部族的称呼。参见张心澂《伪书通考》，卷1第313页。

为是其他地区类似武器无法比拟的。[1]荆轲刺秦王的故事告诉我们，质量最好的匕首产自赵国。[2]

在这种情况下，地区工业的专门化可能需要不同区域之间更便利的贸易；地区之间便利的贸易，也可能诱发各地的工业专门化。无论何种情况，正如荀子早已注意到的，这种专门化似乎有助于区域间贸易的发展。[3]

五、金属货币的出现

伴随繁荣商业活动出现的第四个发展，是金属货币的普遍使用。在远古时期，中国人使用以物易物的交换办法。[4]《易经·系辞》说："日中为市，致天下之民，聚天下之货，交易而退，各得其所。"[5]从古代商都遗址出土了大量的贝壳。甲骨文和西周青铜器铭文中都曾多次出现向某些人"赐贝两朋"的记载。[6]黄金长期以来也被用作礼物、赏赐或其他用途。然而，汉字"金"在古代是"金属"的意思，因此很难确定"金"在

---

[1] 孙诒让：《周礼正义》（四部备要本），卷74第9页。
[2]《史记》（四部备要本），卷86第12页；《战国策》（四部备要本），卷31第6页。
[3]《荀子》（四部丛刊本），卷5第10—11页。
[4] 王毓铨：《中国早期货币》，第22页。
[5]《周易正义》（十三经注疏本），卷8第2页；译文据杨联陞《中国的货币与信用》，剑桥：哈佛大学出版社，1952年，卷2第2页；另参理雅各《孟子》,2（2）5：7。《系辞》的写定年代不早于战国，参见张心澂《伪书通考》，卷1第71页。
[6] 董作宾：《中国古代文化的认识》，《大陆杂志（台北）》第3卷第12期，1952年，第16—17页；王毓铨：《中国早期货币》，第55—61页。

特定的文献或铭文中是指金、银还是铜这三种贵金属中的哪种。可以肯定的是，这些金属是以重量为单位作为货币使用的，但单位的实际重量尚不确定。杨联陞认为锾或者锊约合今天1斤的3%。[1]两件青铜器铭文提到金属可用于支付。[2]

布、金属和贝壳都被用作交换的媒介。有关使用布币的讨论存在两个困难。第一，汉字"布"可以指铲形金属货币，又可表示麻布，有时很难由上下文区分其含义。第二，很难确定这样使用的布币是否具有规定重量、长度和价值的货币特征，或者它是否仅仅是一种没有固定单位的交换商品。布似乎在两方面都有使用，尽管有证据表明，成捆的布或丝帛具有一定的长度和重量，因此具有特定价值。[3]

麻布和丝绸有时也被用作货交易的商品。青铜鼎铭文记载，五名男性奴隶曾被用来交换一匹马和一束丝绸。[4]《左传》记载有多次使用麻布或丝帛行贿的事例，一名鲁国使者用一块八丈长的布匹贿赂齐国一位重要官员，这块布又细又软，可以

---

[1] 杨联陞：《中国的货币与信用》，卷5第2—3页；另参王毓铨《中国早期货币》，第209—211页；周代1斤约合228.86克（吴承洛《中国度量衡史》，第73页）。
[2] 郭沫若：《两周金文辞大系考释》，第26、11—14页。
[3]《礼记·杂记》中给出过一单位布币的长度；汉代经学家郑玄的注释里计算为40尺［《礼记》(四部丛刊本)，卷12第19页］；清代孙诒让注释《周礼》说，一块布长2尺，宽0.5寸；并有三个烙印［孙诒让《周礼正义》(四部备要本)，卷24第16页］。尽管《礼记》《周礼》的记载很模糊，但汉代经学家给出了详细的信息，说明不晚于汉代布币已有规范的形式。
[4] 郭沫若：《两周金文辞大系考释》，第96页。

卷成只有耳环那样的大小。[1]类似这种精细的布匹，似乎不是一般的布币，而是物物交换的商品。

《诗经·氓》中提到的布，似乎被认为是铲形布币在春秋时代存在的证据。然而，这首诗里说的布是由一个女孩抱着的，似乎说明这是真的布，而不是铲形布币。如果是铲形布币，会足够小而不必抱着。[2]春秋时期用作交换商品的其他物品，包括谷物、车辆、马匹和皮革等。有一次，宋国的一位被俘将军被宋国使用400匹马和100乘车的赎金从郑国赎回。[3]一位鲁国使者向齐国大夫承诺，会送给齐国5000庾粟，以确保齐国不干涉流亡在外的鲁公。[4]一个被征服国家的俘虏，曾被一位秦国大夫以五张羊皮的价格买下。[5]

战国时期，商品也作为支付手段普遍使用。文献中有许多使用谷物支付官员俸禄的例子，例如，墨子的一个弟子在魏国任职，俸禄是500盆粟。[6]陈仲子的兄弟得到万钟粟的薪俸。[7]丝绸和其他布匹在战国时期仍被用作贵重礼物。据记载，卫国

[1]《春秋左传正义》（四部备要本），卷52第1—2页（昭公二十六年）。
[2]理雅各：《诗经》，1（5）4。
[3]《春秋左传正义》（四部备要本），卷21第4页（襄公二年）。
[4]《春秋左传正义》（四部备要本），卷52第1—2页（昭公二十六年）；据杜预注，我计算出这大约等于155千升（吴承洛《中国度量衡史》，第70页）。
[5]《吕氏春秋》（四部丛刊本），卷14第16—17页。
[6]《墨子》（四部备要本），卷12第4页；毕沅认为盆是镒之误，镒是金属重量单位。目前尚无法证实或证伪这一推测。
[7]理雅各：《孟子》，3（2）10：5；同样多的俸禄也曾提供给孟子本人［理雅各《孟子》，2（2）10：3］。

君主害怕邻国入侵，派遣特使携带束组300绲、黄金300镒前往楚国求援。[1]

尽管在整个春秋战国时期商品一直被用作支付手段，然而据杨联陞研究，在公元前4至前3世纪，固定价值的金属货币已在使用。[2]早在春秋后期，也就是周景王二十一年（公元前524年），人们就开始讨论大钱（较重金属币）的发行问题。如《国语》所记，讨论似乎已经深入到很多细节，如大钱（较重的金属币）和小钱（较轻的金属币）之间的重量关系等。正如杨联陞所说，这段文字可能写于战国时期，当时流通着不同面值、大小和重量的金属铸币。[3]公元前524年的这次有关货币轻重关系的讨论，是否有可能是这段文字的作者掺进去的？必须指出，这一建议很难得到证实。然而，公元前524年金属

---

[1]《战国策》（四部备要本），卷32第2页；1钟等于640升，1升可能等于193.7毫升（吴承洛《中国度量衡史》，第70页）；传统观点认为1镒等于20两或24两，1两是14.93克（杨联陞《中国的货币与信用》，卷5第6页；吴承洛《中国度量衡史》，第73页）。

[2]杨联陞：《中国的货币与信用》，卷1第3页；王毓铨认为金属货币早在公元前11世纪即已出现，参见王毓铨《中国早期货币》，第113、153页；他的观点的主要依据是将布理解为金属货币的看法，而这点我认为是值得怀疑的，此外他对于齐国年代的诠释也不太令人满意。

[3]杨联陞：《中国的货币与信用》，卷4第10页；另有两段与铸币重量有关的记载，其一是《史记》（四部备要本）卷119第1页，记载楚庄王（公元前613—前591年在位）发行大面额铸币；其二是《汲冢周书》（四部丛刊本，也称《逸周书》）卷2第7页，声称周文王开创了同时发行不同大小、面值货币的做法。但是《史记》是后世的著作，而《汲冢周书》的可靠性又遭到普遍怀疑。参看张心澂《伪书通考》，卷1第506—508页。因此这些早期记载不能采信。

货币的出现并非不可能,因为战国时代出现了不同种类、面值各异的铸币。[1]

无论如何,战国时期的货币使用相当普遍;这一结论得到了文献和考古证据的充分支持。金属货币通常有布、刀、钱和爰。《墨子》里有很多战国早期史料,其中多次提到铸币。[2]在后来的一些著作中,如《荀子》《韩非子》中,提到货币的使用就更加确定和明显。[3]就考古发现来说,已经出土许多不同面值的金属货币。战国七雄,甚至小小周王城都发行了自己的货币,其形状、名称、重量和价值各不相同,每枚铸币上都印有铸造地点的名称。典型的文字如"齐法货"或"即墨法货",即墨是齐国的一个城市。[4]

战国时期货币有许多功能,其中之一是作为交换媒介。《墨子》记载说,刀币是衡量谷物价值的标准。[5]金属货币也

---

[1] 王毓铨认为,发展成熟的铲形布大约在公元前400年出现。由于他认为铸币的原型出现于公元前12或前11世纪,所以他指出金属铸币的发展经历过难以想象的漫长时期(王毓铨《中国早期货币》,第129页)。
[2]《墨子》(四部备要本),卷10第12页;这里讨论商品价格与货币价值之间的比例。
[3] 例如理雅各《孟子》,2(1)5:5;《荀子》(四部丛刊本),卷2第20页,卷6第8页,卷7第25页;王先慎《韩非子集解》,卷11第10页,卷19第18页。
[4] 王毓铨:《中国早期货币》,第123页及以下;杨联陞:《中国的货币与信用》,卷2第12、15—20页;面值如此多样的金属铸币在当时流通,以至于即使开列一个简明目录也需要好几页(王毓铨《中国早期货币》,第131—135页;杨联陞《中国的货币与信用》的第2章有战国钱币研究的清晰纲目;另可参阅王名元《先秦货币史》(广州:国立中山大学出版组,1937年),第3章。
[5]《墨子》(四部备要本),卷10第12页。

用于公共和私人支付。《韩非子》里的一段话说,雇工努力工作,不是因为他对雇主的喜爱,而是因为这样主人就会待以美羹,支付较好的"钱布"(工钱)。[1] 铸币也用于缴纳赋税,《孟子》的市租说的就是"布",而《荀子》则称军赋是"刀布之敛"。[2] 流通中的铸币数额似乎很大。公元前238年,秦国悬赏缉捕叛臣嫪毐的赏格是"有生得毐,赐钱百万;杀之,五十万"。[3] 大型交易的媒介似乎是黄金或其他金属,以重量为单位;单位是斤或镒,不同的区域有所不同。[4] 在楚国,每块金版被刻上16个小方格,每个小方格上都印有国都的名字。偶尔发现的类似形状的铜、铅碎片表明,楚国应存在不止一种金属货币。[5] 一位耕种100亩土地的农民,其年收入相当于两金(大概两斤)。[6] 一个以漂捣丝絮为生的家庭,一年挣的钱不超过几金;但这个家庭的一种保护手部免受冻疮的药物配方,却以100金的价格售出。[7] 然而,富人能够拥有价值数千金的财

---

[1]王先慎:《韩非子集解》,卷11第10页。
[2]理雅各:《孟子》,2(1)5:5,第200页;《荀子》(四部丛刊本),卷6第8页,卷7第25页。
[3]《史记》(四部备要本),卷6第4页。
[4]杨联陞:《中国的货币与信用》,卷5第6页;1斤相当于16两,因此略轻于1镒,1镒为20两或24两。1两14.93克(吴承洛《中国度量衡史》,第73页)。
[5]王毓铨:《中国早期货币》,第180页及以下;杨联陞:《中国的货币与信用》,卷5第5页。
[6]《管子》(四部丛刊本),卷23第15页。
[7]《庄子》(四部丛刊本),卷1第15—16页。

富。[1]由上可见，战国时期各种货币的使用是非常普遍的。

由于列国政治局势相对稳定、公路和水道交通便利以及金属货币而非商品货币的便利，商人可以通过在不同地区之间互通有无来谋生。因此，区域间商业得以繁荣。

六、职业类型

职业专门化伴随着高效的贸易体系，共同促进了当地商业的繁荣。这两个因素可能互为因果，同时也可能与商业繁荣互为因果。《诗经》将庄园经济描述为自给自足式的。农奴打猎获取肉食和毛皮，自己修理房子，甚至自己搓绳子。他的家人养蚕并织染丝绸和其他布料；菜园里种植蔬菜来供应庄园，草场里放养羊群。[2]然而，到了孟子时代，独立农民的生活就远远不能自给自足了。《孟子》记载农民自己不能织布、铸锅，也不能打造农具，而需要依靠其他职业的人，而他反过来又为他们提供谷物粮食。[3]因此，战国时代职业的专门化，导致从事不同职业的人们必须相互依赖。

其他文献也记载了专门职业存在的证据。《庄子》讲到一

---

[1] 千金财富的价值，参见《庄子》（四部丛刊本），卷10第16页；万金在《战国策》（四部备要本）卷28第7—8页和《韩非子集解》卷18第12页被提到。
[2] 理雅各：《诗经》，1（15）1。
[3] 理雅各：《孟子》，3（1）4：4—5。

个穷人靠缝洗衣物谋生的故事,[1]前面提过漂捣丝絮以及保护工人双手免受冻疮之苦的药物配方[2];铁匠和木匠也成为专门工匠[3]。还有一种职业是靠编织苇帘谋生。[4]管理农场、种植园也被称作专门职业。[5]弓的制作也需要非常专门的技术知识。[6]据说在宋国有一家鞋店,已经连续经营三代。[7]造车需要几种不同类型的工匠合作。职业分工的复杂性显而易见,《考工记》中也提到了许多不同的职业。[8]

考古证据也表明了职业专门化的存在。在洛阳古城遗址的战国地层中发掘出8000块石片,包括成品和半成品的方尖碑以及玉石料。据考证,这是一个制作石器和玉器的作坊,专门用于丧葬仪式。[9]在承德兴隆发掘的战国铁器作坊遗址中,出土87件各种工具的模范。[10]1959年,山西侯马铸铜遗址出土了数以万计形状、大小各异的铸范,其中大多数铸范用于铸造铁铲、凿和铲形币。附近的另一个遗址,也出土了大量用于铸

---

[1]《庄子》(四部丛刊本),卷2第26页。
[2]《庄子》(四部丛刊本),卷1第15—16页。
[3]《庄子》(四部丛刊本),卷3第17页,卷1第17页,卷2第22页。
[4]《庄子》(四部丛刊本),卷10第22页。
[5]理雅各:《孟子》,6(1)14:3。
[6]王先慎:《韩非子集解》,卷11第9页。
[7]《吕氏春秋》(四部丛刊本),卷20第10页。
[8]孙诒让:《周礼正义》(四部备要本),卷74第11—12页。
[9]黄展岳:《1955年春洛阳汉河南县城东区发掘报告》,《考古学报》1956年第4期,第38—39页。
[10]黄展岳:《近年出土的战国两汉铁器》,《考古学报》1957年第3期,第95页。

造铜带钩和青铜马车零部件的模具。同一地区还有三个制作骨头和鹿角装饰物的作坊，这里发现的原材料和半成品体现出高度精细的切割和雕刻技术。在该地区半公里的范围内发现了陶窑遗址，其中包括未烧制的陶土器皿和未成形的陶土团。[1]这些考古发掘表明，战国时期某些特定产业可以大规模生产单一类型的物品，如铁工具、青铜容器和陶器等；这反过来说明职业专门化已达到很高的程度。

这种专门化意味着对储存和分销产品的中间商的需求。否则，正如孟子所说，农民剩余的粮食和布料将被浪费，他也将无法获得他所需要的物品。[2]战国时期的城镇似乎都有上午开放交易的市场。[3]这些市场上可能已有捐客（经纪人），他们通过囤积低价商品和销售高价商品来赚取利润；这些人必须熟悉市场行情。孟子曾说，这样的捐客是"求龙（垄）断"并站上去，以便立即发现获利的机会。[4]由于满足不同地区或不同职业的人交换专业产品的需求，区域间和本地贸易因此蓬勃发展。从事这种贸易的人形成了一个新的商人阶层，他们的成员不需要在田地里劳作，却拥有比勤劳的农民更多的财富甚至粮食。[5]对统治阶层来说，商人似乎很奇怪，因为他们不担任任

---

[1]山西省文物管理委员会：《山西省文管会侯马工作站工作的总收获（1956年冬至1959年初）》，《考古》1959年第5期，第222—228页。
[2]理雅各：《孟子》，3（2）4：3。
[3]《战国策》（四部备要本），卷11第3—4页。
[4]理雅各：《孟子》，2（2）10：7。
[5]《战国策》（四部备要本），卷6第4页。

何职务,也没有任何政治重要性,但他们可以像国君一样过着奢侈的生活,甚至可以花同样多的钱。[1]事实上,商人阶层的人拥有与国君和大夫一样多的财富,因而他们也很重要,但他们的社会地位仍然是平民,是国君的臣属。

可能有许多成功的商人,但他们的资料很少有历史记载。司马迁是第一位,也是唯一一位辟专章为成功商人写下传记的传统历史学家。其中三位,即子贡、陶朱公和白圭,生活在春秋、战国之交。《论语》记载子贡是孔子最富有的弟子,他是通过经商获得财富的。[2]陶朱公,司马迁认为是越国大夫范蠡,然而这一身份令人怀疑。无论如何,陶朱公碰巧搬家到了天下之中的陶,在那里他积累起大量财富。他的经商之道包括了解货币流通与资金有效运转之间的关系,以及把握机会等原则。[3]魏国大臣白圭也靠商业活动赚钱,他的一个理论非常现代:"贱买贵卖"。他的仆人显然在其商业事业中帮助了他。[4]除上述三位外,《史记》的同一卷还提到一位煮盐者、一个冶铁者、一位牧场主以及一位开采朱砂矿的寡妇。后两人受到了秦国君主的高度尊重,秦王给放牧者比封了贵族之位,并为寡妇清建造了一个露台,怀清台。[5]吕不韦起初在赵国都城经商,

---

[1]《国语》(四部丛刊本),卷14第14页。
[2] 理雅各:《论语》,11(18)。
[3]《史记》(四部备要本),卷129第2—3页。
[4]《史记》(四部备要本),卷129第4页。
[5]《史记》(四部备要本),卷129第5页。

也应该被纳入富豪和成功者之列。他意识到珍珠和玉石的利润有限,而"卖"一位国君更有利可图。他花费一大笔钱资助他的朋友——秦国的太子登上该国的王位,他也如愿以偿做了国相。他可能是一个特例,但这说明,与商人仅是贵族家族附庸的时代相比,时代已发生巨大的变化。[1]

另一个富人,虽然没有证据证明他是商人,但他因为财富而被任命为韩国的地方郡守。他有万金之富,人们相信他的钱财可以资助韩国。[2]这种做法并不罕见。韩非说,朝臣推荐某人任职是出卖公职的制度,因为只有富人才支付得起必要的贿赂。他还说既然官职可以买卖,那么工商之人就不必继续处于卑微的地位。他担心这条终南捷径可能会诱使农民离开田地,因为耕作需要更多的劳动又几乎没有机会提升社会地位。[3]其他人也同样担心农民离开这种辛劳的职业。《管子》记载一个工匠或商人可以通过一天的工作赚取五天的费用,而一个农民全年辛勤劳动,但仍然无法养活自己。因此,人们就会离开土地,从事其他职业。[4]

对上述关于商业发展的讨论做一总结,我们发现,几个相关因素促进商业和工业的繁荣。富商阶层的出现可能在许多方面影响了社会流动性,这些人赢得社会地位不是因为拥有土

---

[1]《史记》(四部备要本),卷85第1—2页;《战国策》(四部备要本),卷7第3页。
[2]《战国策》(四部备要本),卷28第7—8页。
[3]王先慎:《韩非子集解》,卷19第11页。
[4]《管子》(四部丛刊本),卷15第11页。

地，也不是因为贵族的世袭威望，而是因为他们的财富。然而，如果这位富有的商人愿意花大量的钱来获得土地和高级职位的话，他立刻就可以得到。[1]吕不韦显然在这两方面都取得了相当的成功。一方面，大多数富商可能最终成为大土地所有者，因为他们有多余的资金可以购买土地；农民则因为高税收、高利贷和其他原因被迫出售土地。另一方面，商人安逸和舒适的生活也诱使农民离开自己的土地，幻想在工商业里淘金。他们中的一些人可能成功地进入暴发户阶层，但大多数人可能不得不面对幻灭的现实，加入流浪汉、强盗和无产者的队伍，他们的命运在历史上从未被讲述。尽管是推测性的，但不幸者的境遇可能与无地农民的境遇大致相同，他们不是佃农，但在其他农场也找不到被雇用的机会。

七、技术进步的影响

这里讨论的是由于技术进步，如使用铁农具、施肥和灌溉技术，导致农业产出增加的经济发展。城市化也主要是商业和工业发展的结果。这两者之间的关系在于，农业生产的增加可能导致农村劳动力过剩，而城市化为过剩的农村人口提供了转移空间。因此，从农村到城镇的地理空间可能存在横向流动，

---

[1] 秦国本来只能通过军功获取贵族头衔，但在一次饥荒中，任何人只要能捐献1000石谷粟，就可以获得一级爵位[《史记》(四部备要本)，卷6第2页]。

但这可能伴随着社会地位的上升或下降。就铁制农具而言，章鸿钊认为，其在中国的使用大致始于春秋、战国之际。[1]考古发掘证实了这种看法，因为铁制农具等工具只在战国及以后的地层中有所发现。[2]这一观点也有文献证据，例如《孟子》提到农民使用铁制农具。[3]铁器的使用是农业的革命性进步。[4]然而必须指出的是，铁制工具尚未被广泛采用，战国铁制工具的质量太差，还不如青铜工具好用。事实上，战国铁器在许多地方与青铜器、石器甚至蚌器一起随葬。[5]战国铁制工具似乎都是由铸铁制成的，在中国各地的形制都是一样的。顶端带有铁刃的木制工具发现了许多；铁制工具通常又小又薄，而且易碎。这种原始耕作方式的效率令人怀疑。例如，犁头的角度太大，无法犁出深沟。正如黄展岳所说，战国农业在使用铁器方面仍然处于

---

[1] 章鸿钊：《中国铜器铁器时代沿革考》，《石雅》附录，北京：中央地质调查所，1921年，卷5第6页。

[2] 黄展岳：《近年出土的战国两汉铁器》，第104页；湖南博物馆：《长沙楚墓》，《考古学报》1959年第1期，第56页；中国科学院考古研究所：《辉县发掘报告》，北京：科学出版社，1956年，第82—83页；夏鼐：《十年来的中国考古新发现》，《考古》1959年第10期，第507页。

[3] 理雅各：《孟子》，3（1）4：4。

[4] 齐思和：《战国制度考》，第167页；杨宽：《战国史》，上海：上海人民出版社，1955年，第240页。

[5] 黄展岳：《近年出土的战国两汉铁器》，第95页；山西省文物管理委员会：《山西省文管会侯马工作站工作的总收获（1956年冬至1959年初）》，第225页；河北省文物管理委员会：《河北石家庄市市庄村战国遗址的发掘》，《考古学报》1957年第3期，第88页；山西省文物管理委员会：《山西长治市分水岭古墓的清理》，《考古学报》1957年第3期，第111页。

低水平。[1]毫无疑问,在木制工具上使用铁刃有好处,但其重要性很难评估。关于生产改进对社会制度影响的令人满意的假设,尚未被提出和广泛接受;虽然铁器使用的重要性与上述问题有关,但是在获得更多证据之前,它在战国时期仍无法确定。

许多水利灌溉系统已被修建。战国初期,以前是不毛之地的邺,由于地方官员从漳河修渠引水灌溉,而变成膏腴之地。[2]另一项伟大的工程是举世闻名的四川都江堰,它于公元前3世纪建成,至今仍在使用。[3]《史记·河渠书》用优美的笔调对水利灌溉系统做了简要描述。今天陕西省境内一条长300里的水渠,向我们展示出水利灌溉对农业生产的影响。它灌溉了4000顷的农田,每亩能产1钟粮食,是此前产量的5倍。[4]桔槔似乎是新采用的,但很常见;其设计和功效曾被《庄子》提到。由于汲水效果远超人力,它得到时人赞誉。[5]肥料也在战国时代使用,《孟子》提到过肥料的使用。[6]

[1] 黄展岳:《近年出土的战国两汉铁器》,第104页。
[2]《吕氏春秋》(四部丛刊本),卷16第13页;《史记》(四部备要本),卷29第2页,卷126第12页。
[3]《史记》(四部备要本),卷29第2页;郦道元:《水经注》(四部丛刊本),卷33第4页。
[4]《史记》(四部备要本),卷29第2—3页;1顷是100亩。《管子》里说平均产量是每100亩20钟〔《管子》(四部丛刊本),卷23第15页〕。地质学家和水利工程师翁文灏撰写过一篇有关战国水利灌溉工程的论文,参见翁文灏《古代灌溉工程发展史之一解》,《蔡子民先生六十五岁生日纪念论文集(中央研究院历史语言研究所集刊外编第一种)》,北平:中央研究院,1935年,下册第709—712页。
[5]《庄子》(四部丛刊本),卷5第12、42页。
[6] 理雅各:《孟子》,3(1)3:7。

第五章　经济生活与社会流动

《周礼》则记载不同的土壤要使用不同种类的肥料。[1]《吕氏春秋》的最后几篇《上农》《任地》《辨土》和《尚书·禹贡》,均包含各种改良土壤方法的详细记载。[2]

尽管采用了上述技术和设备,战国农业虽然比前几代稍有优势,但仍然或多或少是一种粗放式的经营。《汉书》中引用李悝(约公元前460—前400年)的话指出,好年景的作物产量可能是平均年景的四倍,而在最差的年景,产量可能只有平均产量的五分之一。他还说,最勤劳的农民可以增加五分之一的产量,而最懒惰的则会减少五分之一。[3]显然,大自然对农作物的影响远大于人类;这一自然与人为因素之间的比率,可视作农业进步的标准。因此,一位战国农民,虽然他可能享受到上面讨论的大部分非凡的创新,但仍不得不将他对丰收的大部分希望寄托在好年景上。农村地区的社会状况似乎不仅因使用铁器和其他技术进步而发生了变化,而且还会因赋税制度、土地所有制和其他社会制度的变化而发生改变,这在本章第一部分中进行过讨论。如果人口从农村转移到城市,这可能归因于沉重的赋税、高额的地租和高利贷的影响;至于劳动力需求减少和农场人口过剩,这应当是技术进步导致的。

---

[1] 孙诒让:《周礼正义》(四部备要本),卷30第11—12页。
[2]《吕氏春秋》(四部丛刊本),卷26第6—12页;《书经》(四部丛刊本),卷3第1—5、9页。
[3] 王先谦:《汉书补注》,卷24上第7—8页。

八、城市的兴起

古代城市或多或少是贵族的堡垒，他们借此控制着周围地区，并在战争时期为他们的臣民提供避难所。这些城市通常都很小；大城市也要足够小，以便城墙的周长不超过4600米，这样，它的面积只有国都的三分之一，因而不会逾越国都；中等城市应为国都的五分之一；小城市则只要九分之一。[1]一个卫国大夫可以被封60个到100个城镇；卫国并非大国，因此每个城镇的面积可能都很小。[2]实际上，有些城镇据说只有十户家庭。[3]在戎狄入侵摧毁了旧都后，卫国新都刚修建时的人口大约只有5000人。旧都的人口当然要比这个数字多；然而，新都的5000人是两个较小城市人口的总和——这两个城市可能不是很大。[4]

春秋贵族统治下的城市，基本是军事功能，几乎没有经济功能。正如指派家臣管理孟孙氏都邑事件那样，一座城市的陷落意味着统治它的贵族家族的垮台。[5]然而到了春秋末期，一座城市既可以作为军事要塞，也可以仅作为国君的收入来源。当一个赵国官员被派去管理一个城镇时，他需要问他的上级，

---

[1]《春秋左传正义》（四部备要本），卷2第10页（隐公元年）；另请参阅本章开头部分的讨论。
[2]《春秋左传正义》（四部备要本），卷38第3页（襄公二十七年）。
[3] 理雅各：《论语》，5（27）。
[4]《春秋左传正义》（四部备要本），卷11第5—6页（闵公二年）。
[5]《春秋左传正义》（四部备要本），卷56第5页（定公二年）。

自己将要履行的是两项职能中的哪一项。[1]

《战国策》记载，此前一座大城市不超过300丈，这大概是指城墙一侧的长度，并说人口不会超过3000户；而战国时期则是千丈之城与万室之邑相望。这一部分，据称是两位战略家之间的对话，得出的结论说，只有3万人围攻如此规模的城市是很困难的，因为仅仅能围住城邑的一角。[2]一个典型的战国城邑似乎应该有周长为7里的外墙（七里之郭）和周长为3里的内部居住区（三里之城），这些规格经常在战国著作中出现。[3]赵国首都邯郸城遗址的挖掘显示，主要用作国君和官员宫殿的主城，每侧占地约1400米。

图4给出了占地约2平方公里的邯郸城，与中国北方发掘的其他一些城市遗址的对比情况。[4]

邯郸似乎是一个相对较小的城市。1958年，在河南省洛阳市附近发现了一座周长12公里、面积大得多的战国城邑。[5]

更重要的是，战国城市通常是商业中心。人们这样形容大都会临淄：人口有7万户，因此可以提供21万男性从军；街上

---

[1]《国语》(四部丛刊本), 卷15第4页。
[2]《战国策》(四部备要本), 卷20第1页；1丈等于10尺，1尺为23厘米；因此战国城市占地一般为2300平方丈，这大约是春秋时期大城市的规模。
[3]《墨子》(四部备要本), 卷5第3页；理雅各：《孟子》, 2(2)1：1；1里约414米，因此周长接近3000米。
[4] 驹井和爱：《邯郸》, 东京：东亚考古学会, 1954年, 第19、29页；英文部分第12、16页。
[5] 夏鼐：《十年来的中国考古新发现》,《考古》1959年第10期, 第507页；因此，它似乎是一个典型的战国城邑，可想而知与一座春秋大城的规模一样大。

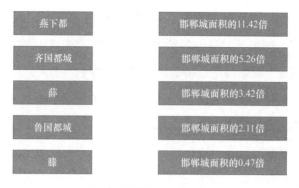

图4 战国城市规模比较

行人摩肩接踵,道路上车水马龙;甚至有各种游戏供百姓娱乐。楚国都城鄢郢据说与临淄一样繁华[1],城市里有市场区或商业区,店主必须缴纳特定税,有时可能很高。赵国北部边境地区的市场税,被指定用于支持戍守边防的军队,因此由一名军官征收。[2] 市场上有各种各样的商店,从肉铺到酒馆;各行各业的人,从占卜师到掮客,都在忙着招揽生意。[3] 据《盐铁论》记载,11个城市被列为最重要和最繁荣的城市。[4] 司马迁讨论过大城市的重要性,他看到了它们的最大意义。司马迁

---

[1] 有关临淄的资料,参见《战国策》(四部备要本),卷8第8页;《史记》(四部备要本),卷69第10页;有关邯郸和鄢郢的资料,参看李昉:《太平御览》(四部丛刊本),卷776第3页。

[2] 理雅各:《孟子》,2(1)5:5;有关赵国城市的税收,参见《史记》(四部备要本),卷81第8页。

[3] 刘继宣:《战国时代之经济生活》,《金陵学报》第5卷第2期,1935年,第249页。

[4] 桓宽:《盐铁论》(四部丛刊本),卷1第8页;《盐铁论》是公元前2世纪的一次讨论会记录,其中包含许多战国时期的材料。

认为，它们成为商业中心，是因其位于主要贸易路线的交会处。[1]不同来源、身份各异的临淄民众，被描绘成慷慨大方、机智幽默、爱好辩论、精明狡诈以及爱好私斗的人；但在面对国家敌人时却表现怯懦。[2]这似乎传神地描绘出一个与芝加哥相似的喧嚣的、不安全的大都市。

遗憾的是，我们缺乏城市中产者和无产者的历史资料。但是，正如前面所提到的，许多人被舒适而轻松的生活所吸引，逃离了他们在农村悲惨而艰苦的生活，在找到工作后，加入已经拥挤的城市人群。假设大城市比农村有更多的社会流动，这并非不合理。城市里可能会有很多人竭尽全力去获取财富，但成功的人很少。在少数成功的人中，只有陶朱公、子贡、白圭和吕不韦被历史学家记录下来。其余的人，无论成功或失败、胜利或沮丧、富有或贫穷，都被历史遗忘了。国都通常会有很多人受教成为政府官员，也仅有墨子、孟子、荀子和其他极少数人在历史记载中留下痕迹。人们可以想象，他们中的一些人在失望之余，要么像苏秦一样，花完全部盘缠后回到家乡；要么留在城市，在其他领域寻求一份职业。这些不幸的人在城市社会中四处游荡，地位的上升或下降取决于机会和他们的特殊能力。

这里应该指出的是，这些观点纯粹是推测性的，无法证明，但它们应该是合理的推论。

---

[1]《史记》（四部备要本），卷129第6—10页。
[2]《史记》（四部备要本），卷129第7—8页。

九、小结

由于春秋、战国时期农业和工商业的巨大变革,庄园自给自足的地方经济崩溃。由于赋税制度的变化,土地私有制或至少是占有土地的情况出现。沉重的赋税、高昂的田租和高利贷的压迫,导致农民陷入财政困境,不得不将土地出售给任何可以购买的人,土地最终集中在少数人手中。庄园农民成为佃户,有些开垦荒地的独立农民也一样;还有些农夫可以继续拥有部分土地,从而成为独立的小土地所有者。其他失去土地的人,则成为雇工、强盗或无产者。一些人前往陌生而令人困惑的城市,寻求学者、官员、工匠或商人一类的职业。

较大区域内的政治统一、长途旅行的相对安全、专门职业以及不同地区商品生产的专业化和差异化,加上金属货币的使用等,都预示着繁荣商业的出现。有些人把自己的社会地位归功于他们的财富,而不是贵族出身或从军或为官的功绩。这个阶层的剩余资金加剧了土地兼并。他们中的一些人甚至在巨额财富的支撑下涉足政坛,吕不韦即是如此。

商业的长足发展促进了商业城市的繁荣,城市居民过着与庄园、堡垒中截然不同的城市生活。

因此,新的社会流动渠道开始形成,新的社会结构也逐步出现。

第六章　观念的变迁

观念和态度的变迁，既反映也支持了上一章讨论过的社会变革。新的价值观念修正或取代了旧的价值观念，传统的表述也获得了完全不同的解读。

君主与大夫的关系，从家族关系转变为契约关系；君主的形象也从半神的家长式人物，转变为世俗政府首脑。像墨者那样的虔诚团体认为，上天对待所有人都是一样的，因此认为人人生而平等。因而没有一个人能被赋予天命统治的禀赋，而且统治集团的成员也没有理由特别要求拥有天赐的特权，即拥有崇高的社会地位。同时，在国家事务的管理上提炼出这样的观点，即政府官员应由符合道德标准的人来担任，如儒家所提倡的那样；或如法家所强调的那样，由具备能力和功绩的人士担任，以满足新政府模式的需求。[1]儒家和法家都认为，一个人

---

[1]将"法家"译作"Administrative School"，采自顾立雅《法家："法学家"还是"管理者"？》。

的出身应该被完全排除在政府职位或社会地位的标准之外。持怀疑态度的哲学家通常被称为道家；他们公开谴责既定的道德观念和追求崇高地位的世俗虚荣心，认为内心的虚静才是唯一重要的追求目标。这一学派与儒家和法家相反，不鼓励人们追求更高的地位；而墨家与儒、法两家一样，认为才能之士从低级晋升到更高级别是正当的，因此赞成社会流动。然而，道家对既定道德观念的谴责至少是对旧标准和旧价值观的否定，从而破坏了既定的社会结构，有助于社会变革的发生。

因此，上述所有哲学流派都积极或消极地为战国社会出现的频繁社会流动提供了思想背景，而"君子"一词内涵的不断变化体现出新的道德观念的兴起。

一、出身与能力

第一章中讨论过的贵族超凡禀赋、国家即家族和对过去的尊重等观念，在春秋晚期和战国时代得到彻底的修正。在这些时期，君主和公室仍被认为具有神圣血统，但少数胆大的人士已敢于发问：大臣或君主的血统与个人能力，哪个更重要？《论语》记载孔子称赞他的一个弟子说："雍也，可使南面。"[1]顾立雅认为，一个出身寒微的人被如此称颂，这非常值

---

[1]理雅各:《论语》,6（1）1。

得注意。[1]孔子的赞扬表示,确立君主、大臣的标准应该是美德和能力,而不是出身高贵的观念,已经在社会上流传。这种观念完全不同于《左传》所载被标上如下六"逆"的社会:贱妨贵、少陵长、远间亲、新间旧、小加大、淫破义。[2]当像墨子这样的战国学者能够认为君主、大臣应该选任德才兼备之人时,一个新社会就出现了。《墨子·尚贤》中的一段话如下:

> 故古者圣王之为政,列德而尚贤,虽在农与工肆之人,有能则举之,高予之爵,重予之禄,任之以事,断予之令,……量功而分禄。故官无常贵,而民无终贱。有能则举之,无能则下之。……夫尚贤者,政之本也。[3]

墨子还说,社会地位应该根据能力和美德来决定,其具体内容如下:

> 故古者圣王甚尊尚贤,而任使能,不党父兄,不偏贵富,不嬖颜色。贤者举而上之,富而贵之,以为官长;不肖者抑而废之,贫而贱之,以为徒役。[4]

---

[1] 顾立雅:《孔子与中国之道》,第119—120页。
[2]《春秋左传正义》(四部备要本),卷3第6页(隐公三年)。
[3] 梅贻宝译:《〈墨子〉的伦理与政治论著》,伦敦:普罗赛因书店,1928年,第32—33页。
[4] 梅贻宝译:《〈墨子〉的伦理与政治论著》,第36页。

"古者圣王"是否真的做了这些事是另外的问题;重要的是,墨子构思了这些思想,并将其归于古代圣王。他也不允许歧视,因为全天下人都是人人平等的。他说:

> 故古圣王以审以尚贤使能为政,而取法于天。虽天亦不辩贫富贵贱、远迩亲疏,贤者举而尚之,不肖者抑而废之。[1]

比墨子稍晚的孟子,他在哀悼前面章节讨论的旧贵族家族重要性的下降时,仍然注意到选贤任能的必要性。因此他告诉齐宣王:

> 所谓故国者,非谓有乔木之谓也,有世臣之谓也。王无亲臣矣,昔者所进,今日不知其亡也。

齐宣王接着问:

> 吾何以识其不才而舍之?

孟子回答说:

---

[1] 梅贻宝译:《〈墨子〉的伦理与政治论著》,第44页。

> 国君进贤，如不得已，将使卑逾尊，疏逾戚，可不慎与？[1]

因此，大臣和君主也应该是贤德之人。邪恶和不肖的统治者不能被称为君主。孟子提到臭名昭著的商纣王之死时说：

> 贼仁者谓之"贼"，贼义者谓之"残"。残贼之人，谓之"一夫"。闻诛一夫纣矣，未闻弑君也。[2]

但孟子似乎怀疑没有谁天生就是君主，君主的威严举止、高贵风度归功于其所处环境。有一次，孟子远远看到了齐王的儿子，显然他对年轻王子的印象深刻，因为他叹息说：

> 居移气，养移体，大哉居乎！夫非尽人之子与？

接着他又说道：

> 王子宫室、车马、衣服多与人同，而王子若彼者，其居使之然也。况居天下之广居者乎？鲁君之宋，呼于垤泽之门。守者曰："此非吾君也，何其声之似我君也？"此

---

[1] 理雅各：《孟子》，1（2）7。
[2] 理雅各：《孟子》，1（2）9。

无他,居相似也。[1]

孟子在这里试图证明,人可以通过在"居天下之广居"的位置来强调人格的完整,并借此突出自我。[2]然而,他无意中透露了自己的想法,即为何贵族会如此使人印象深刻。这一看法与君主生来就有上天任命和祝福的观点大不相同。那些相信君主是天生的之人,会认为君主高贵端庄的举止是其天性中不可分割的一部分。孟子似乎认为,君主如此,是因为他的地位,而不是因为他的神性或高贵的血统。因此孟子能够告诉他的弟子"尧舜与人同耳"[3],以及"人皆可以为尧舜"[4]。他还列举了一大批人,说许多贤人都是出身寒微而后身居高位的:

> 舜发于畎亩之中,傅说举于版筑之间,胶鬲举于鱼盐之中,管夷吾举于士,孙叔敖举于海,百里奚举于市。[5]

这些人是否真的是这样出身并不重要。值得注意的是,这样的故事在战国时代很流行。《墨子》记载:

---

[1] 理雅各:《孟子》,7(1)36。
[2] 理雅各:《孟子》,3(2)2:3,4(1)10:2。
[3] 理雅各:《孟子》,4(2)32。
[4] 理雅各:《孟子》,4(2)2。
[5] 理雅各:《孟子》,6(2)15。

> 故古者尧举舜于服泽之阳，授之政，天下平；禹举益于阴方之中，授之政，九州成；汤举伊尹于庖厨之中，授之政，其谋得；文王举闳夭、泰颠于置罔之中，授之政，西土服。[1]

这些故事的出现意味着，当时有必要而且有可能召集各种出身的才能之士来充任高级政治职位，并使他们取得较高社会地位。除了《墨子》和《孟子》，《荀子》更直截了当地提倡这种新理念，例如：

> 虽王公士大夫之子孙也，不能属于礼义，则归之庶人。虽庶人之子孙也，积文学，正身行，能属于礼义，则归之卿相士大夫。[2]

他进一步强调了这一原则：

> 故上贤禄天下，次贤禄一国，下贤禄田邑，愿悫之民完衣食。[3]

很显然，根据荀子的理论，一个人的贤能或才德是充任高位的

---

[1] 梅贻宝译：《〈墨子〉的伦理与政治论著》，第33—34页。
[2] 德效骞译：《荀子作品》，伦敦：普罗赛因书店，1928年，第121页。
[3] 德效骞译：《荀子作品》，第210页，稍有改动；参校《荀子》（四部丛刊本），卷12第23页。

唯一标准。他还认为，所有人，无论是圣人还是道德败坏者，生来都是平等的。他说：

> 凡人有所一同：饥而欲食，寒而欲暖，劳而欲息，好利而恶害，是人之所生而有也，是无待而然者也，是禹、桀之所同也。目辨白黑美恶，耳辨音声清浊，口辨酸咸甘苦，鼻辨芬芳腥臊，骨体肤理辨寒暑疾痒，是又人之所常生而有也，是无待而然者也，是禹、桀之所同也。可以为尧、禹，可以为桀、跖，可以为工匠，可以为农贾，在势注错习俗之所积耳。……尧、禹者，非生而具者也，夫起于变故，成乎修为，待尽而后备者也。[1]

荀子似乎相信人可以通过获得和发展性格来成就社会地位，而性格则由周围环境塑造而成。这种理论给社会流动提供了思想背景。

所谓的法家包括发展和传授治理技艺之人。尽管他们在许多方面有所不同，但那些被称为"法家"的人至少在一点上是一致的：国家应该由新型君主统治；官员应当是经过精挑细选的才能之士，以辅助君主。然而，没有一位法家能够稍稍触及一点君权本身的问题。显然，当时在位的人都不愿意看到这个问题被讨论。无论如何，选贤任能、考课和驾驭臣下的技巧，

---

[1] 德效骞译：《荀子作品》，第60—61页。

的确都得到广泛研究。

我们将首先讨论申不害这位长期被忽视的法家学者,他的选人原则在后来的法家学者韩非子的著作中有所体现,韩非子对他的两位先驱有如下评论:

> 今申不害言术,而公孙鞅为法。术者,因任而授官,循名而责实,操杀生之柄,课群臣之能者也,此人主之所执也。[1]

申不害是韩国的国相,有机会将他的原则付诸实践。他辅佐的君主韩昭侯是一位开明君主,韩昭侯似乎忠实地遵循了申不害的做法。《韩非子》记载了两人之间的逸事:

> 韩昭侯谓申子曰:"法度甚不易行也。"申子曰:"法者,见功而与赏,因能而受官。今君设法度而听左右之请,此所以难行也。"昭侯曰:"吾自今以来知行法矣,寡人奚听矣。"一日,申子请仕其从兄官。昭侯曰:"非所学于子也。听子之谒,败子之道乎,亡其用子之谒?"申子辟舍请罪。[2]

---

[1] 王先慎:《韩非子集解》,卷17第7页;本段文字由顾立雅英译,参见顾立雅《法家:"法学家"还是"管理者"?》,第609页。
[2] 廖文魁译:《韩非子全书》,伦敦:普罗赛因书店,1939—1959年,卷2第58页;部分英译采自顾立雅译文,参见顾立雅《法家:"法学家"还是"管理者"?》,第608页;另参校王先慎《韩非子集解》,卷11第18—19页;类似的故事也见《战国策》(四部备要本),卷26第1页。

根据这一理念,有才能的人士可以自由进入这条通向政府职位和更高社会地位的孔道,因为君主仅以能力作为考核候选人的唯一标准。因此,封建的家族国家变成一个由行政官员管理的王国;这些官员都是经过精心挑选的,而并不考虑他们与君主的亲属关系。这种情况为下层社会成员提供了进入政府的向上通道,从而促进了社会流动。

商鞅并没有强调建立一个仁慈的官僚机构,但根据《韩非子》的说法,他似乎过分强调了军功的作用。在批评他的立场时,有人认为一个好士兵不一定是一个好官员;任命军功士兵出任行政官员,与让他成为医生或工程师一样糟糕。[1] 商鞅所采用的选拔和晋升官员的标准显然远未完善。一群只受过实地作战训练的有功军人,几乎不可能建立一个高效、平稳运行的政府,但他们却被赋予了对官僚机构运作的控制权,而官僚机构的运作需要战术和战略以外的更多知识。商鞅执政下秦国政府的高效,我们并不需要特别关注。值得注意的是,通过军功这条特殊渠道(我认为这只是众多渠道中的一条),商鞅从各种不同出身的人中召集了一批人充任官职,并享受国家荣誉,而王室成员的特权则被剥夺了。[2] 如此,商鞅和申不害一样,给下层民众提供了一条提升社会地位的途径。

战国时期最后一位,可能也是最伟大的法家学者是韩非

---

[1] 王先慎:《韩非子集解》,卷17第9页。
[2] 关于军功的奖励和剥夺王室亲属特权的更多资料,参见《史记》(四部备要本),卷68第3页。

子。他发展了法家先驱们的理论,并对其进行了详细探讨。在《韩非子》中,我们可以找到成百上千的论述,主张必须选贤任能来治理国家,而不是任用君主的宠信或亲属。下面这段话讨论了明君与昏君之间的区别:

> 圣王明君则不然,内举不避亲,外举不避仇。是在焉从而举之,非在焉从而罚之。……观其(译者注:尧、舜、夏启、商太甲、周武王等五王)所举,或在山林薮泽岩穴之间,或在囹圄缧绁缠索之中,或在割烹刍牧饭牛之事。然明主不羞其卑贱也,以其能,为可以明法,便国利民,从而举之,身安名尊。[1]

这些大臣背景的真实性值得怀疑。但无论如何,战国文学中类似故事的出现表明,大众普遍相信重要人物有可能从出身寒微、默默无闻中崛起。韩非显然是借这些例子来支持他的理论,即一个人的能力和性格是最重要的,而不是出身。可以推测的是,真实的从出身卑微上升到身居高位的人数,要比经常被引用或可能是捏造的故事中所述的要多得多。

这种观点流行,部分原因是因为它受到学者的提倡,另外

---

[1] 廖文魁译:《韩非子全书》,卷2第222页;译文经修订,参校王先慎《韩非子集解》,卷17第13页。这段引文中提到的"好人",是指那些忠于君主和尽忠职守的大臣。作者在同一段中讨论了几组古人,他认为,这些人的行为不同;其中的一组他称赞为"好"。

是由于实际事例的频繁发生。到战国末期，人们不再认为底层人物上升到社会金字塔的顶端有什么不寻常。向上的社会流动被认为是理所当然的；当机会出现时，人们必须抓住这个机会，也许就可能使普通人成为大臣，甚至是君主。[1]在这个社会上，没有什么是不可能或不适当的；礼的束缚已经松弛，旧的社会等级秩序也已被打破。任何具有社会需要的能力之人，现在都可以寻求并期望获得更高的社会地位，无论他的出身和血统如何。更大、更自由的社会流动都基于这种观念，即一个人的智慧与性格比他的血统更重要。

二、君主的地位

当君主因天命或其他神圣使命而统治民众时，他就会被认为比其他任何东西都重要，包括他的臣民在内。然而，在战国时期，人们对统治者的态度似乎大不相同。这一普遍态度可以从《战国策》的记载中看出，它记述赵威后与齐国使者之间的一段对话。在阅读国书之前，威后问齐使："岁亦无恙耶？民亦无恙耶？王亦无恙耶？"齐使不喜欢她提问的顺序，回答说："臣奉使使威后，今不问王而先问岁与民，岂先贱而后尊贵者乎？"威后回答："不然，苟无岁，何以有民？苟无民，

---

[1]《吕氏春秋》（四部丛刊本），卷14第9页。

何以有君？故有问舍本而问末者耶？"[1]孟子以不同的顺序表达了基本相同的看法，如下所见：

> 民为贵，社稷次之，君为轻。是故得乎丘民而为天子，得乎天子为诸侯，得乎诸侯为大夫。诸侯危社稷，则变置。牺牲既成，粢盛既絜，祭祀以时，然而旱干水溢，则变置社稷。[2]

显然，孟子在这里暗示：如果没有民众，任何国家都不能称为国家。这可能是他为何认为民众最重要的原因。

不合格的君主将被废黜。孟子告诉齐宣王，周武王革商纣王命不能视作"弑君"，因为商王已是"独夫"，残害了"仁义"。[3]因此，当德不配位时，他的地位就会被颠覆。孟子说：

> 有天爵者，有人爵者。仁义忠信，乐善不倦，此天爵也；公卿大夫，此人爵也。古之人修其天爵，而人爵从之。今之人修其天爵，以要人爵；既得人爵，而弃其天爵，则惑之甚者也，终亦必亡而已矣。[4]

---

[1]《战国策》（四部备要本），卷11第6页。
[2] 理雅各：《孟子》，7（2）14。
[3] 理雅各：《孟子》，1（2）8。
[4] 理雅各：《孟子》，6（1）16。

另一位儒家学者荀子，比孟子更直言不讳地说出了君主的地位。在他的弟子们所辑的《荀子》中有：

> 天之生民，非为君也。天之立君，以为民也。故古者列地建国，非以贵诸侯而已；列官职，差爵禄，非以尊大夫而已。主道知人，臣道知事。[1]

根据法家学者的说法，君主仅仅是政府首脑，是政府的一部分，需要与其他部分协调合作。据说申不害认为：

> 明君如身，臣如手；君若号，臣如响。[2]

一方面，君主存在的原因，是需要一个仲裁者来维持秩序。另一位法家学者慎到说：

> 古者，立天子而贵之者，非以利一人也。曰：天下无一贵，则理无由通，通理以为天下也。故立天子以为天下，非立天下以为天子也；立国君以为国，非立国以为君也；立官长以为官，非立官以为长也。[3]

---

[1]《荀子》(四部丛刊本)，卷19第15页。
[2] 魏徵等：《群书治要》(四部丛刊本)，卷36第26页。
[3] 魏徵等：《群书治要》(四部丛刊本)，卷37第8页。

因此，君主的作用是防止几个人争夺最高职位时可能发生的混乱。慎到继续说道：

> 立天子者，不使诸侯疑焉。立诸侯者，不使大夫疑焉。立正妻者，不使嬖妾疑焉。立嫡子者，不使庶孽疑焉。疑则动，两则争，杂则相伤，害在有与，不在独也。故臣有两位者，国必乱。臣两位而国不乱者，君在也。恃君而不乱，失君必乱。[1]

另一方面，君主也因其位而得其权。慎到将其与龙和飞蛇的非凡力量做了比较，它们利用云雾来腾云驾雾，如果没有云雾，这些神秘的生物与其他的蛇没有什么不同。[2]

《韩非子》的部分文字，可能源出慎到的思想，其对君主地位和职能的认识更加充分。《韩非子·功名章》有云：

> 夫有材而无势，虽贤不能制不肖。故立尺材于高山之上，下临千仞之溪，材非长也，位高也。桀为天子，能制天下，非贤也，势重也。尧为匹夫，不能正三家，非不肖也，位卑也。千钧得船则浮，锱铢失船则沉。非千钧轻而锱铢重也，有势之与无势也。故短之临高也以位，不肖之

---

[1]魏徵等：《群书治要》（四部丛刊本），卷37第12—13页。
[2]魏徵等：《群书治要》（四部丛刊本），卷37第7页。

制贤也以势。

人主者，天下一力以共载之，故安；众同心以共立之，故尊。人臣守所长，尽所能，故忠。以尊主主御忠臣，则长乐生而功名成。名实相持而成，形影相应而立，故臣主同欲而异使。[1]

法家这一分支的成员因此认为，为防止社会沦为无政府状态，君主是必要的，而君主的权威源自他所处的位置。君主的存在是为了履行维护社会秩序所必需的职能，而他的存在与上天的意志无关。此外，任何人登上王位都可以像其他人一样履行这项职能，因此，君主的地位不一定与上天的祝福或上天的认可有关。与孟子认为君主不如他统治的民众重要的观点相比，慎到等法家学者的分析更为深入，表述也更加系统。荀子曾说赋予君主权力是出于国家利益考虑，这种说法可能受到上述思想的影响。

本节讨论的观点表明，这些学者并不相信君主的天赋权力；这也意味着不利于社会流动的心理障碍，已经从战国人的心中消散。

三、士阶层观念的转变

人们对贤德与才能的尊重日渐兴起，这与新的士阶层中出

---

[1] 廖文魁译：《韩非子全书》，卷1第276页；译文经修订，参校王先慎《韩非子集解》，卷8第19页。

现的一种特殊的自尊意识相辅相成。士阶层仍然是统治集团的最底层,通常是各种官僚机构中的小职员,但他们现在与其春秋先辈相比,已大有不同。春秋时期的士最有可能是领主的家臣,因此他们几乎意识不到自己作为群体的地位。到了战国,士的行为受到家族忠诚感影响,同时也被其对待诸侯的态度所引导。但是,在选贤任能的观念流行起来之后,士意识到他们是一个新的精选群体、新的精英,从而培养出他们的自尊意识。他们瞧不起那些因为出身高贵而获得高社会地位的人,并坚称美德和能力才是一个人值得引以为豪的。另一方面,士有自己的道德规范,强调责任感、正直等个人品德。这在《论语》中有很好的说明:

曾子曰:"士不可以不弘毅,任重而道远。仁以为己任,不亦重乎?死而后已,不亦远乎?"[1]

孟子认为,仁德至少与能力和高贵地位同等重要,并坚持认为以仁德为条件,士人不应屈从于世俗的虚荣。因此,他不愿意回答那些刻意展示高贵身份意识的人。他主张君主应该尊重贤士,而不是要贤士尊敬君主。[2]

《荀子》中的一段话代表了士阶层的总体态度:

---

[1] 理雅各:《论语》,8(7);音译"士"比理雅各译作"学者"似乎更合适。
[2] 理雅各:《孟子》,7(2)34,2(2)2,7(1)43。

古之贤人，贱为布衣，贫为匹夫，食则饘粥不足，衣则竖褐不完。然而非礼不进，非义不受，安取此？子夏贫，衣若悬鹑。人曰："子何不仕？"曰："诸侯之骄我者，吾不为臣；大夫之骄我者，吾不复见。"[1]

人们认为，资深的士人看不起君主是很自然的，因为聪明的君主应该知道，如果他有善待和尊重士人的习惯，士就会来为他效力。有了这些精英的支持，君主就有可能得到整个天下，从而君主不会不明智地瞧不起士人。[2]

在春秋、战国时期，统治集团最低阶层的社会功能可能基本保持不变，但士本身改变了态度，拥有了新的自我意识。

四、君臣关系观念的转变

当君主与官员之间的关系是家族关系时，各方都将自己的职位视为义务。当君主开始因个人能力而授予某人官职时，无论这个人是否是君主的亲属，他们之间建立的都是雇主与雇员关系。这位官员可能会把他的职位当作谋生的手段。孟子说："仕非贫也，而有时乎为贫。"[3] 新的契约关系自然比君主和世袭贵族大夫之间的义务关系要宽松，孟子曾这样描述这两种关

---

[1]《荀子》(四部丛刊本)，卷19第22页。
[2]《吕氏春秋》(四部丛刊本)，卷15第7页。
[3] 理雅各：《孟子》，5(2)5。

系的不同:

> 齐宣王问卿。孟子曰:"王何卿之问也?"王曰:"卿不同乎?"曰:"不同。有贵戚之卿,有异姓之卿。"王曰:"请问贵戚之卿。"曰:"君有大过则谏,反复之而不听,则易位。"王勃然变乎色。曰:"王勿异也!王问臣,臣不敢不以正对。"王色定,然后请问异姓之卿。曰:"君有过则谏,反复之而不听,则去。"[1]

孟子所说的"异姓之卿",一定不是指春秋时代的世袭大夫,尽管他们不一定与君主同宗;而是指像他自己这样新进的臣民,只是临时以官员身份任职政府雇员而已。由于他们没有义务留在任何特定国家,他们就能相对自由地选择任何能够或将要任用他们的君主。这就发展出下面这种孟子所提出的互惠观念:

> 君之视臣如手足,则臣视君如腹心;君之视臣如犬马,则臣视君如国人;君之视臣如土芥,则臣视君如寇仇。[2]

这样激进的言论可能会让春秋时期忠诚的大夫感到惊讶,但孟

---

[1] 理雅各:《孟子》,5(2)9。
[2] 理雅各:《孟子》,4(2)3。

子在战国时对齐王说这句话,就像说出一个不言而喻的真理。

韩非子更是明确道出同样的观点,《韩非子·五蠹》讲述了国家的家族观念的无用:

> 今儒、墨皆称"先王兼爱天下",则视民如父母,……夫以君臣为如父子则必治,推是言之,是无乱父子也。人之情性,莫先于父母,父母皆见爱,而未必治也。君虽厚爱,奚遽不乱![1]

对依赖家族关系维持秩序的错误,《韩非子》给出的补救措施是,要理解任何人的第一需求都是自己的利益。他写明,如果一个儿子童年时没有从父母那里得到良好照顾,等长大后,儿子就会怨恨父母,日后为他们提供更少的幸福安康,而父母则会生气并谴责儿子。另一方面,《韩非子》定义了雇主和庸客之间的互惠关系——他们之间不存在感情,但庸客期望雇主提供良好的食物和丰厚的工资,会努力劳作;而雇主期望庸客的优质服务,也会对他很好。[2] 书中总结说:

> 此其养功力,有父子之泽矣,而心调于用者,皆挟自

---

[1] 廖文魁译:《韩非子全书》,卷2第280—281页;译文经修订,参校王先慎《韩非子集解》,卷19第3—4页。
[2] 廖文魁译:《韩非子全书》,卷2第44页。

为心也。[1]

人们的服务是君主用俸禄购买的，正如《韩非子》中父亲教导儿子的那段记述所表明的那样："主卖官爵，臣卖智力。故曰：自恃无恃人。"[2] 根据《韩非子》的说法，想要一国大治，除非家族关系被互利的计算所取代时，国家才能大治。具体表述如下：

> 明主之道不然，设民所欲以求其功，故为爵禄以劝之；设民所恶以禁其奸，故为刑罚以威之。庆赏信而刑罚必，故君举功于臣，而奸不用于上……且臣尽死力以与君市，君垂爵禄以与臣市，君臣之际，非父子之亲也，计数之所出也。[3]

这种互惠关系在官僚机构中发挥了重要作用，它使这种官僚机构满足新型政府和君主专制新模式的需要。契约观念可能从这种基于互利的想法中产生了。申不害的主要思想是，君

---

[1] 廖文魁译：《韩非子全书》，卷2第44—45页；译文经修订，参校王先慎《韩非子集解》，卷11第10—11页。
[2] 王先慎：《韩非子集解》，卷14第6页；廖文魁这里把"卖"译作"提供"（offer），然而这不是原意。这里给出的翻译与廖的几乎相同，只是稍加修改，参见廖文魁译《韩非子全书》，卷2第117页。
[3] 王先慎：《韩非子集解》，卷15第5页；释文据廖文魁译本有修正，参见廖文魁译《韩非子全书》，卷2第145—146页。《韩非子》用市场贸易或物物交换来比喻君臣之间对利益的互相计算。

主要"因任而授官,循名而责实,操生杀之柄,课群臣之能者"[1]。君主赏罚和大臣服务是交易项目,即价格与商品。检查和考核是确保交易满意的必要手段;据申不害的理论,整个过程就像是在达成交易。《韩非子》使用"契""符"等词语,来解释君臣之间的关系:

> 言已应则执其契,事已增则操其符。符契之所合,赏罚之所生也。故群臣陈其言,君以其言授其事,事以责其功。功当其事,事当其言则赏;功不当其事,事不当其言则诛。[2]

雇主与庸客的关系,也反映在战国官员的薪俸制度中。在春秋时期,似乎官员们除了从他们继承的或君主赐予他们的庄园中获得收入外,尽管偶尔也会收到君主赏赐的礼物,不会有俸禄。然而在战国时期,官员们开始领取通常以谷物支付的俸禄。《墨子》记载他的一位弟子曾被卫国许以1000盆粟的俸禄,但真正到手的只有500盆。[3]《孟子》记载,国家发放的

---

[1] 王先慎:《韩非子集解》,卷17第7页;译文参见顾立雅《法家:"法学家"还是"管理者"?》,第609页。
[2] 王先慎:《韩非子集解》,卷1第21页;参校廖文魁译《韩非子全书》,卷1第34页。
[3]《墨子》(四部备要本),卷12第4页。盆,从字义上说是一种浅容器。据梅贻宝研究,其用于量谷物大约等于13斗,周代1斗等于19.37升(参见梅贻宝译《〈墨子〉的伦理与政治论著》,第227页注3;吴承洛《中国度量衡史》,第7页)。

俸禄通常以谷物为计量单位。曾有一次，齐国许诺给孟子十万钟粟的薪俸，让他及其弟子一起任官，但孟子拒绝了。[1]另一次，在讨论一位贫寒学者的行为时，他提到这位学者的兄弟在齐国已经得到十万钟粟的俸禄。[2]俸禄制度可能已在许多国家建立起来。试图让位于国相的燕王，曾下令将所有收到300石以上谷物的官员撤职，以便他们可以从国相那里获得新的任命。[3]值得注意的是，后来的秦、汉王朝，也是以俸禄谷物的单位（石）来确定官员等级的。

简言之，战国时期契约关系似乎已经取代家族关系。君主的赏赐或俸禄是采取以物易物的方式来换取官员的服务。官员与君主之间的关系似乎是自愿的，但远不如亲属之间由于血缘结合形成的义务关系那么明确和稳定。因此，契约关系使得社会流动更加自由。

五、反传统的趋势

如前一节所述，春秋时期的总体态度是尊重传统、缅怀过去，如以下文字所示：

---

[1] 理雅各：《孟子》，2（2）10；周代1钟等于64斗（吴承洛：《中国度量衡史》，第70页）。
[2] 理雅各：《孟子》，2（2）10。
[3]《战国策》（四部备要本），卷29第6—7页。石是重量单位，1石等于2746.32克（吴承洛：《中国度量衡史》，第109页）。

> 不愆不忘，率由旧章。[1]

战国时期革命精神的最佳表现，可以在秦国改革家商鞅的名言中找到。《商君书》的开篇，即是这位改革者和保守派之间的论辩。除了其他陈述外，保守派还告诉秦王：

> 今若变法，不循秦国之故，更礼以教民，臣恐天下之议君，愿孰察之。

商鞅的部分回答如下：

> 夫常人安于故习，学者溺于所闻。此两者，所以居官而守法，非所与论于法之外也。三代不同礼而王，五霸不同法而霸。故知者作法，而愚者制焉；贤者更礼，而不肖者拘焉。

保守派杜挚回答道：

> 臣闻法古无过，循礼无邪。君其图之。

商鞅的回答却是：

---

[1] 理雅各：《诗经》，3（2）5：2。

> 前世不同教，何古之法？帝王不相复，何礼之循？伏羲、神农教而不诛，黄帝、尧、舜诛而不怒。及至文、武，各当时而立法，因事而制礼；礼法以时而定，制令各顺其宜，兵甲器备各便其用。臣故曰："治世不一道，便国不必法古。"汤、武之王也，不循古而兴；夏、殷之灭也，不易礼而亡。然则反古者未可必非，循礼者未足多是也。

秦王因此被说服并宣布：

> 拘世以议，寡人不之疑矣。[1]

有趣的是，措辞相似的同样论辩，在《战国策》里被归在赵武灵王及其大臣名下，他们争论的是赵国是否采用北方游牧民族的服装、射箭和骑术。两篇短文如此相似，以至于其主要部分的行与行、句与句都能对应。[2]

现在很难确定这两本书中哪一本是原始记录，当然，也有可能两本都不是最初的记载，而都是从第三方获得的。然而值得注意的是，在战国时期，改革者似乎信奉一整套思想观念，

---

[1] 戴闻达：《商君书》，伦敦：普罗赛因店店，1928年，第170—175页；专有名词已转换成较普通的形式。
[2]《战国策》（四部备要本），卷19第5—6、8—9页。齐思和曾绘制有三列的表格来比较《战国策》、《商君书·更法》和《史记·商君列传》有关商鞅的相关历史记载（参见齐思和《商鞅变法考》，第172—175页）。

改革者相信这些思想可以驳斥保守派的攻击和反对，而保守派却认为祖先的方式是最好的方式。每当提出新的政策或制度时，与前面所引类似的争论就会在各国朝廷上展开。

《韩非子》对改革者无视过去的概念，进行了更深入、更合乎逻辑的讨论：

> 不知治者，必曰："无变古，毋易常。"变与不变，圣人不听，正治而已。然则古之无变，常之毋易，在常、古之可与不可。……凡人难变古者，惮易民之安也。夫不变古者，袭乱之迹；适民心者，恣奸之行也。民愚而不知乱，上懦而不能更，是治之失也。[1]

当一个传统或制度已经过时，变革是不可避免的，也是必需的。《韩非子》的另一段写道：

> 上古之世，人民少而禽兽众，人民不胜禽兽虫蛇；有圣人作，构木为巢，以避群害，而民悦之，使王天下，号之曰有巢氏。民食果蓏蚌蛤，腥臊恶臭而伤害腹胃，民多疾病；有圣人作，钻燧取火，以化腥臊，而民悦之，使王天下，号之曰燧人氏。

---

[1] 廖文魁译：《韩非子全书》，卷1第154页；译文经修订，参校王先慎《韩非子集解》，卷5第9页。

第六章　观念的变迁　　243

> 中古之世，天下大水，而鲧、禹决渎。
>
> 近古之世，桀、纣暴乱，而汤、武征伐。
>
> 今有构木钻燧于夏后氏之世者，必为鲧、禹笑矣；有决渎于殷、周之世者，必为汤、武笑矣。然则今有美尧、舜、汤、武、禹之道于当今之世者，必为新圣笑矣。是以圣人不期修古，不法常可，论世之事，因为之备。[1]

上面讨论那些改革者谴责阻碍社会政治改革的传统；而持怀疑态度的哲学家则代表了一种更为激进的态度，他们嘲笑评价人们行为中的传统价值观念。在可能是《庄子》虚构的章节《盗跖》中，作者嘲笑了许多道德标准，贬低了许多过去的典范人物。这篇文章虚构了孔子和想象中的盗贼首领盗跖之间的对话，文中盗跖奚落和嘲笑了孔子。古圣王黄帝、尧、舜、汤和周武王，传统上都被视为完美的道德典范，也被盗跖谴责为"乱人之徒"。他责骂孔子"矫言伪行""欲求富贵"，因此称孔圣人为"盗丘"。[2] 盗跖还批评了四个天下皆称为"贤者"的人，因为他们为了维护道德操守而献出自己的生命，他说：

> 此四子者，无异于磔犬流豕操瓢而乞者，皆离名轻死，

---

[1] 廖文魁译：《韩非子全书》，卷2第275—276页；译文经修订，参校王先慎《韩非子集解》，卷19第1页。
[2] 理雅各译：《庄子作品》，麦克斯·缪勒编：《东方圣典》，伦敦：牛津大学出版社，1891年，1927年再版，卷40第172—173页。"丘"为孔子之名。

不念本养寿命者也。[1]

两位忠诚的大夫比干和伍子胥,牺牲生命却只获得嘲笑;因此,盗跖总结道:从远古时代到比干和伍子胥时期,没有人值得尊敬。[2]

　　同一章的后半部分据说是孔子的弟子子张,和一个想象的人物满苟得之间的对话——"满苟得"字面意思是"充满苟得之物"。子张建议满苟得修仁德以获得良好声誉,并告诉他行义是真正的关键途径。满苟得回答说:

　　无耻者富,多信者显。夫名利之大者,几在无耻而信。[3]

子张反驳道,孔子、墨子等贤人比君主更受尊重,是道德品质使人成为贤者或不肖者。而满苟得愤世嫉俗的回答是:

　　小盗者拘,大盗者为诸侯,诸侯之门,义士存焉。

[1]《庄子》(四部丛刊本),卷9第39页;理雅各:《庄子作品》,卷40第174页。
[2]《庄子》(四部丛刊本),卷9第39页。
[3]《庄子》(四部丛刊本),卷9第41页;译文部分据理雅各《庄子作品》,卷40第176、177—178页。对"信"的含义有不同理解。理雅各将其译为"信仰"(believe in);而据成玄英疏,"信"与"仁"同,因此"信"有"善谈"和"巧言"(talk ative)之义,而"巧言"与"令色"(without shame)对应。

因此，他宣告：

> 孰恶孰美？成者为首，不成者为尾。[1]

《庄子》的另一部分嘲笑了孔子和其他人所提倡的德行，将其比作强盗的行为：

> 夫妄意室中之藏，圣也；入先，勇也；出后，义也；知可否，知也；分均，仁也。五者不备而能成大盗者，天下未之有也。[2]

《盗跖》一章反映出人们对战国以前约束社会行为的道德标准的失望。经历春秋战国时期的无序和混乱之后，社会现实导致这些道德标准的崩溃。在秩序尚未恢复和适应新社会的价值体系正式建立之前，没有实践的标准，也没有路线可供遵循。社会的强者，如果地位低下，现在就可以从社会旧道德的束缚中解放出来；而弱者，如果处于高位，则会在没有社会旧道德保护的情况下暴露在社会斗争中，并将堕入社会底层。

总之，战国时期对往古的尊重已经被一种革命精神所取代，这种革命精神为许多国家的改革提供了正当理由。新观念

---

[1] 理雅各：《庄子作品》，卷40第177—178页。
[2] 理雅各：《庄子作品》，卷39第283—284页。

受到颂扬,新机构即将建立;社会的各个方面都发生了变化,而社会流动性伴随着这些变革发生。社会旧道德和价值观念变得毫无意义,旧的道德制裁也在人们的怀疑下不再起作用。在这个社会里,向上流动的人们可以获得更多的途径。较之静态社会,人们的社会流动性更加自由。

六、"君子"含义的变迁

"君"意为"封君","子"是"儿子"的意思,因此复合词"君子"最初的意思可能是"封君的儿子"。这一含义引申后,其范围可以扩大到通过血缘关系与统治集团联结的所有人,从而使"君子"成为"贵族"的同义词。然而,战国时期,这个原本代表社会地位含义的词,却主要用来指具有某种道德品质的人。当时,君子是一个令人仰慕的人,无论他的社会地位如何,他的品德都使他获得了崇高的道德地位。这是社会流动性在两个方面的反映:世袭贵族阶层可能已经衰落甚至基本消失,而一个人的出身对他的未来不再那么有决定性。这两点可能导致了"君子"内涵的改变。

《诗经》中作为"贵族"或类似含义的"君子"一词共出现过189次,当然,其中许多都是重复出现在同一首诗中的。按照"君子"含义的轻微不同,可分为三类:

1. 封君、君主;
2. 公子、王子、绅士、贵族或官员;

3. 主人、丈夫。

前两组是社会地位,第三组是社会关系,没有一个与所指的人的道德水平有任何关系。

下面是《诗经》中的一些例子。第一首用"君子"表示"封君"或"君主"。

> 瞻彼洛矣,维水泱泱。
> 君子至止,福禄如茨。
> 韎韐有奭,以作六师。
>
> 瞻彼洛矣,维水泱泱。
> 君子至止,鞞琫有珌。
> 君子万年,保其家室。
>
> 瞻彼洛矣,维水泱泱。
> 君子至止,福禄既同。
> 君子万年,保其家邦。[1]

我们能通过"六师"和"家邦"来确定诗中的"君子"是"君主"的含义。

---

[1] 理雅各:《诗经》,2(6)9。这里使用"君子"的音译代替理雅各的不同翻译,以避免被误导。

下面《卫风》的这首诗是"君子"为"王子"含义的例子。

  瞻彼淇奥，绿竹猗猗。
  有匪君子，如切如磋，如琢如磨。
  瑟兮僴兮，赫兮咺兮。
  有匪君子，终不可谖兮。
  ……　……
  有匪君子，充耳琇莹，会弁如星。
  ……　……
  瞻彼淇奥，绿竹如箦。
  有匪君子，如金如锡，如圭如璧。
  宽兮绰兮，猗重较兮。
  善戏谑兮，不为虐兮。[1]

这位君子可能是一位年轻的王子，这种衣冠楚楚、赏心悦目的君子形象，很难让人想到那种单独的心灵之美。

下一首诗中"君子"意为"将军"或"官员"：

  彼尔维何？维常之华。
  彼路斯何？君子之车。
  戎车既驾，四牡业业。

---

[1]理雅各：《诗经》，1（5）1。

> 岂敢定居，一月三捷。
>
> 驾彼四牡，四牡骙骙。
> 君子所依，小人所腓。
> 四牡翼翼，象弭鱼服。
> 岂不日戒？狁孔棘。[1]

这里描绘的是一位英勇的将军，坚定地驾驶着他快速的战车，心里只关心胜利。

"君子"一词的第三类含义，即丈夫或主人，与上述含义有很大不同。这些含义似乎与最初的含义没有什么联系，但在女性将丈夫视为主人的情况下，以及客人礼貌地称呼热情待客的主人时，这些含义也是可以理解的。如果客人的身份是家臣，这种用法会更自然。下面两首诗中的"君子"意思是"丈夫"。

> 君子于役，不知其期，曷至哉？
> 鸡栖于埘，日之夕矣，羊牛下来。
> 君子于役，如之何勿思！[2]

在这里，除了"丈夫"或"爱人"之外，没有其他适合上下文

---

[1] 理雅各：《诗经》，2（1）7。
[2] 理雅各：《诗经》，1（6）2。

的理解。第二首是蜜月中的新娘之歌：

> 君子阳阳，左执簧，右招我由房。其乐只且！
> 君子陶陶，左执翿，右招我由敖。其乐只且！[1]

如果诗中的"君子"不被理解为"丈夫"或"爱人"，这首诗的意义就会模棱两可。这些例子表明，《诗经》中使用这个词或表示社会地位，如"王子"或"君主"，或表示社会关系，如"丈夫"；但没有一次清楚表明，"君子"有其他任何道德标准或行为判断的含义。

《论语》似乎是最早的一部用"君子"来表示个人高尚道德标准的著作；在这里，"君子"是指一个理想人格，所有的人都应该通过培养性格来达到这个理想人格。然而，在《论语》中，仍然有极少数是表示"贵族"这个传统而又古老含义的。以下三段用"君子"来定义人的社会地位：

> 仪封人请见，曰："君子之至于斯也，吾未尝不得见也。"[2]

---

[1] 理雅各：《诗经》，1（6）3。
[2] 理雅各：《论语》，3（24）。要确定此段文字的重点是道德意义还是社会地位并不容易。然而，似乎假设边境官员要求见权贵更合理。这些权贵正在去被分派地区的路上，而不是去看有更高德行的人，因为这样的人不太容易见到。这里也有必要假设孔子当时已经很有名了。

> 子之武城，闻弦歌之声。夫子莞尔而笑，曰："割鸡焉用牛刀？"子游对曰："昔者偃也闻诸夫子曰：'君子学道则爱人，小人学道则易使也。'"子曰："二三子！偃之言是也。前言戏之耳。"[1]

> 子路曰："君子尚勇乎？"子曰："君子义以为上，君子有勇而无义为乱，小子有勇而无义为盗。"[2]

只有最后两次出现的"君子"与社会地位明显相关，第一次有些模糊：这与《诗经》中的用法大不相同。另一方面，《论语》中其他所有关于"君子"的65处记述，都明确地表示高尚的仁德，而不是社会地位如何。有相当数量的段落是专门讨论"君子"的定义及其行为的。在这个主题上花费如此多的笔墨，以至于我们怀疑这个词语在德行方面的含义是一个新概念，从而缺乏精确的定义。这些讨论的段落描绘出一位将以下三种基本仁德合为一体的圣人形象："仁者不忧，知者不惑，

---

[1] 理雅各：《论语》，17（4）。理雅各从语境中意识到，此处的君子与小人表示等级而不是性格；他将君子翻译为"高位之人"（man of high station）是正确的。相关专有名词的音译已转换成韦氏拼音系统。

[2] 理雅各：《论语》，17（22）。理雅各从上下文忖度此处的君子，是仁德和爵位都较高的人。由于第三个君子和小人相对，他将君子译作"高位之人"，尤其支持了这一观念（理雅各：《论语》，第193页注3）。此外，认为有较高仁德的人无义也有些自相矛盾。

勇者不惧。"[1]因此即使在没人注意他们的情况下,君子也不会感到心里不舒服。[2]

君子最担心的是如何保持仁德:

> 君子去仁,恶乎成名?

君子一直保持仁德,即使在仓促之下或危险时刻也是如此。[3]他一直心满意足,沉着冷静,而小人则总是充满痛苦。[4]这是因为当内省没有发现任何错误时,就没有什么值得担心的,也没有什么值得害怕的。[5]君子既不支持也不反对任何东西,而是循着正确的路线前进。[6]因此,君子的心里想的全是正义,而小人则只想着利益。[7]"君子"对自己的行为持批评态度,但容忍他人的过错,严于责己,但宽以待人。因此孔子云:"君子求诸己,小人求诸人。"[8]据孔子弟子说,君子"尊贤而容众,嘉善而矜不能"[9]。他严于律己,谨慎其言,因此"耻其

---

[1]理雅各:《论语》,14(30)。
[2]理雅各:《论语》,1(1)。
[3]理雅各:《论语》,4(5)。
[4]理雅各:《论语》,7(36)。
[5]理雅各:《论语》,12(4)。
[6]理雅各:《论语》,4(10)。
[7]理雅各:《论语》,4(16)。
[8]理雅各:《论语》,15(20)。
[9]理雅各:《论语》,19(3)。

言而过其行"[1]。君子应当"先行其言,而后从之"[2]。

君子是一个正直的人,他认为原则是最重要的,并且不会考虑私人利益。孔子因此说:"君子和而不同,小人同而不和。"[3]这意味着,君子之间可能存在分歧,但仍然保持着和谐的关系。所以君子"矜而不争,群而不党"[4]。从这一切可以看出,君子值得信赖,他有足够的道德勇气面对任何考验。孔子的弟子曾子说:

> 可以托六尺之孤,可以寄百里之命,临大节而不可夺也,君子人与?君子人也。[5]

对君子来说,最重要的不仅是在个人道德方面取得伟大成就,也要为天下人服务。在《论语》中,孔子向子路讲述了君子道德修养的三个阶段,而最后一步很难达到:

> 子路问君子。子曰:"修己以敬。"曰:"如斯而已乎?"曰:"修己以安人。"曰:"如斯而已乎?"曰:"修己以安百姓。修己以安百姓,尧舜其犹病诸?"[6]

---

[1] 理雅各:《论语》,14(29)。
[2] 理雅各:《论语》,2(13)。
[3] 理雅各:《论语》,13(23)。
[4] 理雅各:《论语》,15(21)。
[5] 理雅各:《论语》,8(6)。
[6] 理雅各:《论语》,14(45)。

综上所述，《论语》中的"君子"一词，除了少数几次，都用来表示具有仁德、讲求原则、处事正义、待人宽容的人，表示热爱民众、注重自我修养以服务百姓的人。这样一个德行的贵族，在社会地位上并不必定是贵族。

伟大的编年史《左传》，是春秋时期同时代的学者编纂记录历史的早期资料而形成的著作，当然也有部分史料是战国时期的或稍早的后人掺入的。因此，在这部著作中，我们很自然地发现了"君子"这个词的新、旧两种含义：表示仁德与表示社会等级。我们先来考察旧含义；下述文字中，其社会地位的含义是很明显的：

1. 侨闻之，君子有四时：朝以听政，昼以访问，夕以修令，夜以安身。[1]

2. 楚公子弃疾如晋……过郑，……见（译者注：郑伯）如见王，以其乘马八匹私面。见子皮如上卿，以马六匹。见子产，以马四匹。见子大叔，以马二匹。禁刍牧采樵，不入田，不樵树，不采艺，不抽屋，不强丐。誓曰："有犯命者，君子废，小人降。"[2]

理雅各将前一个"君子"翻译为"大人"（superman），而将后

---

[1] 理雅各:《春秋左传》, 第580页（昭公元年）。
[2] 理雅各:《春秋左传》, 第610页（昭公六年）。

一个翻译为"官员"（officer）；为避免混淆，这里使用音译。前一个君子似乎是参与政府事务的统治集团成员；后者由于可能会被废黜，他应处于高位，因此是一位官员。前后两个都没有"仁德"的含义。

社会地位含义下的君子，也需要遵守符合他身份地位的道德规范。《左传》记载，这些道德规范包括尊敬君主和尊重过去，换句话说，尊重已经建立的社会等级秩序。《左传》记载一段晋侯与楚国俘虏之间的对话，在楚俘得体地回答了晋侯的问话后，一位晋国大夫对晋侯说：

> 楚囚，君子也。言称先职，不背本也。乐操土风，不忘旧也。称太子，抑无私也。名其二卿，尊君也。不背本，仁也。不忘旧，信也。无私，忠也。尊君，敏也。[1]

仁德观念作为君子的标准似乎由此产生，但在引述的段落中，隐含的是对某一社会地位的人行为的期望。这与《论语》中所讨论的以道德观念支配行为的观点略有不同。

然而，《左传》中的君子的确出现了《论语》中的那种含义。这些事例将分三组讨论：第一组由评论组成，其以"君子曰"开头，接着是通常与叙事主题无关的道德说教；宋儒

---

[1] 理雅各：《春秋左传》，第371页（成公九年）。

比如朱熹就对这些评论的可靠性表示怀疑[1]，因此我们暂不予探讨。第二组由孔子言论组成，例如以下对管理山泽的虞人行为的评论：

> 守道不如守官，君子韪之。[2]

这里，孔子所说的君子含义是显而易见的。

第三组是含有高尚德行之人的意思，但这些用法中没有提到孔子，关于这一词句的含义，我们无法断言孔子是否真有影响。贵族应该拥有某些专有的行为品质，这种想法可能产生对德行高尚之人的一种抽象理想；因而孔子确有可能帮助建立了这一概念。最大可能是这两个因素兼而有之。在社会等级意味之外表示"绅士"含义的君子，史料中也出现过几例，下面是其中之一：

> 子皮曰："善哉！虎不敏。吾闻君子务知大者、远者，小人务知小者、近者。我，小人也。衣服附在吾身，我知而慎之。大官、大邑所以庇身也，我远而慢之。"[3]

这是郑国执政子皮和他的副手子产谈话的一部分。子皮的等级

---

[1] 理雅各：《春秋左传》，"绪论"第34—35页。
[2] 理雅各：《春秋左传》，第684页（昭公二十年）。
[3] 理雅各：《春秋左传》，第566页（襄公三十一年）。

和资历都较高,因此,如果这两个词只具有社会地位的含义,他不太可能称自己为"小人",而称子产为"君子"。

因此,《左传》中有一些带有社会等级含义的君子,也有一些用来表示具有杰出德行修养的人。我们无法确知后面这个含义是否可能源自孔子。如果孔子是后一种含义的唯一发明者,那么,生活在孔子之前的子皮的话,就会有明显的时代错误。有可能《左传》这段话是后期篡入或修改的。然而,更有可能的是,这种用法在孔子时代已经开始出现,孔子只是使这个含义愈加明确。无论如何,《左传》已将君子的含义扩展到包括道德因素在内。

我们下面将考虑非儒家的著作,以检验儒家之外的君子概念是否也重视道德意味,还是仅具有较高社会地位的含义。因此,有可能确定儒家对"君子"一词概念发展的影响程度。

对《墨子》中"君子"使用情况的分析表明,将"君子"一词与"士"联系在一起的大约有30篇[1];"士"是贵族的最低等级,或者明确表示一种社会地位。以下是几个例子:

> 1. 而今天下之士君子,居处言语皆尚贤,逮至其临众发政而治民,莫知尚贤而使能,我以此知天下之士君子,

---

[1]《墨子》开篇的前7章不在研究范围内,因为它们是伪造的(梅贻宝译:《〈墨子〉的伦理与政治论著》,第1、13、17、28页);有关经的章节和军事技术章也被排除(梅贻宝译:《〈墨子〉的伦理与政治论著》,"前言"第12页)。

明于小而不明于大也。[1]

  2. 舟用之水，车用之陆，君子息其足焉，小人休其肩背焉。[2]

  3. 大钟鸣鼓、琴瑟竽笙之声，既已具矣，大人锈然奏而独听之，将何乐得焉哉？其说将必与贱人不与君子。与君子听之，废君子听治；与贱人听之，废贱人之从事。[3]

这些段落中提到的君子是一个不同于普通百姓和劳动者的人，是参与、负责政府事务的人。这里的含义显然是传统意义上的社会地位，与道德成就无关。

  道德层面的君子用法，最可能出现在《非儒》《耕柱》《公孟》三篇中。每章中择取一个示例如下：

  1. 又曰："君子循而不作。"应之曰：古者羿作弓，伃作甲，奚仲作车，巧垂作舟。然则今之鲍、函、车、匠皆君子也，而羿、伃、奚仲、巧垂皆小人邪？且其所循，人必或作之，然则其所循皆小人道也。[4]

---

[1] 梅贻宝译：《〈墨子〉的伦理与政治论著》，第49页。混合术语"士君子"，梅氏译作"绅士"（gentleman）。这里采用音译，很明显的是，对术语预设某个意义的解释不能带到研究讨论中；下同。
[2] 梅贻宝译：《〈墨子〉的伦理与政治论著》，第176页。梅氏也将君子译作"绅士"（gentleman）。
[3] 梅贻宝译：《〈墨子〉的伦理与政治论著》，第177—178页。
[4] 梅贻宝译：《〈墨子〉的伦理与政治论著》，第203—204页。

2. 子夏之徒问于子墨子曰:"君子有斗乎?"子墨子曰:"君子无斗。"子夏之徒曰:"狗豨犹有斗,恶有士而无斗矣?"子墨子曰:"伤矣哉!言则称于汤文,行则譬于狗豨,伤矣哉!"[1]

3. 公孟子曰:"无鬼神。"又曰:"君子必学祭礼。"子墨子曰:"执无鬼而学祭礼,是犹无客而学客礼也,是犹无鱼而为鱼罟也。"[2]

上述三个例子皆指君子合乎礼教的行为,与社会等级地位无关。还应该指出的是,这三段都是墨家和儒家关于君子定义的争论。[3]尽管墨者的论辩并非一直是公正的,因为他们会曲解《论语》中表达的儒家对仁德之人的一些思想;但对君子行为的讨论还是集中在道德层面的。

总之,对《墨子》中君子用法的考察表明,在使用"君子"或"士君子"的24篇文章中,道德含义只出现在开篇伪造的前7篇中的2篇,以及讨论儒学的3篇;在剩下的19篇中,"君子"或"士君子"总是指"充任官员和君主顾问的学者"。[4]因此,

---

[1] 梅贻宝译:《〈墨子〉的伦理与政治论著》,第215页。
[2] 梅贻宝译:《〈墨子〉的伦理与政治论著》,第236页。
[3] 子夏和公孟都是儒家(梅贻宝译:《〈墨子〉的伦理与政治论著》,第231—233页)。
[4] 梅贻宝译:《〈墨子〉的伦理与政治论著》,第49页注1。唯一可能的例外是第18篇中含义模糊的引述(梅贻宝译:《〈墨子〉的伦理与政治论著》,第106页);《书经·酒诰》中也有类似引述,但后者作"人无于水监,当于民监"(理雅各:《书经》,第409页);另须注意的是,《墨子》中以"君子"代替了"人"。

儒家学派也许应该受到赞扬，因为它帮助"君子"一词发展出了一个新的含义，使之只表示人的仁德。

战国时期最重要的儒家人物是孟子。在《孟子》一书中，"君子"一般是指德行高尚的人，而不管他的社会地位如何。然而仍有四段文字中的"君子"明显表示高贵之义：

1. 且古之君子，过则改之；今之君子，过则顺之。古之君子，其过也如日月之食，民皆见之，及其更也，民皆仰之；今之君子，岂徒顺之，又从为之辞。[1]

2. 夫滕壤地褊小，将为君子焉，将为野人焉；无君子莫治野人，无野人莫养君子。[2]

3. 其君子实玄黄于篚，以迎其君子；其小人箪食壶浆，以迎其小人。[3]

4. 君子犯义，小人犯刑，国之所存者，幸也。[4]

虽然这四段文字的意义各不相同，但很明显，君子定义中没有加入道德概念。

---

[1] 理雅各：《孟子》，2（2）9；理雅各此处将"君子"译作"大人"（superior man）。
[2] 理雅各：《孟子》，3（1）3；理雅各此处将"君子"译作"高官"（men of a superior grade）；明显表示较高的社会等级。
[3] 理雅各：《孟子》，3（2）6；此处"君子"被译作"有地位的人"（the men of station）。
[4] 理雅各：《孟子》，4（1）1；此处"君子"译为"上级"（superiors）。

然而,《孟子》中出现的绝大多数"君子",确定无疑强调了人的德行,有时甚至强调他们的智力。孟子的理想君子观念体现在以下引文的描述中:

1. 隘与不恭,君子不由也。[1]
2. 君子不怨天,不尤人。[2]
3. 故声闻过情,君子耻之。[3]

这些引文向我们展示了一个谦虚、诚实和内心平静的人,他把节操视为自己唯一关心的事情来实现,如下面的文字所示:

君子深造之以道,欲其自得之也。自得之则居之安,居之安则资之深,资之深则取之左右逢其原。[4]

因此,他应该按照道的要求规范自己的行为举止,而做到这一点也正是他的目标。孟子说:

流水之为物也,不盈科不行。君子之志于道也,不成

---

[1] 理雅各:《孟子》,2(1)9;此处用"君子"的音译代替理雅各翻译的"大人"。理由见上述;且下文皆同。
[2] 理雅各:《孟子》,2(2)8。
[3] 理雅各:《孟子》,4(2)18。
[4] 理雅各:《孟子》,4(2)14;译文有修订。这段文字很模糊(理雅各:《孟子》,第322—323页注14);应当提起注意的是"之以道"三字,暗示要符合准则。

章不达。[1]

但君子的最终目标不仅是他自己在道德修养方面的个人成就，更重要的是将他的影响推及他人、国家和全天下。孟子说：

1. 君子居是国也，其君用之，则安富尊荣；其子弟从之，则孝悌忠信。不素餐兮，孰大于是！[2]
2. 夫君子所过者化，所存者神，上下与天地同流，岂曰小补之哉！[3]
3. 君子之守，修其身而天下平。[4]

君子可能通过为君主服务，以及教导君主"仁"的原则，来扩大他的良好影响，因此我们读到这样的话：

君子之事君也，务引其君以当道，志于仁而已。[5]

仁也是君子最基本的德行，如下文所述：

---

[1] 理雅各：《孟子》，8（1）24；译文经过修订，以便更符合原意。
[2] 理雅各：《孟子》，7（1）32。
[3] 理雅各：《孟子》，7（1）13。
[4] 理雅各：《孟子》，7（2）32。
[5] 理雅各：《孟子》，6（2）8。

> 孟子曰：君子所以异于人者，以其存心也。君子以仁存心，以礼存心。仁者爱人，有礼者敬人；……是故君子有终身之忧，无一朝之患也。[1]

《孟子》中的君子，除了表示社会地位的少数外，绝大部分强调高尚的道德标准。君子行仁德、有节操、爱百姓，并愿意帮助民众过上宁静的生活。

下面我们要考察的是《庄子》中出现的"君子"一词。《庄子》由道家学派的伟大学者庄子所作，因此也是非儒家的著作。《庄子》表明，君子的道德内涵，大概在儒家那里发展得最充分，但也会被其他学派的学者采用。在一整本著作中，没有一处君子是毫无疑问地用作"贵族成员"这一传统意义；将它与孟子相比时，这种情况十分显著。可能是在庄子（公元前365—前290年）的时代，即孔子逝世一个多世纪后，传统意义已基本被新含义所取代。出现这个词的14篇中，没有一处有"社会地位"的含义；它们都被用来表示具有高尚道德修养的人，正如下段所示：

> 夫道，覆载万物者也，洋洋乎大哉！君子不可以不刳心焉。无为为之之谓天，无为言之之谓德，爱人利物之谓仁，不同同之之谓大，行不崖异之谓宽，有万不同之谓富。

---

[1] 理雅各：《孟子》，4（2）27。

> 故执德之谓纪，德成之谓立，循于道之谓备，不以物挫志之谓完。君子明于此十者，则韬乎其事心之大也，沛乎其为万物逝也。[1]

这里可以看出，庄子对君子称谓的标准，强调一种超越性的理解与感悟，而不是遵循道德准则的行为，显然与儒家学者对君子的定义不同。《庄子》的作者并不高度重视儒家理想的君子，认为他仅是"以仁为恩，以义为理，以礼为行，以乐为和，熏然慈仁"的人。[2]《庄子》中的君子通常位列圣人、神人、至人、贤人之后，因而可能认为比这四个阶层要低。[3]有一段文字中的君子似乎具有社会含义：

> 夫至德之世，同与禽兽居，族与万物并，恶乎知君子小人哉！同于无知，其德不离；同乎无欲，是谓素朴。[4]

虽然这里的君子含义模糊，但较道德水平的含义来说更偏重指社会地位。

尽管儒家和道家对君子的评价有很大差异，但毫无疑问的

---

[1] 理雅各：《庄子作品》，卷29第309页。
[2] 理雅各：《庄子作品》，卷40第215页。
[3] 理雅各：《庄子作品》，卷40第215页；参阅同书，第140页；后者，即《庄子·外物》将君子列在贤人和神人之后，仅列在小人之前。
[4] 理雅各：《庄子作品》，卷39第278页。

是,《庄子》中很少出现君子的早期含义。虽然庄子不同意儒家学派的理想,但书中侧重在道德含义而非社会地位上使用"君子"一词,可能是儒家影响的结果。

儒家另外一位学者荀子略晚于庄子,其著作《荀子》中数百次出现"君子"一词。其中绝大多数都表示在德行和智力上优于常人的人,但有四次具有社会地位的含义,例如:

1.(译者注:子思曰)此真先君子之言也。[1]
2.马骇舆则君子不安舆;庶人骇政则君子不安位。……庶人安政,然后君子安位。[2]

上述两个例子中第一个的含义明显是不确定的;此外,《荀子》偶尔会引用《诗经》中有旧含义的"君子"。[3]

除上述两组用法以外,《荀子》中的"君子"表示的是与

---

[1]《荀子》(四部丛刊本),卷3第14页;"先君子"指子思的祖父孔子;君子的这个含义我们今天还在使用,暗示这样的一个人是尊贵的人;然而这一段值得怀疑,因为它不见于《韩诗外传》(参阅德效骞译《荀子作品》,第77页注1)。
[2] 德效骞译:《荀子作品》,第124—125页。德效骞将前一个君子译成"绅士"(gentleman),而将后两个译作"王子"(prince)。
[3] 例如,《荀子》首篇即引用了《诗经》如下这首诗:

　　嗟尔君子,无恒安息!
　　靖共尔位,好是正直。
　　神之听之,介尔景福。

德效骞译:《荀子作品》,第32页;参阅理雅各《诗经》,2(6)3。

社会地位相当不同的含义。这个词在《荀子》中出现了数百次;从第一句话开始,文中的道德格言都是由理想人格"君子"来表达的。成为君子的标准如下述:

> 故君子无爵而贵,无禄而富,不言而信,不怒而威,穷处而荣,独居而乐;岂不至尊、至富、至重、至严之情举积此哉?⋯⋯故君子务修其内而让之于外,务积德于身而处之以遵道;如是,则贵名起如日月,天下应之如雷霆。故曰:君子隐而显,微而明,辞让而胜。[1]

就社会地位来说,君子开始一般处在较低的位置,因此,合适的评判标准是其自身的道德修养。进一步的讨论是:

> 人积耨耕而为农夫,积斫削而为工匠,积反货而为商贾,积礼义而为君子。⋯⋯纵性情而不足问学,则为小人矣。为君子则常安荣矣,为小人则常危辱矣。[2]

通过良好的教育,一个人可以习得对优雅举止的欣赏,这也是成为一个君子的标准:

---

[1] 德效骞译:《荀子作品》,第100—101页。
[2] 德效骞译:《荀子作品》,第115—116页。

今人之化师法，积文学，道礼义者为君子。[1]

《荀子》区分了义荣和势荣、义辱和势辱。有修养的人的许多仁德举动和杰出思想构成了来自内心的荣耀，他们所有的是由心中所出的义荣。高贵的爵位、丰厚的贡品或俸禄以及从君主到低级官僚手中的强权，这些都是来自外部环境的荣耀，也就都是势荣。因为流淫污秽、犯分乱理、骄暴贪利等而感到羞耻是正义的，是为义辱；而势辱则是詈骂侮辱、肉体折磨等。《荀子》有：

> 故君子可以有势辱，而不可以有义辱；小人可以有势荣，而不可以有义荣。有势辱无害为尧，有势荣无害为桀。义荣、势荣，唯君子然后兼有之；义辱、势辱，唯小人然后兼有之。[2]

很明显，事实上，势荣或势辱均与成为一个君子的标准无关。

因此，《荀子》中出现的"君子"一词通常并不表示社会地位；少数使用这个词带有社会地位等级含义的情况，应该被认为是遵循孔子强调意义之一般规则的例外。

最后来分析《韩非子》。它在17段文字中使用了22次君

---

[1] 德效骞译：《荀子作品》，第302页。
[2] 德效骞译：《荀子作品》，第209页。

子,只有3次具有贵族身份的含义;其中2次,包括《道德经》中的一句引语,都出现在关于老子说教的那一篇,此篇是否为韩非子所写尚有疑问。[1]最后一处表示贵族含义的用法是:

> 左史曰:"吴反复六十里,其君子必休,小人必食。"[2]

从上下文明显可以看出,君子在这里暗指官员。《韩非子》记载君子不是暴徒;其中一处是:"曾子,愚人也哉!以我为君子也,君子安可毋敬也!以我为暴人也,暴人安可侮也!"[3]又有一段用"义"区别小人与君子:

> 听者,非小人则君子也。小人无义,必不能度之义也;君子度之义,必不肯说也。[4]

因此,无义对君子来说是极大的耻辱。韩非子对齐桓公、管仲的行为提出批评说:

---

[1] 王先慎:《韩非子集解》,卷7第2、7页;直接引用的在卷7第2页。
[2] 廖文魁译:《韩非子全书》,卷1第254页;参校王先慎《韩非子集解》,卷8第8页。
[3] 王先慎:《韩非子集解》,卷8第2页。
[4] 廖文魁译:《韩非子全书》,卷2第167页;译文经修订,参校王先慎《韩非子集解》,卷15第16页。

> 是虽雪遗冠之耻于小人,而亦遗义之耻于君子矣。[1]

《韩非子》中,没有一个直接的评论是由"君子曰"这一习语引入的,这个习语经常出现在包括《孟子》《荀子》在内的儒家著作中。[2] 此外,关于君子定义的讨论似乎是儒家著作中最受欢迎的话题,而《韩非子》中几乎没有这样的讨论。虽然韩非子是荀子的弟子,但他的思想与其老师不同,这可能解释了《韩非子》书中"君子"一词很少出现的原因。

总之,《韩非子》在两种意义上都使用了"君子"一词,大多数情况下采用儒家学派的用法,只有极少数使用它的传统旧义。

对君子的讨论显示出这个词经历过一个长期的发展过程,类似于英文"绅士"的发展。[3] 在以《诗经》为代表的早期作品中,君子表示一种社会地位,如贵族成员等。也许是孔子帮助把它的意义从强调社会等级转变为高尚的德行。然后,新含义的使用逐渐增加。这两种含义在《左传》中都经常出现,但在战国非儒家的著作《庄子》和《韩非子》以及儒家著作《孟子》和《荀子》中,"君子"的新含义已占据主导地位,成为

---

[1] 廖文魁译:《韩非子全书》,卷2第159页;译文经修订,参校王先慎《韩非子集解》,卷15第11页。
[2] 这种用法在《左传》中仅一见,参校王先慎《韩非子集解》,卷16第11—12页;《春秋左传正义》(四部备要本),卷7第13页(桓公十七年)。
[3] 顾立雅:《孔子与中国之道》,第77—78页。

一个公认的概念。这种变化的一个可能的原因是，由世袭贵族阶层统治的旧社会，在社会结构上发生了根本性的变革。当出身高贵的社会精英们无法在社会顶层占据自己的位置时，学者们开始发展出道德和智力上杰出的人的概念，他们的优越性不在于世袭的等级，而在于其个人素质。名称虽然不变，但已是旧瓶装新酒。

七、小结

战国时期见证了观念领域的巨大变革。君主和统治集团的天赋超凡魅力不再被承认，对现实权利的关注取代了对过去的尊重。君主与大臣之间的家族关系纽带，换成了类似雇主与雇员之间的契约关系。人们认为，应该选择能干和有道德的人出任政府官职，而不是君主的亲属；因为君主本人也不再是家族国家的父权形象，而是官僚政府的首脑，不管他是否有实权。这些变化极大地影响了词语的概念与意义。这一现象的一个重要表现，是"君子"一词的含义，逐渐从社会地位的含义转变为德行高尚的含义，它由过去代表社会精英转变为代表道德精英。一方面，观念的改变可能有助于战国时期的人们适应快速的社会流动，甚至可能在心理上促进了这种流动；另一方面，社会流动也有助于意识形态的重塑。

结　语

第一章提出了如下问题：

1. 春秋战国时期的社会流动有多大的自由度？

2. 这种流动是否发生在一个基本上没有改变的社会结构中？也就是说，个人是否是在原有的社会结构中，以更大的便利性进行了地位升降？

3. 在社会结构保持不变的情况下，是什么导致个人在其中的流动性更大？

4. 如果社会结构发生了变化，那么这些变化是什么？又是什么时候发生的？以及它们与社会流动的变化存在什么关系？

在回答这些问题时，我们首先考虑社会的分层，主要依据的是政治等级，因为它是中国古代社会中最重要的层次区分。在各种变化发生之前的春秋时期，社会上层由包括周王在内的各国君主占据；次一层由各种大夫和高级官僚组成，他们是自己封地的领主；第三个也是统治集团的最低阶层是士。这三个阶层的人，除了士阶层的少数例外，在经济关系角度上可以被归类为地主。他们实际上彼此存在亲属关系，因此，在春秋早期及以前，他们之间的社会政治关系主要是家族关系。统治集团之下是耕种土地和供养上层的平民。社会上也存在商人和工匠，但他们通常是贵族家族的家臣。农民、商人和工匠构成三种不同的社会职业分工，但只有一个社会阶层，即与表示"贵族"含义的君子相对的"小人"。社会阶层的最底层是奴隶，我们对他们知之甚少：关于他们在中国古代经济中的作用，几乎没有任何资料；他们的数量尽管不是很清楚，但似乎并不太多。

第二章回答了第一个和第二个问题。虽然国君一直拥有名义上的主权，但他们的后代在政治舞台上的活跃程度逐渐降低；而在公元前7世纪中叶后，世袭卿大夫贵族家族逐渐占据主导地位，同时士阶层也似乎开始参与政治事务。大约一个世纪后，卿大夫阶层开始在政治领域失利，而同一时期，士阶层的影响力日益扩大。由于中国古代社会阶层与政治阶层紧密相连，政治权力的波动在很大程度上折射出社会群体的兴衰。

在战国初期，大约在公元前5世纪，从出身寒微中崛起的人数大大增加，而春秋时期的大夫家族已基本消亡。成功填补政治职位空缺的新大臣们，似乎没能建立起强大的家族来填补社会阶层的空缺。贵族大夫阶层基本上从战国社会中消失了。因此，前两个问题可以回答如下：春秋、战国时期存在着频繁的社会流动性；公元前5世纪以后，社会结构随着世袭贵族阶层的绝迹而发生了变化。个人在社会各阶层之间的流动，和某些群体作为社会单位的整合是结合在一起的。

第三个问题的答案需要对政治制度、经济和意识形态进行考察。正如第三章和第四章讨论的那样，当西周封建制度崩溃时，中原地区任何可能的联合都会瓦解，因而出现多国体制。强权是当时列国关系的决定性因素。冲突导致少数几个最强大国家的权力集中，少数强国最终兼并了弱小的邻国。一方面，战败国的上层成员立刻跌入社会阶层的谷底；既然有许多小国被兼并，那么就会有大批贵族阶层的社会地位大规模地降低。由于被征服而导致被消灭的过程也在各国内部继续。在国内几个大贵族家族世代掌权的情况下，贵族支配了国家的统治权；大贵族家族和国君之间通常会发生武装斗争，贵族家族之间也是如此。这种斗争的结果，要么是一个或几个贵族家族最终胜出，要么是王室通过镇压不守规矩的贵族而取得胜利。在这场至关重要的权力斗争中被击败的贵族，与他们的宗亲、附庸一起面临着社会地位下降的结局。因此，春秋时期的社会上层因其成员自相残杀而分化、缩减。

另一方面，由于这些斗争，个人从下层通向上层的崛起通道也被打开。因为斗争激烈，战争的频率增加并且采用了新的战略战术。对新型战略家、战地军官和职业士兵的需求大量增加，古老的战车技艺和侠士风范随着贵族绅士式的武士一起成为历史。那些有能力掌握新作战技术的人，无论其出身或血统如何，都会得到提升；而那些擅长复杂外交技艺的人，由于列国频繁接触的需求，同样会由布衣而至卿相。

战国时期，个人在阶层间的流动尤为频繁。当时七国都在努力巩固本国政府，并试图赢得对外战争。这些国家都由新型君主统治，辅佐他们的也是官僚体制下的官员而非贵族，因此政府需要大量的行政管理专家。同时，随着战国时代战争的高度发展和外交活动的更加有效，需要更多的人来出任军事和外交职务。许多在列国掌权的官员可能是春秋时期士阶层的后代，他们在贵族大夫阶层退出历史舞台后充任国家官员。他们位于高居塔顶的国君和身处塔底的被统治者之间，占据一个如此广阔的社会空间，简直令人难以想象他们是一个同质的社会阶层。因此，如果将士阶层的扩大视为整个群体向更高社会阶层的运动，那将是对人们的一种误导。

第五章讨论的经济变化导致了一种新型的、经济分层的社会结构，从而挑战了先前政治阶层对社会阶层的统治。到了春秋晚期，庄园主使用农奴劳动似乎已在很大程度上让位给土地使用者缴纳租税的制度。此时，封建领主成了土地所有者，他的附庸成了佃户。下一个阶段是那些拥有土地但不一定拥有贵族地位的人的出现。一些土地所有者通过购买兼并土地而变为豪富，而无地农民则变得更加贫穷——这一经济分层同时构成了社会分化，并导致了社会结构的根本变化。

商业活动的增加推动了富人的出现，他们既不属于贵族，也与政治权力无关。春秋、战国时期，随着各国规模的扩大，较大区域内社会秩序的相对稳定以及国家之间频繁的战争或友好往来，跨地区的联系变得越来越容易。货币的广泛流通、产品的专门化和技术的进步，都促进了商业的繁荣。虽然不可能确定富商出现的确切时间，但公元前5至前4世纪数量众多、形式各异的金属铸币的出现，显示出战国初期已有活跃的商业。在公元前5至前4世纪的这一时期，在一些新兴城市中存在着一个富人阶层，他们用自己掌握的财富施加政治影响，又通过投资土地，加速了贫富阶层的分化。他们是素封贵族、无冕之王——一个全新的社会群体。

随着新的政治制度和经济发展，出现了关于道德、社会关系模式甚至宗教信仰的新观念。第六章讨论了意识形态演变问题。第一章指出，西周及其以前贵族的优越性，是因为他们认为自己的祖先有上天赐予他们的超凡权力，或者他们至少以某种特殊的方式与天神联系在一起；而他们又将这种超凡权力或魅力传递给他们的子孙后代。封建制度下的家族观念，强调血缘关系，因为这有助于确保神圣优越性的继承；因此，祖先庇佑着子孙后代，过去支配着现在。传统受到尊重，现状得以保持；一个人的出身取决于过去，但决定了他的生活，而他自身的能力和个性却无关紧要。然而，在春秋末期，这些观念发生了变化。

第一个关注变动世界的重要人物是孔子，他也许是因为目睹了同时代人的突然崛起或衰落，意识到了社会的不平等，开始教导人们最重要的品质是道德品行。他的理想是成为一个具有博爱和道德良知，并有能力履行自己信念的人。孔子梦想着一个由这样的人统治或至少由他们居住的世界，但他从未看到自己梦想的实现。然而，他通过破坏封建制度的基石，即贵族天生优越的观念，为推翻封建制度做了很大贡献。他的思想是由他自己学派的学者提倡、传授和发展的；也有其他人受到他的思想启发，虽有不同的保留和修改，但大体上同意他的观点，如墨家、法家学者和其他人。法家最关心的似乎是实施一种政府官员必须选贤任能，以满足新型官僚制国家迫切要求的可操作方案。这是政治制度和意识形态相互影响的一个实例。

商业的发展似乎也影响了社会关系的基本模式。在封建社会的家族关系中，领主与父亲相对应，而其臣子与儿子相对应；这实质上不是一种契约关系。但在战国时期商业发展的高峰时期，君主与大臣的关系往往具有雇主与雇员的契约性质。这种互惠观念似乎已成为社会关系的基础，并可能对商业的发展产生很大影响。在这里，人们再次看到了意识形态的变化和经济发展具体现象的变化之间的联系。

因此，观念的主要变化有两个方面：第一，强调个人出身让位于强调个人德行的重要性；第二，社会中契约互惠体系取代了家族关系。这两种变化都有助于社会自由流动：前者使有才能之士通过个人竞争登上高位成为可能，后者则使社会成员之间紧绷着的家族关系纽带松弛。

对"君子"一词不同内涵的考察表明，其用法的变化反映了世袭贵族阶级的消亡。在春秋时期的著作中使用时，"君子"通常指的是贵族；但它在孔子时代开始有了新的含义，并最终表示一个品德高尚的人。也许这些著作仅仅反映了意义上的变化,但这些学者有可能从这个词中引出了对个人品行而非社会地位的重视,从而有助于摧毁世袭贵族阶层。事实上,这一阶层在战国时代就几乎没有继续存在的证据了。

第四个问题,关于这些变化的性质和时期,已在前几段中得到回答。我们已经看到,在公元前6世纪,即春秋中期,政治制度的变化聚集了主要动力。当时向上的社会流动通常是个人的崛起,向下的流动主要是上层社会作为社会单位的解体。战国时期,政治制度的变革已经完成,政治阶层之间的流动变得相对自由。与此同时,在公元前5世纪,即春秋末期,出现了经济与政治的双重社会阶层分化,当时的经济发展导致富人和大地主的出现,他们开始进入政坛,与重要政治人物一较高下。意识形态领域的变革始于公元前5世纪,即孔子时代。

因此,公元前6世纪至前3世纪在中国历史上具有伟大意义。此时,列国斗争的最后阶段促进了中国的统一。巩固各国政府的方法,在此后成百上千年里给统一的中国提供了维持其文化和政治统一的手段。只挑选最优秀的人出任官职的观念形成一种哲学,即在社会地位提升的过程中,人人机会公平。这四个世纪确实是中国及其文化成形的决定性时期。

附录A 先秦典籍的真伪与年代

《诗经》是一部早期民歌和宗庙仪式歌曲的总集。传统认为，孔子可能从大约3000首歌曲中选出目前现存的300余首。[1]然而，有证据表明，《诗经》在孔子时代和现在一样；他本人至少两次提到"诗三百"。[2]在春秋时期，从《诗经》中引用的词句被用在间接而高雅的外交辞令中，而《左传》中引用的大部分诗句都可以在今传本《诗经》中找到。如果在选编之前有3000首，我们可能会在《左传》中发现远比现在更多的诗句不能对应于今存的300首。[3]《诗经》由民歌、情歌、颂歌、宴筵之歌和宗庙祭祀之歌组成。最后一组特别有趣，因为它包含关于公室起源的史诗，关于天命、宗教态度的文献，以及其他信息材料。民歌也反映出很多当时人们的日常生活状况。宗庙乐歌主要是《颂》，民歌是《国风》，而赞美贵族或供

---

[1]《史记》(四部备要本)，卷47第18—19页；王先谦：《汉书补注》，卷30第9—10页。
[2]理雅各：《论语》，13(5)2；2。
[3]张心澂：《伪书通考》，卷1第214—216页；顾颉刚：《诗经》在春秋战国间的地位，《古史辨第三册》，上海：朴社，1931年，下册第328—345页。

贵族消遣的则是《雅》。[1]

《诗经》所载诗歌的时间跨度大约有六七个世纪。傅斯年认为,《周颂》的最早部分始于西周建国,而《商颂》《鲁颂》最晚的部分已经到孔子出生的年代,此时春秋过了一半多了。根据傅氏的观点,《大雅》《小雅》的大部分、《国风》中的几首出现在西周晚期和春秋早期。[2]《诗经》中的材料主要用于两个目的:一是讨论本研究涵盖的春秋前期及以前,封建社会统治下有关人民生活的各种鲜为人知的侧面;二是讨论史诗和宗庙乐歌中保存的早期宗教观念。

本研究使用最多的文献是《左传》。今天,历史学者不需要过多考虑《左传》的写作目的是根据孔子所赋予的隐含意义来解释《春秋》的[3];也没有足够的理由认为《左传》是刘歆或他的同事,在西汉年间出于政治原因而故意伪造的[4]。尽管《春秋》记载的绝大部分事件可以在《左传》中找到对应记录,但二者中也有许多事件并不对应。《左传》甚至可能不是为对应《春秋》而作的。它虽然与《春秋》相似,但资料来源还是有所不同。例如,《左传》中对晋国事务的记述比《春秋》

---

[1] 顾颉刚:《〈诗经〉在春秋战国间的地位》,第320—345页。
[2] 傅斯年:《诗经讲义稿》,《傅孟真先生集》,台北:台湾大学,1952年,卷2下册,第94—95页。
[3]《史记》(四部备要本),卷14第1—2页。
[4] 康有为:《新学伪经考》,北平:文化学社,1931年,卷3上第29—35页;参阅张心澂《伪书通考》,卷1第368—375页;津田左右吉《从孔子的思想发展论〈左传〉》,东京:东洋文库论丛,1935年,第57—62、470—471、712—749页。

多得多，《春秋》主要记载鲁国史事。[1]《左传》与其他著作的语法差异表明，它是以一种独特的风格写成的，自然连贯，以至于后来的伪造者根本不可能创作出它。[2] 高本汉研究认为，《左传》的年代可能在公元前468—前300年，这是他在对《左传》与其他先秦典籍进行比较语法研究的基础上提出来的。[3] 对《左传》所载预言的研究表明，有些预言惊人地准确，而另一些则不然。魏国从晋国分离出来加上三家分晋（公元前403年）、田氏代齐（前386年）以及郑国的灭亡（前375年）等，《左传》分别在公元前659年、前543年、前533年和前543年作了预言。[4] 另一方面，公元前605年《左传》预测周代会存在700年，但周代实际上延续了867年。[5] 此外，据《左传》记载，卫国的都城应该在公元前627年，也就是建都帝丘的300年后迁出，但卫国直到公元前241年才迁都。[6] 它还在公元前620年预测，秦国不能再向东方扩张，但秦国在公

---

[1] 卫聚贤:《古史研究》，北平：新月社，1928年，卷1第72—160页。
[2] 高本汉:《论〈左传〉的真伪与性质》，《哥德堡大学学报》1926年第32卷第3期，第64—65页。
[3] 高本汉:《论〈左传〉的真伪与性质》，第64页。
[4]《春秋左传正义》（四部备要本），卷11第2页（闵公元年），卷39第6、11页（襄公二十九年），卷44第14页（昭公十四年）；参阅张心澂《伪书通考》，卷1第408页。
[5]《春秋左传正义》（四部备要本），卷21第9页（宣公三年）。
[6]《春秋左传正义》（四部备要本），卷17第5页（僖公三十一年）；《史记》（四部备要本），卷37第9页，卷15第31页。

元前340年第一次东出就大胜魏国。[1]

  刘汝霖以这些事例为证据，推断《左传》的作者既没能见到周朝的第八个百年（公元前322年），也没有见到卫国都定居后的第三个百年以及公元前340年秦国的东征。因此，刘氏推断《左传》的作者是在公元前340年之前和前375年（即郑国被灭的那一年）之后写就这本书的。[2]值得注意的是，这三种理论都假定《左传》是在某一特定时间写成的。然而，正如洪煨莲在这方面的杰出研究所表明的那样，有几个段落显然包含后来时代的思想。[3]不管《左传》成书有多早或多晚，它所依据的大部分材料似乎都相当古老。这些材料的主要部分似乎与《春秋》所用的材料类似（但比《春秋》详细了许多）。《春秋》是春秋时期鲁国的编年史，其中记载了鲁国历史学家认为重要的事件，或是受命记录下来的事件。《左传》的作者或编者们对这些材料进行了编纂，可能是他们或其他后来者对材料

---

[1]《春秋左传正义》（四部备要本），卷19上第5页（文公六年）；《史记》（四部备要本），卷15第20页，卷68第4页。
[2] 张心澂：《伪书通考》，卷1第408—409页；运用相同的证据，加上基于对《左传》所载历日计算得出的理论，马伯乐得出结论说《左传》不可能早于公元前4世纪末成书；接着他又将他的推断与高本汉的研究综合后认为，其成书约在公元前4世纪末。参见马伯乐《〈左传〉的撰作年代》，《汉学与佛学论丛》，布鲁塞尔：n. p.（原书出版信息未注明），1931—1932年，第137—208页；洪（业）煨莲《春秋经传引得·前言》，北平：哈佛燕京学社，1937年，第70—71页。
[3] 洪煨莲：《春秋经传引得·前言》，第71—93页；但是他有关《左传》乃西汉前期张敞写成的结论似乎令人怀疑。

稍做修改或在文本中添加了一些内容；一些评论也有可能是在手工抄写或辗转传抄的漫长过程中进入文本的。所有这些观点很难证实或证伪，但可以确定的是，对历史事件的记述并非凭空想象就能轻易编造，因为它们必然与其他事件密切相关，所有这些事件的一致性必须贯彻。但在另一方面，虚构道德说教则相对容易，因此，在使用这些部分时要谨慎，例如《左传》中臧僖伯的格言（这也是此类格言的首次出现）。[1]还有些段落通常归属于这类进行道德说教的代言人，如史墨、叔向、子产等人。任何与特定历史事件的发展没有密切联系的道德说教，都应该以合理的怀疑态度看待。[2]同样，以"君子曰……"开头的段落或类似的词句也应谨慎对待。这个短语的真实性早在宋代就已被怀疑，一般认为可能是汉代人所为。[3]今天，没有一位批评家认为《左传》是为补正《春秋》、阐发其微言大义而撰作的；也很少有人再去关心其中是否蕴含赞颂或谴责鲁公的行为等意义。因此，我的可靠材料来源中排除了频繁出现的有疑问的部分。

另一本与《左传》密切相关的文献是《国语》。后汉时期，一些学者认为《国语》《左传》为同一作者所作。[4]到宋

---

[1]《春秋左传正义》（四部备要本），卷3第12—14页（隐公五年）。
[2] 津田左右吉：《从孔子的思想发展论〈左传〉》，第373—423页。
[3] 理雅各：《春秋左传》，"绪论"第34—35页，第35页注18、19。
[4] 王先谦：《汉书补注》，卷62第24页。

代,学者指出了两者之间存在的差异。[1]最近的一些学者,如崔述,认为这两本书不是同一作者写的[2];但也有人坚持《国语》是《左传》的一部分,认为是刘歆将其从《左传》中切割出去的[3]。由此可见,这两本典籍在风格和内容上确实密切相关。出于这个原因,洪煨莲曾试图将《国语》的成书年代置于《左传》之前,并得出《国语》编订于战国末、秦统一中国之前的结论。[4]高本汉通过对这两本以及其他先秦文献的语法仔细研究后得出结论,《国语》和《左传》有相似但不相同的语法。这种相似性使他将两者归为同一学派的作品,而在一个重要点上的差异表明它们不是同一个人所作。他总结说,《国语》和《左传》在写作年代上是一致的。[5]

《国语》和《左传》都保存和使用了一批古老的材料。这些材料为讨论春秋乃至以前更早的时期提供了宝贵资料,但需要谨慎使用。

《论语》是另一种重要的先秦史料。西汉末年,将汉代流传的两个《论语》版本,整理合并为一个标准版本。[6]唐代的柳宗元怀疑汉代流传的孔门弟子将其笔记汇总、编纂了《论

---

[1] 陈振孙:《直斋书录解题》,上海:商务印书馆,1939年,卷10第52页。
[2] 崔述:《洙泗考信余录》,顾颉刚编:《崔东壁遗书》,上海:亚东图书馆,1936年,第4册卷3第3页。
[3] 康有为:《新学伪经考》,卷4第6—7页。
[4] 洪煨莲:《春秋经传引得·前言》,第85页。
[5] 高本汉:《论〈左传〉的真伪与性质》,第58—59、64—65页。
[6] 王先谦:《汉书补注》,卷30第20—21页。

语》的说法，称《论语》是由孔门再传弟子编的。[1]崔述也同意这一观点，他通过揭示最后5章和前15章之间的差异来进一步研究这个问题。[2]顾立雅和崔述都颇有分寸地指出了有疑问的篇章，尽管他们对某些篇章的看法不同。[3]除去被批评家们怀疑的某些篇章外，《论语》的大多数文字被认为是可靠的真实记录，是由孔门再传弟子编辑成书的，它们被视为研究孔子思想和孔子时期历史的最佳资料。

我们认为墨子（约公元前479—前390年）的著作是战国时期最早的史料之一。[4]像《论语》一样，《墨子》这部著作也不是墨子本人写定的。其中包含有墨子弟子的笔记和其他墨家学者的著作。[5]胡适曾将《墨子》的内容分为5组。第1组是开篇的前7章，尤其是前3章，他怀疑是伪造的。第2组包括《尚贤》《尚同》《兼爱》《非攻》《节用》《节葬》《天志》《明鬼》《非乐》《非命》和《非儒》等，包含重复的，总共32篇（8篇已佚）。这些篇章构成《墨子》一书的主体，表达了墨家学派的主要观念，正如胡适所说，可能是由墨家学派的学者撰写的。第3组由《经》《经说》《大取》和《小取》等篇名有

---

[1] 柳宗元：《柳先生集》（四部丛刊本），卷4第4—5页。
[2] 崔述：《洙泗考信录》，顾颉刚编《崔东壁遗书》，第3册卷2第17页。
[3] 顾立雅：《孔子与中国之道》，第293—294页；崔述：《论语余说》，顾颉刚编《崔东壁遗书》，第5册第24—35页。
[4] 有关墨子的生平和年代，参见钱穆《墨子的生卒年代》，《古史辨第四册》，上海：朴社，1933年，第271—278页。
[5] 纪昀等：《四库全书总目》，上海：大东书局，1930年，卷117第1页。

"经"的篇章及其说解组成。胡适推测它们不是墨子时代的著作,因而将其成篇年代推后。第4组《耕柱》《贵义》《公孟》《鲁问》和《公输》5篇,胡适认为与《论语》相似;也就是说,是由墨家弟子编辑的墨子语录。最后第5组是关于军事策略和工程的11篇,胡适也将其归于墨家学者。[1]但最后一组的真实性受到了清代学者的质疑[2],现在已经充分证明,这些篇章是汉代术士们伪造的。这部分最初有20篇,但今传本只留下了11篇。[3]第3组有关"经"的篇章显然是逻辑讨论,如其标题和内容所示,《经说》两篇显然是对《经》篇的说解。然而,目前尚不确定它们是否与《经》篇作于同一时期。梁启超认为《大取》《小取》后出,但他不同意胡适《经》篇真伪的结论,认为这些经典篇章是墨子亲自编写,以供弟子们学习时使用的。[4]在这一点上,我们不同意梁氏的观点:经典篇章可能不是出自墨子之手。由于史料很少,因此我们很难就相关问题再深入讨论。[5]

第2组的篇章是两两重复,甚至有三份重复的,各个版本之间的差异也很小。它们似乎是不同弟子所记录的墨子教诲,

---

[1] 胡适:《中国哲学史大纲》,上海:商务印书馆,1936年,第151—152页。
[2] 纪昀等:《四库全书总目》,卷117第1页。
[3] 朱希祖:《墨子〈备城门〉以下二十篇系汉人伪书说》,《古史辨第四册》,第261—271页。
[4] 梁启超:《读墨经余记》,《古史辨第四册》,第253—261页。
[5] 梅贻宝的译本即没有收入这部分篇章;参见梅贻宝译《〈墨子〉的伦理与政治论著》,"序言"第12—13页。

这暗示着它们确实含有墨子的语录和教导。因此，这组文字的年代不能晚于墨子弟子那代人太迟，甚至有可能是在他有生之年写成的。这也适用于第4组诸篇章；因此，本研究仅使用这两部分的篇章。[1]

《孟子》似乎可与《论语》归为一类，尽管它的真实性没有太大疑问，而且也基本没有后人插入补充的文字。据汉代书籍目录上记载，其原本有11篇，而不是今传本的7篇。汉代注疏家赵岐（生于约公元前108年）仔细考证后，去掉了4篇，留下了他认为可靠的7篇。[2] 关于《孟子》的作者，司马迁最先指出就是孟子本人。[3] 唐代学者韩愈则认为此书是孟子弟子撰集的。[4] 上述观点也得到了支持，如书中出现与孟子同时代的君主谥号，而且还有不少篇章读起来更像解说者的记述而非孟子本人的回忆录。[5] 无论这部书实际上是不是由孟子亲自撰著的，它仍然可以被认为是研究战国时期历史最有价值的资料之一。

《庄子》一书的作者，通常认为是哲学家庄周[6]，但它似

---

[1] 梅贻宝认为前三篇是虚假的，但他似乎接受了其他篇章的真实性。
[2] 王先谦：《汉书补注》，卷30第14页；《孟子》（四部丛刊本），"赵岐前言"，第3页；理雅各：《孟子》，"序言"第9页。
[3]《史记》（四部备要本），卷74第1页；赵岐赞成这一观点［《孟子》（四部丛刊本），"赵岐前言"第3页］。
[4] 韩愈：《昌黎集》（四部丛刊本），卷14第8页。
[5] 理雅各在其译本的前言中也引用了这些证据，参见理雅各《孟子》，"序言"第9页；但他坚持认为这部书是在孟子本人的指导下写定的。
[6] 上述年代基于钱穆《先秦诸子系年考辨》附录第102页的表格。

乎不是一个人的著作。[1]郭象（约卒于公元311年）作注释时，将其分为三部分：《内篇》《外篇》和《杂篇》。当时尚存的52章中，郭象还删除了他认为是伪造的19章。《内篇》部分由7章组成，各种流传的版本都一致，因此他认为很可能是真的。[2]这个观点得到胡适的支持，但他又怀疑其中可能也存在后人篡入的文字。其余章节的真实性，胡适也持强烈怀疑的态度。[3]顾颉刚认为《庄子》是道家学者的著作选集，这些著作缺乏一致性；据顾氏的说法，它们最晚可能追溯到战国末期。[4]唐兰对《庄子》的一致性和著作者问题也有疑问，他怀疑《内篇》不一定是真的，而其他篇基本全伪；有些篇章，甚至如《内篇》中的某些章节中的一些文字也并非出自同一人之手。尽管如此，唐氏还是总结说，庄子弟子及其他追随者的著作可能已被收录在这部书中，它们在先秦时代就已经写成，所以现在仍然很有价值。[5]我们可以接受唐兰的观点，把《庄子》视为道家学者的著作，而不是庄周一个人的作品。其中需要排除第30章，因为它与道家哲学无关，似乎是有关一位涉足政

---

[1]理雅各似乎对《庄子》33篇很少有确定的结论：他对第9、15、16、26、29、33篇的真实性均有怀疑，却认为很有疑问的第30篇是真的。参见理雅各《不同书籍的简要说明》，《东方圣典》，卷39第141、146、147、155、158、159、161页。
[2]陆德明：《经典释文》（四部丛刊本），"前言"第33—34页。
[3]胡适：《中国哲学史大纲》，第254页。
[4]顾颉刚：《〈论庄子真伪〉答书》，《古史辨第一册》，上海：朴社，1926年，第282页。
[5]唐兰：《老聃的姓名和时代考》，《古史辨第四册》，第341—344页。

坛的庄辛的文字。庄周是真正的庄子，可能从来没有像庄辛那样参与过世俗事务，也不会像庄辛那样曾指导国君在列国斗争中运用策略取胜。[1]

《荀子》一书被认为是先秦时期最后一位伟大的儒家哲学家荀子（约公元前340—前245年）的著作，这部书的大部分似乎是可靠的。今传本的第24、27—32篇被认为是由他弟子记录的荀子语录。这是唐代注疏家杨倞提出的观点，他还将《荀子》重新编排，使其成为今传本的章序。[2]梁启超对第14篇的可靠性提出过怀疑，他还根据第9、15和16篇都出现的"孙卿子"一词，认为这些篇章是荀子弟子篡入的。[3]胡适怀疑整本书的完整性，认为它可能是所有相关材料的合集。他的结论是，只有第17、21—23这4篇是可靠的，而最后6篇完全是伪造的。有些篇章包含的文字与主题无关，此外《荀子》书中的许多文字也见于他书。[4]我们认为，胡适断言只有4篇为

---

[1] 有关庄辛的更多资料，参见钱穆《先秦诸子系年考辨》，第406—407页。
[2] 王先谦：《荀子集解》，长沙：思贤讲舍刊本，1891年；杨倞的评论见卷19第1页，卷20第1页。
[3] 梁启超：《诸子考释》，上海：中华书局，1936年，台北重印，1957年，第74页；《荀卿及荀子》，《古史辨第四册》，第110—117页。德效骞翻译了23篇，留下可疑的7篇，另外2篇是诗辞，即第25篇《成相》、第26篇《赋》。今传本第32篇的最后一部分被翻译为荀子弟子对一个无名氏的批评的回答。德效骞还怀疑第8、15和16篇中部分内容的可靠性，他选择要么省略整段，要么在正文中以注明的方式指出了这一点。参见德效骞《荀子作品》，第91页注1，162页注1，170页注4，171页。其中第16篇仅翻译了一段文字。由于某些不确定的原因，德效骞还省略了第12—14篇，第11篇也仅翻译了部分文字。
[4] 胡适：《中国哲学史大纲》，第306页。

荀子所作的观点，太过谨小慎微。

在研究不同篇章所含思想一致性的基础上，张西堂认为第1—3、6、9—11以及17—23这14篇完全可以认为是荀子所作；第4、5、12—13篇主体是荀子所作，但可能包含后人篡入的文字；第8、15—16篇为荀子弟子所作；而第7、14和24篇的可靠性有疑问。2篇辞赋以及最后6篇被排除在外。[1]也许可以说，《荀子》由荀卿及其弟子的著作组成。无论如何，这部作品是先秦史料，即使是有疑问的最后6个章节，如果谨慎使用，也可能会有所帮助。

《韩非子》因韩非（约前280—前233年）而得名，韩非是战国时期最后一位伟大的思想家。《韩非子》中的大部分是他本人、他的追随者以及其他持有类似思想之人的作品合集。尽管这部著作的完整性，在过去从未在总体上受到过质疑；然而，有些部分与韩非的思想相差太远，它们只能是后人篡入的。以学界普遍认为是韩非所作的第49篇《五蠹》、第50篇《显学》为标准，容肇祖将《韩非子》的篇章分为几组：第1组即上述传统认为是可靠的2篇；第二组是有证据证明与第1组同时代的6篇，即第40、41、45、46、54和36篇。其他篇章，他认为是由其他群体，如纵横家、其他法家和道家学者等插入的有关韩非的记述；有些是容氏觉得不确定的怀疑篇章，但缺

---

[1] 张西堂：《荀子劝学篇冤词》，《古史辨第六册》，上海：开明书店，1938年，第149—150页。

乏资料证实或证伪它们与韩非的关系。[1]

陈启天在对《韩非子》的文本考证中，对所有章节的作者身份进行了重新判断，并重排了整本书的篇序。他认为大部分篇章都出自韩非之手：55篇中有30篇可以确定是韩非写的，另外有10篇也可能是韩非所作。因为最后10篇包含令人怀疑的术语和观念，他也怀疑这最后10篇的可靠性。[2]由于与韩非思想的相似性，陈氏认为8篇文献是韩非的追随者或其他法家学者所作。[3]还有6个整篇、1个半篇，陈氏确定是由其他人或其他学派的学者所作。[4]陈先生得出的结论已被普遍接受，

---

[1]容肇祖：《韩非的著作考》，《古史辨第四册》，第653—674页。除了少数例外，廖文魁没有在他的译本中提及各篇章的作者问题。容肇祖认为第1篇是佚名的纵横家所作，而廖氏将其系于韩非。参阅容肇祖《韩非的著作考》，第665—666页；廖文魁《韩非子全书》，卷1第1页注1。廖氏认为第2篇的前半部分包含有韩非的著作，容氏则认为整篇都是有关韩非的记载，但不是成于韩非之手；参阅容肇祖《韩非的著作考》，第668页，廖文魁《韩非子全书》，卷1第13页注1。第24—29篇容氏有所怀疑，但廖氏认为这6篇是韩非理论的总结；参阅容肇祖《韩非的著作考》，第672—673页，廖文魁《韩非子全书》，卷1第258页注4。

[2]若按照传统排序，这10篇是第15(第116页)、6(第249页)、30(第378页)、31(第420页)、35（第588页）、10（第654页）、5（第685页）、8（第696页）、55（第831页）、4（第837页）篇，页码出自陈启天《韩非子校释》，台北：中华丛书，1958年。

[3]依照传统排序，这些篇章是第19（第200页）、52（第787页）、27（第791页）、26（第797页）、25（第808页）、54（第813页）、51（第818页）、42（第308页）篇，页码如上述。

[4]第29（第715页）、24（第718页）篇属道家著作；第20（第721页）、21（764页）篇明显是对《道德经》的诠解；而第53（第826页）篇的可靠性似乎不能确定，因为其中思想与该书其他篇章不符；大多数批评者对第50篇有疑问，陈氏认为或有人将此篇误入本书；第2篇可分为两个部分，前半部分似乎是韩非对秦王的建议，后半部分似乎是政敌反对韩建议的内容；参阅容肇祖《韩非的著作考》，第654页，陈启天《韩非子校释》，第843—844、866页。

本研究中也大致采用；与韩非有关的材料主要取自陈氏认为是韩非所撰的篇章。此外，既然《韩非子》的大部分篇章是在秦统一之前或之后不久写成的，那么它就为研究战国晚期历史的各个侧面提供了宝贵资料。最有趣的部分是第22、23和30—35篇，它们似乎是各种不同历史记录和佚文掌故的结集，可能是韩非从他阅读的文献中精选出来的。其中保存了大量有用的信息，因此本研究中广泛使用了这些部分的内容。

《吕氏春秋》是各种不同学派的作品合集，是秦相吕不韦的门客纂辑的。根据书中的附记，它完成于公元前239年。[1]这本书组织结构很完整，但思想似乎缺乏一致性。[2]对它的可靠性几乎没有什么疑问，书中附记也清楚地给出了编纂的时间。我们必须承认这是一本结构完整且有可读性的书，并没有严重的缺陷。[3]书中保存的资料对研究战国时期的历史确实很有帮助。

《战国策》既不是一部历史著作，也不是任何哲学家或学派的著作。从编纂者刘向所写的序言中可以明显看出，该书是他根据汉代皇家图书馆中保存的资料文献编纂而成的。他选择了他认为属于战国时期纵横家、策士以及政客的计划、策略的

---

[1]《吕氏春秋》（四部丛刊本），卷12第10页；有关此书编纂和资助的信息，参见《史记》（四部备要本），卷14第2页，卷85第4页。
[2] 有关《吕氏春秋》内容的分析，参见李峻之《〈吕氏春秋〉中古书辑佚》，《古史辨第六册》，第321—339页；刘汝霖《〈吕氏春秋〉之分析》，《古史辨第四册》，第340—358页；两文皆将《吕氏春秋》中的各种思想溯源至战国时期的不同学派。
[3] 梁启超：《诸子考释》，第104页。

论述。根据刘向的说法，这本书的时间跨度涵盖从春秋末期到西汉初年的245年（公元前453—前209年）。[1]然而，今传本似乎与刘向的初编本有所不同。在汉、宋时代，该书的一些部分已经佚失，因此宋代学者曾试图从当时尚存的版本中辑补一个完整的本子来，相信今本就是他们努力的结果。[2]《战国策》不同篇章之间的不一致、重复和矛盾之处表明，它不可能是一个人撰写的。[3]它的许多部分，如苏秦和张仪的故事，显然有时代错讹，因此作为历史记载是不可靠的。[4]然而，《战国策》中的大部分内容似乎都是渴望得到各国官职的游士所写的笔记或记录。这些笔记中的一些记录，例如张仪的长篇大论，可能是借之前时代的外交家之口，来显示真正作者的辩才。[5]其他一些内容，如关于商鞅的记载，似乎是对历史事件的叙述，作者可能认为这些叙述将来参考时会很有用。[6]许多这样的记录在战国时期似乎是广为流传的，因为它们也出现在其他著作中，如《韩非子》《吕氏春秋》等。[7]

---

[1]《战国策》（四部备要本），"刘向前言"第1页；参阅齐思和《〈战国策〉著作时代考》，《燕京学报》第34期，1948年，第267—269页。
[2] 齐思和：《〈战国策〉著作时代考》，第260—262页。
[3] 张心澂：《伪书通考》，卷1第541—543页；齐思和：《〈战国策〉著作时代考》，第267—269页。
[4] 齐思和：《〈战国策〉著作时代考》，第268—271页。
[5]《战国策》（四部备要本），卷3第5—8页。
[6]《战国策》（四部备要本），卷3第1页。
[7] 齐思和列举了许多这样的例证，参见齐思和《〈战国策〉著作时代考》，第264—266页。

《战国策》中使用的材料，在战国时期可能是作为单独作品分别流传的，后来被西汉皇家图书馆获得，最终被编纂成《战国策》一书。这些材料应该谨慎对待，因为它们作为重建政治史或其他历史事件资料，可能相当不可靠。然而，由于其大部分是战国时人撰写的，它们构成了研究战国社会和制度史的珍贵宝库，是战国时代的反映。[1]

---

[1] 张心澂：《伪书通考》，卷1第543—544页。

附录B 春秋时期名录

说　明

1. 名录包括在《左传》中出现的名字，也包括班固在《汉书·古今人表》中列出的名字。而时代在公元前722—前464年，但《左传》中未提及的人名除外；同样，虽然在《左传》中出现，但未被《古今人表》列入的也除外。错讹的名字，根据王先谦《汉书补注》的意见加以修正。

2. 参照《左传》中鲁国国君的在位年份，举例如下，如"桓十一"表示鲁桓公在位的第十一年；因此，日期和出处就都有了明确说明。

3. 每一时期的名称分组如下。

a．国君的儿子。在表中是公子、太子或王子。

b．卿大夫。包括卿和大夫。虽然周王室卿大夫的爵级可能与诸侯国国君相同，如公、伯等，但是由于他们在王室的职能角色，本表中将其视作卿大夫。

c．士。

d．知识群体。包括史、卜、祝、师、医等。

e. 臣仆群体。包括各种家臣、仆从、寺人、萨满和巫觋等。

f. 包括商人在内的平民。

g. 未确定身份者,由依据上下文无法确定其身份的人组成。

4. 列表中使用的缩写如下。

d.：卒、去世、死亡。

f.：兴盛。

Ac.：担任职务。有关段落中的字母,请参阅第二章第三节,即A.执政；B.军事统帅；C.使臣；D.顾问；E.重要官员；F.宗族首领；G.参与决定性的政治策略等。

Fam.：各国重要贵族家族的成员。请参阅第二章第三节。

Ob.：出身寒微的人。如果一个人的姓氏与任何一个卿大夫贵族家族的姓氏相同,即使他可能与其没有亲属关系,他也不会被归类为出身寒微的人。任何爵位等级或职务名称构成其姓名的一部分,也会将其排除在出身寒微的人群之外。

年代 （公元前）	分组	姓名	《左传》中的参考文献					
			活动年代	d. 去世	f. 兴盛	Ac. 担任 职务	Fam. 贵族 家族	Ob. 出身 寒微
1. 722—693 隐公元—庄 公元年	a. 公子	屈瑕	桓十一, 桓十二	桓十三				
		公子 黔牟	桓十五, 庄六					

续表

年代 （公元前）	分组	姓名	《左传》中的参考文献					
			活动年代	d. 去世	f. 兴盛	Ac. 担任 职务	Fam. 贵族 家族	Ob. 出身 寒微
1. 722—693 隐公元—庄 公元年	a. 公子	公子州吁	隐三					
		公子翚	隐四、十，桓三					
		公子吕	隐元					
		公子彭生	桓十八					
		公子寿	桓十五					
		施父	桓九					
		叔段	隐元					
		太子急	桓十六					
		斗伯比	桓六、八、十三					
		臧僖伯	隐五					
		左公子泄	桓十五，庄六					
		王子克	桓十八					
		薳章	桓六、八					
		右公子职	桓十五，庄六					
		虞叔	桓十					
	b. 卿大夫	展亡骇	隐二、八			B/F		
		季梁	桓六、八					
		祭足	桓六、十一、十八			A/B/D/E/G		

附录 B　春秋时期名录　297

续表

年代（公元前）	分组	姓名	《左传》中的参考文献			Ac. 担任职务	Fam. 贵族家族	Ob. 出身寒微
			活动年代	d. 去世	f. 兴盛			
1. 722—693 隐公元—庄公元年	b. 卿大夫	周公黑肩	桓五	桓十八		B/F/G		
		熊率且比	桓六					
		华督	桓元、二，庄十二			E/F/G	✓	
		高渠弥	桓五、十八	桓十八		B/E		
		观丁父			约桓六—庄四（引自哀十七）			✓
		孔父嘉	桓元、二	桓二		E		
		石碏	隐三、四			F/G	✓	
		随少师	桓六			D/E		
		宰咺	隐元					
		臧哀伯	桓二，庄十一					
		颍考叔	隐十一					✓
	g. 身份不明	王子成父	桓十六（引自文十一）					
2. 692—663 庄公二—庄公三十一年	a. 公子	纪季	庄三、四					
		公子庆父	庄二、二十七	闵二				
		公子纠	庄十					
		公子完	庄二十二					
		公子牙	庄二十七	庄三十二				

续表

年代 （公元前）	分组	姓名	《左传》中的参考文献					
			活动年代	d. 去世	f. 兴盛	Ac. 担任 职务	Fam. 贵族 家族	Ob. 出身 寒微
2. 692—663 庄公二一庄 公三十一年	a. 公子	公子偃	庄十					
		公子御寇	庄二十二					
		子游	庄十二					
	b. 卿大夫	召忽	庄八	庄九				
		疆鉏	庄十六					✓
		仇牧	庄十二					✓
		颛孙	庄十一					
		雅甥	庄六					
		单伯	庄元、十四				✓	
		傅瑕	庄十四					✓
		萧叔大心	庄十二			G		
		高傒	庄九、二十二			C/E/F	✓	
		管至父	庄八					✓
		召伯廖	庄二十七			C/F	✓	
		连称	庄八					✓
		猛获	庄十二					✓
		南宫牛	庄十二					
		南宫万	庄十二			G		
		聃甥	庄六					
		鲍叔牙	庄九			F/G		
		边伯	庄十九					

续表

年代（公元前）	分组	姓名	《左传》中的参考文献			Ac.担任职务	Fam.贵族家族	Ob.出身寒微
			活动年代	d. 去世	f. 兴盛			
2. 692—663庄公二一庄公三十一年	b. 卿大夫	宾须无			约庄九—僖十七（引自昭十三）			
		石祁子	庄十二，闵二			F	✓	
		士䔍	庄二十三、二十四、二十六，僖五			E/G	✓	
		曹刿	庄十、二十三					✓
		䢼国	庄十六、十九					✓
		养甥	庄六					
		鬻拳	庄十九					
		御孙	庄二十四					
	d. 知识群体	申繻	桓六、十八，庄十四					
	e. 臣仆群体	石之纷如	庄八					✓
		寺人费（宦官）	庄八					✓
	f. 平民	雍林人	庄八					✓

续表

年代（公元前）	分组	姓名	《左传》中的参考文献			Ac. 担任职务	Fam. 贵族家族	Ob. 出身寒微
			活动年代	d. 去世	f. 兴盛			
2. 692—663 庄公二—庄公三十一年	g. 身份不明	虢叔	庄二十					
		良五	庄二十八					✓
		东关嬖五	庄二十八					✓
3. 662—633 庄公三十二—僖公二十七年	a. 公子	季友	庄二十七、三十二，僖元、十三	僖十六				
		公子奚斯	闵二					
		公子目夷	僖八、二十一、二十二					
		公子雍	文六、七					
		太子华	僖七、八					
		太子申生	庄二十八，闵二	僖四				
		子般	庄三十二					
		子臧	僖二十四	宣三				
		王子带	僖十二、二十二、二十四、二十五					
	b. 卿大夫	赵夙	闵元			B/E/F	✓	
		冀芮	僖十					
		庆郑	僖十五					✓
		井伯	僖五					

续表

年代（公元前）	分组	姓名	《左传》中的参考文献				
			活动年代	d. 去世	f. 兴盛	Ac. 担任职务	Fam. 贵族家族	Ob. 出身寒微
3. 662—633 庄公三十二—僖公二十七年	b. 卿大夫	屈完	僖四			C/F	✓	
		仲孙湫	闵元，僖十三			C		
		逢伯	僖六					
		富辰	僖二十二、二十四					
		韩辰	僖十五			E	✓	
		罕夷	闵二					✓
		郤縠	僖二十七	僖二十八		A/B/F	✓	
		隰朋	僖九、十二			B/C/E		✓
		先丹木	闵二					
		荀息	僖二	僖九		A/E/G	✓	
		狐突	闵二，僖十、二十三					
		皇武子	僖二十四、三十三			E/F	✓	
		管仲	庄九，僖十二	僖十七		A/C/E		✓
		宫之奇	僖九、十五			D		✓
		公孙枝	僖九、十五			D/E		
		虢射	僖八、十五					
		鳌负羁	僖二十三					
		李克	闵二，僖九、十			B/E/G		

续表

年代（公元前）	分组	姓名	《左传》中的参考文献					
			活动年代	d. 去世	f. 兴盛	Ac.担任职务	Fam.贵族家族	Ob.出身寒微
3. 662—633庄公三十二—僖公二十七年	b. 卿大夫	梁余子养	闵二					✓
		申侯	僖四	僖五				
		叔詹	僖七、二十三					
		宰孔	僖九、三十					
		臧文伸	庄二十八，僖二十六、三十一	文十		C/E/F		
		子文	庄三十，僖五、二十、二十七			A/B/C/F	✓	
		原繁	隐五，桓五	庄十四		B/E/G		
		辕涛涂	僖四、七、二十九			B/C/E/F		
	c. 士	介之推		僖二十四				✓
	d. 知识群体	内史过	庄三十二，僖十一					
		内史叔兴父	僖十六、二十八					
		卜招父	僖十七					
		卜齮	闵二					
		卜徒父	僖十五					
		卜偃	闵元，僖二十三、三十二					

续表

年代（公元前）	分组	姓名	活动年代	d. 去世	f. 兴盛	Ac. 担任职务	Fam. 贵族家族	Ob. 出身寒微
3. 662—633 庄公三十二—僖公二十七年	d. 知识群体	史嚚	庄三十二					
		史华龙滑	闵二					
		史苏	僖十五					
	e. 臣仆群体	易牙	僖十七、二十六					✓
		竖头须	僖二十四					✓
		寺人披（宦官）	僖五、二十五					✓
		寺人貂（宦官）	僖二、十七					✓
		圉人荦（马夫）	庄三十二，闵元					✓
	g. 身份不明	辛廖	闵元					
		颠颉	僖二十三	僖二十八				✓
		仓葛	僖二十五					✓
4. 632—603 僖公二十八—宣公六年	a. 公子	叔武		僖二十八				
		宋朝	文十六	文十八				
		公子谷生	文十一					
		公子归生	宣二、四	宣十				
		公子宋	宣四					
		公子荡	文七					

续表

年代（公元前）	分组	姓名	活动年代	d. 去世	f. 兴盛	Ac. 担任职务	Fam. 贵族家族	Ob. 出身寒微
4. 632—603 僖公二十八—宣公六年	a. 公子	王子伯廖	宣六					
	b. 卿大夫	赵穿	文十七，宣元、二			B/G	✓	
		赵衰	僖三十一			A/B/C/F	✓	
		赵盾	文七、十四，宣二			A/B/C/D/E/F/G	✓	
		针庄子	僖二十八					
		箴尹克黄	宣四			C	✓	
		成大心	文五、十一	文十二				
		箕郑	文七、八	文九		E/G		✓
		贾佗	僖二十三，文六			E		✓
		解扬	文八，宣元、十五					
		蹇叔	僖三十二、三十三			D		✓
		舟之侨	僖二十八					✓
		烛之武	僖三十，文十七			C/D		✓
		单伯	文十四、十五			C/E		✓
		鄦舒	文七，宣十五			A		✓

附录 B 春秋时期名录 305

续表

年代 （公元前）	分组	姓名	《左传》中的参考文献					
			活动年代	d. 去世	f. 兴盛	Ac. 担任 职务	Fam. 贵族 家族	Ob. 出身 寒微
4. 632—603 僖公二十 八—宣公 六年	b. 卿 大夫	夏父 弗忌	文二					
		西乞术	僖三十二、 三十三					✓
		先轸	僖二十七、 三十三	文二		A/B/ C/E		
		胥臣	僖二十八、 三十三， 文元			B/C/E		
		胥甲父	文十二， 宣元			E/G		
		狐射姑	文六			A/B/ E/F		
		狐偃	僖二十七、 三十			B/C/ E/F		
		绕朝	文十三					✓
		公孙敖	僖十五，文 元、二、八	文十四		B/C/ E/F	✓	
		孔达	文元、二、 四、九，宣 十二	宣十四		B/C/ E/F	✓	
		国庄子	僖二十八、 三十三			A/C/F	✓	
		国归父	僖二十八、 二十九、 三十三			C/F	✓	
		乐豫	文七			E/F	✓	

续表

年代（公元前）	分组	姓名	《左传》中的参考文献					
			活动年代	d. 去世	f. 兴盛	Ac. 担任职务	Fam. 贵族家族	Ob. 出身寒微
4. 632—603 僖公二十八—宣公六年	b. 卿大夫	栾悼子	僖二十七、二十八	文五		B/C/E/F	✓	
		孟明视	僖三十三、文二			B		
		宁武子	僖二十八、文四			A/B/C/F/G	✓	
		百里奚	僖三十三			D		
		潘崇	文元、十一、十四					
		邴歜	文十八				✓	
		申舟	文十、宣十四			C/E		
		石癸	僖二十四、三十			E/F	✓	
		叔仲惠伯	文十一、十四			B/C	✓	
		叔孙得臣	文元、三、十一、十八	宣五		B/C/E/F	✓	
		荡意诸	文八	文十六		E	✓	
		斗宜申	僖二十八	文十		B/E	✓	
		子哀	文十四			E		
		子玉	僖二十八			A/B/F		
		子越椒	文九、宣四			A/C/F/G	✓	
		王孙满	宣三			C		
		芳贾	宣元、四	宣四		B/E	✓	

续表

年代 （公元前）	分组	姓名	《左传》中的参考文献					
			活动年代	d. 去世	f. 兴盛	Ac. 担任 职务	Fam. 贵族 家族	Ob. 出身 寒微
4. 632—603 僖公二十 八—宣公 六年	b. 卿 大夫	魏犫	僖二十八			E/F	✓	
		阳处父	僖三十三， 文二、四、 五、六			B/C/E		
		阎职	文十八					✓
		夷骈	文十二					✓
		元咺	僖二十八	僖三十		A/C/ E/G		✓
	c. 士	祁弥明	宣二					✓
		鉏麑	宣二					✓
		公冉 务人	文十八					
		灵辄	宣二					✓
	d. 知识 群体	内史 叔服	文元、十四					
		卜楚丘	文十七					
		董狐	宣二					
	e. 臣仆 群体	竖侯獳	僖二十八					✓
	f. 平民	弦高	僖三十二					✓
	g. 身份 不明	针虎	文六					✓
		仲行	文六					✓
		狼瞫	文二					✓
		羊斟	宣三					✓
		奄息	文六					✓

续表

年代（公元前）	分组	姓名	《左传》中的参考文献 活动年代	d. 去世	f. 兴盛	Ac. 担任职务	Fam. 贵族家族	Ob. 出身寒微
5. 602—573 宣公七—成公十八年	a. 公子	刘康公	宣十					
		公子欣时	成十三					
		公子班	成十	成十三				
		公子申	成六、十五、十七	襄二				
		公子偃	成十六					
		子反	宣十五，成七、十六	成十六				
		子良	宣四、十二，成三、七					
		王札子	宣十五					
	b. 卿大夫	赵朔	宣十二			B/E	✓	
		季文子	文六、十六，宣元，成二、九、十六	襄五		A/B/C/F	✓	
		庆克	成十七			E/F	✓	
		单襄公	成元、十一、十七			B/C/F	✓	
		毛伯		宣十五		E/F		
		范文子	成二、十五、十六	成十七		B/C/E/F	✓	
		逢丑父	成二					✓
		逢大夫	宣十二					

续表

年代（公元前）	分组	姓名	《左传》中的参考文献					
			活动年代	d. 去世	f. 兴盛	Ac.担任职务	Fam.贵族家族	Ob.出身寒微
5. 602—573 宣公七—成公十八年	b. 卿大夫	韩厥	成二、三、十八、襄七卸任			A/B/C/F	✓	
		韩无忌	成十八				✓	
		郤至	成十六、十七	成十七		B/C/F/G	✓	
		郤犨	成十一、十四、十六	成十七		B/C/F/G	✓	
		郤锜	成十三、十六	成十七		B/C/F/G	✓	
		郤克	宣十七，成二、三			A/B/C/F	✓	
		泄冶		宣九				✓
		先縠	宣十二、十三	宣十三		B/C/F		
		胥童	成十七	成十七		E/G		
		荀庚	成三、十三			C/E/F	✓	
		荀林父	宣元、二、十五			A/B/F	✓	
		华元	文十六，宣十五，成十二			A/B/C/F/G	✓	
		仪行父	宣九、十，成二			G		✓
		管于奚	成十一					✓
		孔宁	宣九、十，成二			F/G		

续表

年代 （公元前）	分组	姓名	《左传》中的参考文献					
			活动年代	d. 去世	f. 兴盛	Ac. 担任 职务	Fam. 贵族 家族	Ob. 出身 寒微
5. 602—573 宣公七—成 公十八年	b. 卿大夫	公孙归父	宣十、十八			B/C		
		公孙寿	文十六，成八			C/E/F	✓	
		工尹襄	成十六					
		乐伯	宣十二					
		吕相	成十三			C	✓	
		吕锜	宣十二，成十六			B/E	✓	
		栾书	成四、十八			A/B/C/F/G	✓	
		苗贲皇	宣十七，成十六			C		
		伯宗	成五、六	成十五		B/D		
		鲍庄子	成十七			F/G		
		宾媚人	成二			C/F	✓	
		申叔时	宣十一、十五	成十五		C		
		士贞子	成十八			E/F	✓	
		士会	宣十六、十七，宣十七卸任			A/B/C/F	✓	
		叔孙侨如	成二、三、五、六、十一、十四、十五、十六			B/C/E/F	✓	

续表

年代（公元前）	分组	姓名	《左传》中的参考文献					
			活动年代	d. 去世	f. 兴盛	Ac. 担任职务	Fam. 贵族家族	Ob. 出身寒微
5. 602—573 宣公七—成公十八年	b. 卿大夫	叔婴齐	成二、六、十六			B/C		
		孙良夫	成二、三、六			B/C/F	✓	
		孙叔敖	宣十一、十二			A/F	✓	
		召伯戴	宣十五			F/G	✓	
		荡泽	成十五			E/F	✓	
		唐苟	成十六					✓
		臧宣叔	成二	成四		B/C/F		
		魏颗	宣十五			B	✓	
		巫臣	成二、七			C/F		
		伍参	宣十二					✓
		姚句耳	成十六					✓
		鱼石	成十五、十八			E/F/G	✓	
		鄎公钟仪	成七、九					
	c. 士	匡句须	成十七之前					✓
	d. 知识群体	医缓	成十六					✓
	e. 臣仆群体	谷阳竖	成十六					✓
		桑田巫	成十					✓
	f. 平民	郑贾人（郑国商人）	成三					✓

续表

年代（公元前）	分组	姓名	《左传》中的参考文献					
			活动年代	d. 去世	f. 兴盛	Ac. 担任职务	Fam. 贵族家族	Ob. 出身寒微
5. 602—573 宣公七—成公十八年	g. 身份不明	长鱼矫	成十七					✓
		仲叔于奚	成二					✓
		夷羊五	成十七					✓
		叔山冉	成十六					✓
		养由基	宣十二，襄十三					✓
6. 572—543 襄公元—三十年	a. 公子	季札	襄十四、二十九					
		公子荆	襄二十九					
		公子鱄	襄十四、二十六					
		公子	成十三，襄二、七、十					
		公子壬夫	成十八，襄元		襄五			
		子南	襄二十一		襄二十二			
		子囊	襄五、十四					
		杨干	襄三					
	b. 卿大夫	张老	成十八，襄三					
		赵武	襄二十五	昭元		A/B/C/F	✓	
		陈桓子	襄二十四、二十八，昭二			C/F/G	✓	

续表

年代（公元前）	分组	姓名	《左传》中的参考文献					
			活动年代	d.去世	f.兴盛	Ac.担任职务	Fam.贵族家族	Ob.出身寒微
6. 572—543 襄公元—三十年	b. 卿大夫	陈文子	襄二十七、二十八			C/F/G	✓	
		程郑	成十八，襄二十四			E	✓	
		籍偃	成十八，襄二十一			E		
		祁奚	成十八，襄三卸任					
		祁午	襄三，昭五					
		解狐	襄三					
		庆封	襄二十五、二十七、二十八	昭四		A/B/C/F/G	✓	
		庆嗣	襄二十八				✓	
		邾庶其	襄二十一					
		屈建	襄二十三、二十五、二十七	襄二十八		A/B/F	✓	
		蘧伯玉	襄十四、二十三、二十六、二十九			D		
		中行偃	成十七，襄十三	襄十九		A/B/F	✓	
		刘定公	襄十四，昭元			C/F	✓	
		范宣子	成十八，襄十四、十九	襄二十六		A/C/F	✓	

续表

年代（公元前）	分组	姓名	《左传》中的参考文献					
			活动年代	d. 去世	f. 兴盛	Ac.担任职务	Fam.贵族家族	Ob.出身寒微
6. 572—543 襄公元一三十年	b. 卿大夫	厚成叔	襄十四					
		西鉏吾	成十八，襄九			E		✓
		向戍	成十五，襄十、二十七			A/B/C/F	✓	
		邢蒯	襄二十一					✓
		荀罃	襄九、十三	襄十三		A/B/C/F	✓	
		华臣	襄九、十七			E/F/G	✓	
		观起	襄二十二					✓
		公叔文子	襄二十九，定六，定十三卸任					
		公孙夏	襄十五、十九、二十二	襄十九		A/B/C/F/G	✓	
		公孙丁	襄十四					
		乐喜	襄五、二十七			A/B/C/F	✓	
		乐王鲋	襄二十一、二十三					
		孟献子	宣九，襄五	襄十九		B/C/F	✓	
		宁喜	襄二十五、二十六	襄二十七		F/G	✓	
		女齐	襄二十六、二十九，昭五			E		

续表

年代（公元前）	分组	姓名	《左传》中的参考文献					
			活动年代	d. 去世	f. 兴盛	Ac. 担任职务	Fam. 贵族家族	Ob. 出身寒微
6. 572—543 襄公元—三十年	b. 卿大夫	鲍国	成十七，昭十四			C/E/F		
		单靖	襄十、十五			A/C	✓	
		申叔豫	襄二十一、二十二					
		石臬	襄十一			C/E/F	✓	
		士鲂	成十八，襄九、十一	襄十三		B/C/E/F	✓	
		叔向	襄十四、十六、二十六、二十七			C/D/E		
		叔孙豹	成十六	昭四		B/C/F	✓	
		孙蒯	襄十、十四、十七、二十六			B/C	✓	
		孙文子	成十四，襄二、七、十四、十九、二十、二十六			A/B/C/F/G	✓	
		太叔仪	襄十四、二十五、二十九			E		
		邓廖	襄三			B		✓

续表

年代 （公元前）	分组	姓名	《左传》中的参考文献					
			活动年代	d. 去世	f. 兴盛	Ac. 担任 职务	Fam. 贵族 家族	Ob. 出身 寒微
6. 572—543 襄公元— 三十年	b. 卿大夫	崔杼	成十七，襄十、二十四、二十五	襄二十八		A/B/C/F/G	✓	
		甗蔑	襄二十四、二十五					✓
		子朱	襄二十六					
		子员	襄二十六					
		魏绛	襄四、十一、十八			B/C/E/F	✓	
		尉止	襄十					✓
		蒍奄	襄二十五	襄三十		E/F	✓	
		羊舌职	成十八	襄三				
		羊舌赤	襄三	昭五				
		晏桓子	宣十四，襄二、六	襄十七		B/C/F		
		尹公陀	襄十四					✓
		游贩	襄二十二					✓
		右宰谷	襄十四、二十六、二十七			B/E		
		庾公差	襄十四					✓
	c. 士	季梁	襄二十三					✓
		殖绰	襄十八、十九、二十一、二十六					✓

续表

年代（公元前）	分组	姓名	《左传》中的参考文献					
			活动年代	d. 去世	f. 兴盛	Ac. 担任职务	Fam. 贵族家族	Ob. 出身寒微
6. 572—543 襄公元—三十年	c. 士	秦堇父	襄十					✓
		华周	襄二十三					✓
		叔梁纥	襄十、十七					✓
		狄虒弥	襄十					✓
		臧坚	襄十七					
	d. 知识群体	祝佗父	襄二十五					
		南史氏	襄二十五					
		师慧	襄十五					
		师旷	襄十四、三十，昭八					
		太史氏兄弟	襄二十五					
	e. 臣仆群体	伊戾	襄二十六					✓
	f. 平民	绛老人（绛地老人）	襄三十					✓
	g. 身份不明	巢牛臣	襄二十五					✓
		匠庆	襄四					✓
		申鱲	襄二十五					✓
7. 542—513 襄公三十一—昭公二十九年	a. 公子	蹶由	昭五、十九					
		公子招	昭元、八					
		公子比	昭元		昭十三			
		太子建	昭十九、二十		昭二十七			

318　形塑中国：春秋、战国间的文化聚合

续表

年代（公元前）	分组	姓名	《左传》中的参考文献					
			活动年代	d. 去世	f. 兴盛	Ac.担任职务	Fam.贵族家族	Ob.出身寒微
7. 542—513襄公三十一—昭公二十九年	a. 公子	王子朝	昭二十二	定五				
	b. 卿大夫	赵景子	昭五、九			C/F	✓	
		成鱄	昭二十八					✓
		籍谈	昭二十二			B		
		季平子	昭十二、二十五	定五		A/B/C/F/G	✓	
		椒举	昭四			C		
		智徐吾	昭二十八				✓	
		仲几	昭二十二、定元			B/C/F		
		詹桓伯	昭九			C		
		樊顷子	昭二十二、二十三			E/G		
		费无极	昭十九	昭二十七		E/G		✓
		冯简子	襄三十一					
		韩起	襄三十一	昭二十八		A/B/C/F	✓	
		邾昭伯	昭二十五					
		郄宛	昭二十七	昭二十七		B/E		
		夏齧	昭二十三			B/F	✓	
		邢侯	昭十四					
		荀吴	襄二十六，昭十三、十五、十七			B/C/F	✓	

续表

年代（公元前）	分组	姓名	《左传》中的参考文献					
			活动年代	d. 去世	f. 兴盛	Ac.担任职务	Fam.贵族家族	Ob.出身寒微
7. 542—513 襄公三十一——昭公二十九年	b. 卿大夫	裔款	昭二十				✓	
		荣驾鹅	襄二十八、二十九，定元					
		观从	昭十三				✓	
		公孙楚	昭元			E/G	✓	
		公孙黑	昭元			E/G	✓	
		孔张	昭十六					
		梁丘据	昭二十、二十六				✓	
		原伯鲁	昭十八					
		孟蛰子	昭七、十、十一	昭二十四		B/C/F	✓	
		孟丙	昭二十八					✓
		南宫极	昭二十三					
		南宫敬叔	昭七，哀三				✓	
		女宽	昭二十六			B		
		北宫文子	襄三十、三十一，昭十一			C/E		
		神灶	襄三十，昭十、十七					✓
		宾猛	昭二十二			E/G		✓
		申亥	昭十三			E		
		申亡宇	昭七			E/G		

续表

年代 （公元前）	分组	姓名	《左传》中的参考文献					
			活动年代	d. 去世	f. 兴盛	Ac. 担任 职务	Fam. 贵族 家族	Ob. 出身 寒微
7. 542—513 襄公三十 一—昭公 二十九年	b. 卿 大夫	士文伯	襄三十、 三十一，昭 二、七			C	✓	
		士鞅	襄十六，昭 二十三、 二十七， 定八			B/C/F	✓	
		叔鱼	昭十四	昭十四				
		叔孙 昭子	昭十二、 二十一、 二十三	昭 二十五		A/B/ C/F	✓	
		司马乌	昭二十二、 二十八			B/E		
		司徒丑	昭二十二					
		太叔疾	襄二十九， 哀十一			C		
		臧昭伯	昭二十五			C/F		
		子产	襄十九、 三十	昭二十		A/B/ C/F	✓	
		子家羁	昭二十五			C/G		
		子服 昭伯	昭十六、 二十三			C	✓	
		子服 惠伯	襄二十五， 昭三、十三			C	✓	
		子皮	襄二十九， 昭六	昭十三		A/B/ C/F	✓	
		子太叔	襄二十四， 昭二十	定四		A/C/F	✓	

续表

年代（公元前）	分组	姓名	《左传》中的参考文献				
			活动年代	d.去世	f.兴盛	Ac.担任职务	Fam.贵族家族	Ob.出身寒微
7. 542—513 襄公三十一—昭公二十九年	b. 卿大夫	蔫启疆	襄二十四，昭元、四、七			B/E/F	✓	
		蔫罢	襄二十七、三十一，昭元、六			A/B/C/F	✓	
		魏戊	昭二十八			E	✓	
		伍奢	昭二十			E		
		伍尚	昭二十					
		晏平仲	襄二十九，昭三、二十六			E/F		
		雍子	昭十四					
	c. 士	专诸	昭二十七					✓
		谢息	昭七					✓
		南蒯	昭十二、十四					✓
		宗鲁	昭二十					✓
	d. 知识群体	医和	昭元					✓
		史赵	襄三十，昭八					
		史朝	昭七					
		师己	昭二十五					
		左史倚相	昭十二					
	e. 臣仆群体	齐虞人	昭二十					✓
		侍人僚柤	昭二十五					✓

续表

年代 （公元前）	分组	姓名	《左传》中的参考文献					
			活动年代	d. 去世	f. 兴盛	Ac. 担任 职务	Fam. 贵族 家族	Ob. 出身 寒微
7. 542—513 襄公三十一—昭公二十九年	e. 臣仆群体	竖牛	昭四					✓
		寺人柳 （宦官）	昭六、十					✓
	g. 身份不明	琴牢	昭二十					✓
		季公鸟	昭二十五					
		里析	昭十八					
		申须	昭十七					✓
		屠蒯	昭九、十七					✓
		梓慎	昭十八、二十、二十一					✓
8. 512—483 昭公三十一—哀公十二年	a. 公子	公叔务人	昭二十五	哀十一				
		公子郢	哀二					
		子期	定四，哀六、十六	哀十六				
		子西	定五，哀十六	哀十六				
		晏孺子	哀五	哀六				
		苌弘	昭十一	哀三				✓
	b. 卿大夫	赵简子	昭二十五，定八、十四，哀二、五、十七			B/C/ F/G	✓	
		陈昭子	哀十一			E/G	✓	
		陈乞	哀四、六			F/G	✓	

续表

年代（公元前）	分组	姓名	《左传》中的参考文献					
			活动年代	d. 去世	f. 兴盛	Ac. 担任职务	Fam. 贵族家族	Ob. 出身寒微
8. 512—483 昭公三十一—哀公十二年	b. 卿大夫	陈桓子	定五、六、八、十二，哀二、三	哀三		A/B/F/G	✓	
		中行寅	襄十七，昭二十九，定八、十三，哀五、二十七			B/C/F/G	✓	
		刘文公	定四	定四		C/F	✓	
		辕颇	哀十一			E/F		
		范吉射	定十三，哀五			F/G	✓	
		逢滑	哀元					
		夷射姑	定二、三					✓
		高张	昭二十九、三十二，定八，哀六			B/C/F/G	✓	
		公父文伯	定五，哀三				✓	
		公孙疆	哀七			A		
		孔圉	定四，哀元、十一	哀十五		B/F/G	✓	
		国夏	定四、七、八，哀三、四、五、六			B/C/F/G	✓	
		乐大心	昭二十二、二十五，定九、十一			C/F/G	✓	

续表

年代 （公元前）	分组	姓名	《左传》中的参考文献			Ac. 担任 职务	Fam. 贵族 家族	Ob. 出身 寒微
			活动年代	d. 去世	f. 兴盛			
8. 512—483 昭公三十一 —哀公十二年	b. 卿 大夫	孟懿子	昭二十七、三十二，定元、六、十，哀元、六、十四			B/C/F	✓	
		弥子瑕	定六，哀二十五					✓
		囊瓦	昭二十三，定二、四			A/B/F/G		
		鲍牧	哀六、八			B/F/G		
		彪傒	昭三十二，定元					✓
		申包胥	定四			C/G		
		沈尹戌	昭二十九、三十一	定四		B/E/G		
		史皇	定四					
		叔孙武叔	定十，哀二、十一			B/C/G	✓	
		司马弥牟	昭二十四、二十八、三十二			B/C/E/F	✓	
		太宰嚭	哀元、八、十二、二十四			B/C/E		
		斗辛	昭十四，定四			E/G		

续表

年代（公元前）	分组	姓名	《左传》中的参考文献					
			活动年代	d. 去世	f. 兴盛	Ac. 担任职务	Fam. 贵族家族	Ob. 出身寒微
8. 512—483 昭公三十一—哀公十二年	b. 卿大夫	子服景伯	哀三、七、八、十三、十五			C	✓	
		子羽	哀十二					
		王孙贾	定五					
		王孙由于	定四、五					
		魏献子	昭二十八，定元			A/B/C/F	✓	
		伍员	定四，哀元			B/G		
		阎没	昭二十八，定六			B/E		✓
		邮亡邮	哀二					
	c. 士	季路	定十二，哀十四	哀十五				✓
		樊迟	哀十一					✓
		公山不狃	定十二					✓
		孔丘（孔子）	定十二，哀十一	哀十六				✓
		锟金	定四					
		孟之反	哀十一					
		董安于	定十三、十四					✓
		阳虎	定五、七、九					✓
		有若	哀八					✓

续表

年代 （公元前）	分组	姓名	《左传》中的参考文献			Ac. 担任 职务	Fam. 贵族 家族	Ob. 出身 寒微
			活动年代	d. 去世	f. 兴盛			
8. 512—483 昭公三十一— 哀公十二年	d. 知识 群体	祝佗	定四					
		蔡墨	昭二十九、 三十、 三十一					
	g. 身份 不明	钟建	定四、五					✓
		桑掩胥	哀十一					✓
		澹台子 羽之父	哀八					✓
9. 482—464 哀公十四— 悼公四年	a. 公子	子吕		哀十六				
	b. 卿 大夫	赵襄子	哀二十、 二十七			F	✓	
		陈恒	哀十四、 二十七			F/G	✓	
		季康子	哀七		哀 二十七	A/B/ F/G	✓	
		诸御鞅	哀十四					✓
		后庸	哀二十六、 二十七			B/C		✓
		荀瑶	哀二十六、 二十七， 悼四			B/F/G	✓	
		公孙 贞子	哀十五					
		孔悝	哀十五、 十六			F/G	✓	
		白公胜	哀十六			G		

续表

年代（公元前）	分组	姓名	《左传》中的参考文献					
			活动年代	d. 去世	f. 兴盛	Ac. 担任职务	Fam. 贵族家族	Ob. 出身寒微
9. 482—464 哀公十四—悼公四年	b. 卿大夫	石圃	哀十七、十八			F/G	✓	
		太叔遗	哀十六、十八					
		子我	哀十四			A		✓
		子行	哀十一、十四				✓	
		蒍固	哀十八			B/F	✓	
		叶公子高	定五，哀十六、十七、十九			B/E/G		
	c. 士	孟（狐）黡	哀十五					✓
		冉有	哀十一、十四、二十三					✓
		石乞	哀十五					
		东郭贾	哀十四					✓
		子羔	哀十五、十七					✓
		子贡	哀七、十二、十五、二十六					✓
	e. 臣仆群体	鉏商	哀十四					✓
		浑良夫	哀十五	哀十六				✓

续表

年代 （公元前）	分组	姓名	《左传》中的参考文献					
			活动年代	d. 去世	f. 兴盛	Ac. 担任 职务	Fam. 贵族 家族	Ob. 出身 寒微
9. 482—464 哀公十四— 悼公四年	g. 身份 不明	鄬魁垒	悼四					✓
		熊宜僚	哀十六					
		颜烛雏	哀二十三					✓

附录 C 战国时期名录

说　明

1. 名录中包括《汉书·古今人表》中所有可确定年代的人员姓名，君主和时代无法确定者排除在外。

2. 除非有特殊说明，错讹的名字根据王先谦《汉书补注》的意见加以修正。

3. 个人的年代根据以下方式决定：

A. 此人的出生和死亡日期（如果已知）。

B. 同时期历史事件的年代。

C. 他所服务的君主在位的日期；如果没有其他可追溯资料，则以君主在位第一年为准。

D. 与他有关联的同时期人物的年代。

E. 如有可能，则使用钱穆《先秦诸子系年》中给出的年代。

4. 缩写的含义：

Ob.：出身寒微的人，他们的姓氏既不是列国任何一个春秋大贵族家族的姓氏，也没有可能与春秋时期大夫家族有关的官方职衔。

CKT：《战国策》（四部备要本）；

HCCT：钱穆《先秦诸子系年考辨》；

HFT：王先慎《韩非子集解》；

HH：刘向《新序》（四部丛刊本）；

LC：《礼记》（四部丛刊本）；

LSCC：《吕氏春秋》（四部丛刊本）；

MT：《孟子》（四部丛刊本）；

SCHI：《史记》（四部备要本）；

SY：刘向《说苑》（四部备要本）。

A/B：卷A第B页；1—2：第1—2页。

年代（公元前）	姓名	活动情况（公元前）			引用来源
		生卒年份（约）	f.兴盛（年）	Ob.出身寒微	
Ⅰ．463—434	青荓子		458—453	✓	LSCC12/4—10
	漆雕开	510—450		✓	HCCT附录99
	智果		455—453		CKT18/3
	禽滑釐	470—400	444	✓	HCCT167—178
	任章		455	✓	CKT22/1
	高共		454		SCHI43/10；HFT15/5—6
	公季成		约446		SCHI44/3—4；SY2/3—4
	公输般		445		CKT32/1

续表

年代（公元前）	姓名	活动情况（公元前）			引用来源
		生卒年份（约）	f.兴盛（年）	Ob.出身寒微	
Ⅰ．463—434	李悝		约446	✓	SCHI74/5
	乐正子春		436		LC2/5
	墨翟	480—390		✓	HCCT127—130，附录100
	司寇惠子		约506—445		LC2/12—13；HCCT66
	田子方	475—400	约446		SCHI44/2—3；HCCT附录100
	曾子	505—436		✓	HCCT69
	段干木	465—395	约446	✓	SCHI44/3；HCCT附录100
	子张	503—450			HCCT67—68
	子夏	507—420		✓	HCCT66—67
	子游	506—445		✓	HCCT66
	颜丁	503—450		✓	LC3/7；HCCT67—68
	豫让	453去世	约458—453		SCHI86/3—4
	原过		453		SCHI43/10—11
Ⅱ．433—404	赵仓堂		约408		SCHI44/2
	翟黄		约405	✓	LSCC24/6；SCHI44/3—4；HFT12/4；HCCT附录24
	屈侯鲋		约406		SCHI44/4
	番吾君		约408—387		SCHI43/12
	西门豹		约406	✓	CKT22/102；LSCC16/13
	泄柳		约415—383	✓	MT2（2）11，3（2）7
	任座		约406	✓	LSCC24/6

续表

年代 （公元前）	姓名	活动情况（公元前）			引用来源
		生卒年份 （约）	f.兴盛 （年）	Ob.出 身寒微	
Ⅱ.433—404	公仪休		约415—383		MT6（2）6
	李克		约405	✓	SCHI44/4
	乐羊		约408		SCHI80/1，44/4
	南宫边		约415—383		SY14/2—3
	宁越	445—385	约406		LSCC16/1—2
	申详		约415—383		MT2（2）11
	太史屠黍		约406		LSCC16/1—2
	子思		约415—383		MT2（2）11，5（2）6，4（2）31，6（2）6；HCCT159—162
Ⅲ.403—374	长息		约400	✓	MT5（2）3
	侠累	397去世			SCHI45/2，86/5—7
	徐弱	381去世		✓	LSCC19/9
	徐越		约402	✓	SCHI43/12
	荀欣		约403		SCHI43/12
	公仲连		约402		SCHI43/11
	公明高		约400		MT5（1）1
	列御寇	450—375			CHT9/22—23；LSCC14/10，19/14；SCHI42/12
	孟胜	381去世			LSCC19/8—9
	聂政	397去世		✓	SCHI86/5—7
	牛畜		约402	✓	SCHI43/12
	驷子阳	398去世			SCHI42/12

续表

年代 （公元前）	姓名	活动情况（公元前）			引用来源
		生卒年份 （约）	f.兴盛 （年）	Ob.出 身寒微	
Ⅲ. 403—374	监突		约384		LSCC24/7
	太史儋		374		SCHI4/26, 5/17
	田襄子		381		LSCC19/9
	王顺		约400	✓	MT5（2）3
	吴起	381去世	406—381		SCHI65/3—6
	阳成君	381去世			LSCC19/8—9
	阳竖		约397	✓	CKT1/7
	严仲子		约397		SCHI86/5—7
	颜般		约400	✓	MT5（2）3
Ⅳ. 373—344	安陵君		约369—340		CKT14/3
	昭奚恤		353		SCHI15/18；CKT14/1
	赵良		359		SCHI68/5
	江乙		约369—340	✓	CKT14/1, 2, 3
	屈宜咎		约362—333		SY13/6
	淳于髡		约357—319	✓	SCHI46/10, 74/3—4
	肥义	390—295		✓	CKT43/14, 20, 22
	甘龙		约359	✓	SCHI68/1
	高子	420—350		✓	MT2（1）2, 6（1）1—4, 6（1）6
	白圭	375—290	344	✓	SCHI15/19；HCTT234—235
	庞涓	353去世			SCHI44/6—7, 44/10

续表

年代（公元前）	姓名	活动情况（公元前）			引用来源
		生卒年份（约）	f.兴盛（年）	Ob.出身寒微	
Ⅳ．373—344	商鞅	390—338	359		SCHI68/1—7
	申不害	337去世	355—337	✓	SCHI15/18，20
	孙膑	380—320	343	✓	SCHI65/2—3
	大成午		372—334	✓	CKT26/1；SCHI43/12，43/14
	唐尚		353	✓	LSCC26/2—3
	田忌	385—315	354—318		SCHI46/9—10
	邹忌	385—319	358	✓	SCHI46/5—10
	杜挚		359	✓	SCHI68/2
	子华子	380—320	362—333	✓	LSCC21/7
Ⅴ．343—314	张仪	310去世	328—311		SCHI70/1—14
	陈轸		与张仪同时		SCHI40/20
	庄周	365—290	339	✓	SCHI63/3—4；HCCT253—254
	屈原		315—299		SCHI84/1—5；HCCT249—252
	冯郝		322	✓	CKT16/3
	徐子		343	✓	CKT32/3
	薛居州		与孟子同时	✓	MT3（2）6
	惠盎		约337—286	✓	LSCC15/13
	惠施	371—310		✓	CKT23/4，5/6；HCCT346—347
	告子		与孟子同时		MT2（2）12，7（2）21，7（2）22

续表

年代 （公元前）	姓名	活动情况（公元前）			引用来源
		生卒年份（约）	f.兴盛（年）	Ob.出身寒微	
V．343—314	匡章		335—301	✓	CKT8/6—7；SCHI15/25，5/22
	昆辩		319	✓	CKT8/2
	公仲明		339之前		CKT26/5
	公孙丑		孟子弟子		MT2（1）1
	公孙衍		333—323		SCHI15/21，70/16
	乐正子		孟子弟子	✓	MT1（2）16，6（2）12
	闾丘卬		约319—301	✓	HH5/15
	闾丘先生		约319—301	✓	SY11/2
	孟子	390—305	约320—312		SCHI74/1—2；HCCT285，318—319，325—326，339—340
	莫敖子华		约339—329		CKT14/9
	薄疑		约324—283	✓	LSCC13/13，18/3；HFT9/7
	慎子	350—275		✓	SCHI74/4，46/10；HCCT389—392
	沈尹华		339		LSCC16/17
	史起		约318—296		LSCC16/13
	史举		与张仪、公孙衍同时		CKT14/5，23/2
	司马错		316		SCHI5/22，15/25；CKT3/9

续表

年代 （公元前）	姓名	活动情况（公元前）			引用来源
		生卒年份 （约）	f.兴盛 （年）	Ob.出 身寒微	
V. 343—314	苏秦	321去世	334	✓	SCHI69/1, 69/14; HCCT268—279
	苏厉		316—314	✓	SCHI69/17, 69/21; HCCT268—279
	苏代		316—314, 288	✓	SCHI34/4, 69/17, 18, 21; HCCT268—279
	宋遗		313	✓	SCHI40/20
	戴胜之		与孟子同时		MT3（2）6
	唐易子		约319—301	✓	HFT13/8
	田骈	350—275			SCHI46/10, 74/4; HCCT393—394
	田婴		约311		SCHI75/1
	铎椒	380—320	约339	✓	SCHI14/2; HCCT附录102
	子之	314去世	316	✓	SCHI34/4—5
	万章		孟子弟子	✓	MT3（3）5
	王斗		319	✓	CKT11/5—6
	颜歜		约319—301	✓	CKT11/4
	尹文子		319	✓	HFT9/13; SY1/1; HCCT203
	於陵仲子	350—260			MT3（2）10
VI. 313—284	陈筮		约295—273		SCHI45/7
	靳尚		313—311	✓	CKT15/1—2

续表

年代（公元前）	姓名	活动情况（公元前）			引用来源
		生卒年份（约）	f.兴盛（年）	Ob.出身寒微	
Ⅵ. 313—284	景差		屈原去世的299之后		SCHI84/6
	泾阳君		301—291		SCHI5/22—23
	荀卿	340—245	325—278		SCHI74/4；HCCT387—388，400—408，附录103
	狐咺	300—284年间去世			CKT13/1
	华阳君		299		SCHI5/22，72/1
	任鄙	288去世	约310—288	✓	SCHI5/21，5/23
	如耳		311	✓	CKT6/2；SCHI44/9；HFT9/7
	甘茂		309—305	✓	SCHI5/21，71/3—7
	公孙弘		302		CKT11/3；LSCC12/9
	公孙龙	320—250	283，279		SCHI76/4；LSCC18/2—3，16—17；HCCT397—400，附录103
	郭隗		295之前	✓	CKT29/8
	李兑		296及以后	✓	SCHI43/20—22
	乐毅		约295—279		SCHI80/1—5，34/5—6
	孟尝君		299—286		SCHI75/1—5
	孟说		约310—307		SCHI5/21
	淖齿		285	✓	SCHI46/13—14
	白起	257去世	293—260	✓	SCHI73/1—5

续表

年代 （公元前）	姓名	活动情况（公元前）			引用来源
		生卒年份 （约）	f.兴盛 （年）	Ob.出 身寒微	
Ⅵ．313—284	上官大夫		313—307	✓	SCHI84/1
	樗里疾	300去世	309—300		SCHI5/21，71/1—2
	司马喜		与公孙衍同时		CKT33/3
	宋玉		屈原去世的299之后	✓	SCHI84/6
	代君章	296去世			CKT43/19，20—22
	唐勒		屈原去世的299之后	✓	SCHI84/6
	唐蔑	301去世		✓	SCHI40/22，45/5
	田不礼	296去世			SCHI43/20—22
	邹衍	约305—240		✓	SCHI46/10，74/1—2；HCCT402—403，附录103
	子椒		313—307		HH7/10
	子兰		298		SCHI84/3
	王歜		284之前	✓	SCHI82/3
	王孙贾		284		CKT13/1
	魏冉		305—265		SCHI5/22—23，25，72/1—5
	魏公子牟	320—249	266		CKT20/4，11；HCCT408—411，附录103
	乌获		310—307	✓	SCHI5/21
	雍门子周		303之后	✓	SY11/7

附录C 战国时期名录

续表

年代 （公元前）	姓名	活动情况（公元前）			引用来源
		生卒年份 （约）	f.兴盛 （年）	Ob.出 身寒微	
VII. 283—254	安陵君		与信陵君 同时，约 258—243		CKT25/6
	赵括		260		SCHI73/2—3，81/6—7
	赵奢		270		SCHI81/5—6
	骑劫		279	✓	SCHI34/6，82/1—2
	周最		270		SCHI4/30
	朱亥		258	✓	SCHI77/2，4
	庄蹻		277		SCHI40/27，116/2
	庄辛	325—255	277	✓	CKT17/2；HCCT405—407， 附录103
	春申君	238去世	262—238		SCHI78/1—7
	范睢		272—255 及以后		SCHI79/1—12
	侯嬴		258	✓	SCHI77/2，4
	信陵君	243去世	276—243		SCHI77/1—6
	孔穿	312—262	265		LSCC13/8，18/11—12； SCHI47/23；HCCT418—420
	廉颇		279—250	✓	SCHI81/1—8
	蔺相如		279	✓	SCHI81/1—4
	鲁仲连	305—245	258—250	✓	SCHI83/1—7；HCCT435— 439，附录103
	马犯		273	✓	SCHI4/30
	毛遂		258	✓	SCHI76/2—3
	平原君	251去世	298—251		SCHI76/1—5
	缩高		258 或 247	✓	CKT25/6

续表

年代 （公元前）	姓名	活动情况（公元前）			引用来源
		生卒年份 （约）	f.兴盛 （年）	Ob.出身寒微	
VII. 283—254	田单		284—265		SCHI82/1—3
	蔡泽		255	✓	SCHI79/12—17
	左师触龙		265		CKT21/10；SCHI43/26
	虞卿	305—235	265	✓	SCHI76/4—8；HCCT412—414，附录103
VIII. 253—221	将渠		251	✓	SCHI34/7
	秦武阳		227	✓	SCHI86/12—14
	荆轲		227	✓	SCHI86/8—14
	朱英		238	✓	CKT17/7
	剧辛	242去世		✓	SCHI34/7，43/30
	鞠武		232，227	✓	SCHI86/9
	樊於期		227		SCHI86/9，11—13
	韩非	281—233	234		SCHI63/5，9；HCCT440—443，附录104
	高渐离		227		SCHI86/8，12，15—16
	栗腹	251被杀	251	✓	SCHI34/7，43/29
	李牧	228去世	243—233	✓	SCHI43/30—31
	李斯	275—208	247—221	✓	SCHI6/5，27/1—16；HCCT440—443，附录104
	李园		238	✓	SCHI78/6—7
	乐闲		251		SCHI34/6—7
	吕不韦	290—235	249—235	✓	SCHI5/27，6/5，85/1—5；HCCT448—451，附录104
	蒙恬	210去世	221	✓	SCHI88/1
	太子丹	226去世	232—226		SCHI34/7，86/8—15
	唐雎		225以后	✓	CKT25/8
	王翦		227	✓	SCHI73/5

附录 D 专用词语中英文对照表

A-heng	阿衡	An-p'ling	安平	Chai Chiang	翟强	Chai Huang	翟黄
Chao kuo	战国	Chan Wu-hsieh	展亡骇	Chang	张	Chang	漳
chang	丈	Chang I	张仪	Chang K'ai-ti	张开地	Chang Lao	张老
Chang Liang	张良	Chang P'ing	张平	Chang T'ang	张唐	Ch'ang Hsi	长息
Ch'ang Hung	苌弘	Ch'ang-P'ing	长平	Ch'ang-P'ing	昌平	Ch'ang-wen	昌文
Ch'ang-yü Chiao	长鱼矫	Chao	召	Chao	赵	Chao Ch'i	赵岐
Chao Chien-tzu	赵简子	Chao Ching-tzu	赵景子	Chao Ch'uan	赵穿	Chao Hsi-hsüeh	昭奚恤
Chao Hsiang-tzu	赵襄子	Chao Hsien	昭献	Chao Hsien	赵献	Chao Hu	召忽
Chao K'uo	赵括	Chao Liang	赵良	Chao Pao	赵豹	Chao She	赵奢
Chao Sheng	赵胜	Chao Shuai	赵衰	Chao So	赵朔	Chao Su	赵夙
Chao Ts'ang-t'ang	赵仓堂	Chao Tun	赵盾	Chao Tzu	昭子	Chao Wu	赵武
Ch'ao Niu Ch'en	巢牛臣	chen	震	Chen Chuang-tzu	针庄子	Chen Hu	针虎

续表

Chen-yin K'e-huang	箴尹克黄	Ch'en	陈	Ch'en Chao-tzu	陈昭子	Ch'en Cheng	陈轸
Ch'en Ch'i	陈乞	Ch'en Chung-tzu	陈仲子	Ch'en Heng	陈恒	Ch'en Huan-tzu	陈桓子
Ch'en Shih	陈筮	Ch'en Wen-tzu	陈文子	Cheng Chia-jen	郑贾人	Ch'eng	成
Ch'eng Cheng	程郑	Ch'eng Chuan	成鱄	Ch'eng Hsuan-ying	成玄英	Ch'eng Ta-hsin	成大心
Ch'eng pu	城濮	Chi	季	Chi	姬	Chi	冀
Chi	济	chi	籍	Chi Cha	季札	Chi Ch'eng-tzu	季成子
Chi Chi	纪季	Chi Huan-tzu	季桓子	Chi Jui	冀芮	Chi K'ang-tzu	季康子
Chi-kung Niao	季公鸟	Chi Liang	季梁	Chi Lu	季路	Chi P'ing-tzu	季平子
Chi-sun	季孙	Chi-sun Hsing-fu	季孙行父	Chi-sun Su	季孙宿	Chi T'an	籍谈
Chi Tsu	祭足	Chi Wen-tzu	季文子	Chi Yen	季燕	Chi Yu	季友
Ch'i	祁	Ch'i	淇	Ch'i	齐	Ch'i Cheng	箕郑
Ch'i Chi	骑劫	Ch'i Hsi	祁奚	Ch'i Liang	杞梁	Ch'i Mi-ming	祁弥明
Ch'i-tiao K'ai	漆雕开	Ch'i Wu	祁午	Ch'i Yü-jen	齐虞人	Chia Lei	侠累
Chia T'o	贾佗	Chiang	江	Chiang Ch'ing	匠庆	Chiang Ch'ü	将渠
Chiang I	江乙	Chiang Lao-jen	绛老人	Chiang Yüan	姜嫄	Ch'iang Ch'u	疆鉏

续表

Chiao Chü	椒举	Chiao Ko	胶鬲	Ch'iao Chui	巧垂	Chieh	桀
Chieh Chih T'ui	介之推	Chieh Hu	解狐	Chieh K'ao	桔槔	Chieh Pien	解扁
Chieh Tsang	节葬	Chieh Yang	解扬	Chieh Yung	节用	Chien Ai	兼爱
Chien Shu	蹇叔	Chien Ti	简狄	ch'ien	钱	Chih	智
Chih	跖	Chih Ch'o	殖绰	Chih Fang Shih	职方氏	Chih Hsiang-tzu	智襄子
Chih Hsü-wu	智徐吾	Chih Kuo	智果	ch'ih	尺	Chin	晋
chin	金	chin	斤	Chin Shang	靳尚	Chin-yang	晋阳
Ch'in	秦	ch'in	琴	Ch'in Chin-fu	秦堇父	Ch'in Hua-li	禽滑釐
Ch'in Lao	琴牢	Ch'in Shih Huang Ti	秦始皇帝	Ch'in Wu-yang	秦武阳	Ching	荆
Ching	经	Ching Ch'a	景差	Ching K'o	荆轲	Ching Po	井伯
Ching Shuo	经说	Ch'ing	青	Ch'ing	庆	ch'ing	顷
ch'ing	卿	Ch'ing Cheng	庆郑	Ch'ing Feng	庆封	Ch'ing K'o	庆克
Ch'ing P'ing-tzu	青荓子	Ch'ing Ssu	庆嗣	Chiu	丘	Chou	周
Chou Chih Ch'iao	舟之侨	Chou Sung	周颂	Chou Tsui	周最	Ch'ou Mu	仇牧
Chu	邾	Chu Hsi	朱熹	Chu Chih Wu	烛之武	Chu Hai	朱亥
Chu Shu-ch'i	邾庶其	Chu T'o	祝佗	Chu T'o-fu	祝佗父	Chu Ying	朱英

Chu Yü-yang	诸御鞅	Ch'u	楚	Ch'u Mi	鉏麑	Ch'u Shang	鉏商
Chuan Chu	专诸	Chuan Sun	颛孙	Chuan-yu	颛臾	Chuang Chiao	庄蹻
Chuang Chou	庄周	Chuang Hsin	庄辛	Chui Sheng	雎甥	Chun Chiu	春秋
Chun-shen	春申	Chun-yü Kun	淳于髡	Chung	仲	chung	钟
Chung Chi	仲几	Chung Chien	钟建	chung chün	中军	Chung-hang	中行
Chung-hang Yen	中行偃	Chung-hang Yin	中行寅	Chung Hsing	仲行	Chung-shan	中山
Chung-shan-fu	仲山甫	Chung-shu Yü-hsi	仲叔于奚	Chung-sun Chiu	仲孙湫	Chü Hsin	剧辛
Chü Wu	鞠武	Ch'ü	屈	Ch'ü Chien	屈建	Ch'ü Hou-fu	屈侯鲋
Ch'ü Hsia	屈瑕	Ch'ü I-chiu	屈宜咎	Ch'ü Po-yü	蘧伯玉	Ch'ü Wan	屈完
Ch'ü Yüan	屈原	Chüeh Yu	蹶由	chün	钧	Chün K'uei-lei	鄄魁垒
chün tzu	君子	Duke Ai	哀公	Duke Chao	昭公	Duke Ch'eng	成公
Duke Ching	景公	Duke Chuang	庄公	Duke Hsi	僖公	Duke Hsiang	襄公
Duke Hsiang of Shan	单襄公	Duke Hsiao	孝公	Duke Hsien	献公	Duke Hsuan	宣公
Duke Huan	桓公	Duke Hui	惠公	Duke I	懿公	Duke K'ang of Liu	刘康公

续表

Duke Min	闵公	Duke Mu	穆公	Duke P'ing	平公	Duke Tai	戴公
Duke Tao	悼公	Duke Ting of Liu	刘定公	Duke Wen	文公	Duke Wen of Liu	刘文公
Duke Yin	隐公	Earl Huan of Chan	詹桓伯	Earl of Mao	毛伯	Earl of Shan (1)	单伯
Earl of Shan (2)	单伯	Emperor P'ing of Han	汉平帝	fa	法	Fa Chia	法家
Fan	范	Fan Chi-she	范吉射	Fan Ch'ih	樊迟	Fan Ch'ing-tzu	樊顷子
Fan Hsüan-tzu	范宣子	Fan Li	范蠡	Fan Tso	范痤	Fan Sui	范雎
Fan Wen-tzu	范文子	Fan Yü-ch'i	樊於期	fang chiang	方将	Fei I	肥义
Fei Ju	非儒	Fei Kung	非攻	Fei Ming	非命	Fei Wu-chi	费无极
Fei Yüeh	非乐	Feng	丰	Feng Chien-tzu	冯简子	Feng Ch'ou-fu	逢丑父
Feng Hao	冯郝	Feng Hua	逢滑	Feng Po	逢伯	Feng Shu	鄷舒
Feng Tai-fu	逢大夫	Fu	甫	Fu Ch'en	富辰	Fu Hsia	傅瑕
Fu-tze	服泽	Fu Yüeh	傅说	Grand Duke of Ch'i	齐太公	Han	罕
Han	韩	Han Ch'en	韩辰	Han Ch'i	韩起	Han Ch'i	韩起
Han Chien	韩简	Han Chüen	韩厥	Han Fei	韩非	Han I	罕夷
Han Mei	韩昧	Han Min	韩珉	Han-tan	邯郸	Han Wu-chi	韩无忌
Ho	河	Hei-chien, Duke of Chou	周公黑肩	Hou	邱	hou	侯

续表

Hou Chao-po	邱昭伯	Hou Ch'eng-shu	厚成叔	Hou Chi	后稷	Hou Fan	侯犯
Hou-ma	侯马	Hou Shen	后胜	Hou Yin	侯嬴	Hou Yung	后庸
Hsi	郤	Hsi-ch'i Shu	西乞术	Hsi Chih	郤至	Hsi Chou	郤犨
Hsi Ch'u-wu	西鉏吾	Hsi Chung	奚仲	Hsi-ho	西河	Hsi I	郤锜
Hsi K'o	郤克	Hsi Ku	郤縠	Hsi-meng Pao	西门豹	Hsi P'eng	隰朋
Hsi Wan	郄宛	Hsia	夏	Hsia Ch'i	夏齿	Hsia Hou	夏后
Hsia-fu Fu-chi	夏父弗忌	Hsia-tsai	下蔡	Hsia-tu	下都	Hsiang	向
Hsiang Shou	向寿	Hsiang Shu	向戌	Hsiao Ch'ü	小取	hsiao-jen	小人
Hsiao-shu Ta-hsin	萧叔大心	Hsiao Ya	小雅	Hsieh Hsi	谢息	Hsieh Liu	泄柳
Hsieh Yeh	泄冶	hsien	县	Hsien Chen	先轸	hsien chieh	献捷
hsien fu	献俘	Hsien Hsüeh	显学	Hsien Hu	先谷	Hsien Kao	弦高
Hsien Tan-mu	先丹木	Hsien Tzu Shih	县子石	Hsin-an	信安	Hsin Liao	辛廖
Hsin-Ling	信陵	Hsing Hou	邢侯	Hsing Kuai	邢蒯	Hsing-lung	兴隆
Hsiung I-liao	熊宜僚	Hsiung Shuai Ch'ieh pi	熊率且比	Hsü	徐	Hsü	胥
Hsü	续	Hsü ch'en	胥臣	Hsü Chia-fu	胥甲父	Hsü Chien-po	续简伯

附录 D　专用词语中英文对照表　　347

续表

Hsü Hsin	许行	Hsü I	许异	Hsü Jo	徐弱	Hsü T'ung	胥童
Hsü Tzu	徐子	Hsü Yüeh	徐越	Hsüeh	薛	Hsüeh Chü-chou	薛居州
Hsün	荀	Hsün Ch'ing	荀卿	Hsün Hsi	荀息	Hsün Hsin	荀欣
Hsün Keng	荀庚	Hsün Lin-fu	荀林父	Hsün Wu	荀吴	Hsün Yao	荀瑶
Hsün Ying	荀罃	Hu	狐	Hu-fu	狐父	Hu Hsüan	狐咺
Hu She-ku	狐射姑	Hu T'u	狐突	Hu Yen	狐偃	Hu Yen	孟（狐）餍
Hua	华	Hua Ch'en	华臣	Hua Chou	华周	Hua Fu Tu	华父督
Hua Tu	华督	Hua Yü-shih	华御事	Hua Yüan	华元	Huai	淮
Huang	皇	Huang Chieh	黄歇	Huang-ch'ih	黄池	Huang Ti	黄帝
Huang Wu-tzu	皇武子	Hui Ang	惠盎	Hui Shih	惠施	Hun Liang-fu	浑良夫
Hung Yao	闳夭	I	沂	I	益	I	羿
I	邘	i	义	i	镒	I Ho	医和
I Hsing-fu	仪行父	I Huan	医缓	I K'uan	裔款	I Li	伊戾
I She-ku	夷射姑	I Ya	易牙	I Yang-wu	夷羊五	I Yin	伊尹
Jan Yu	冉有	Jan Yung	冉雍	Jao Ch'ao	绕朝	jen	人
jen	仁	Jen Chang	任章	Jen Pi	任鄙	Jen Tso	任座
Jehol	热河	Jung	戎	Jung	娀	Jung Chia-e	荣驾鹅
Ju Erh	如耳	Kan	甘	Kan Lung	甘龙	Kan Mao	甘茂

续表

K'ang Shu	康叔	Kao	高	Kao Chang	高张	Kao Chien-li	高渐离
Kao Ch'ü-mi	高渠弥	Kao Ho	高何	Kao Hsi	高傒	Kao Kung	高共
Kao Tzu	告子	Kao Tzu	高子	K'ao Kung Chi	考工记	Keng Chu	耕柱
King Ai	哀王	King Chao	昭王	King Chao-hsiang	昭襄王	King Ch'eng	成王
King Ch'ing-hsiang	顷襄王	King Chuang	庄王	King Hsiang	襄王	King Hsiao-ch'eng	孝成王
King Hsüan	宣王	King Huan	桓王	King Hui	惠王	King Hui-wen	惠文王
King I	夷王	King K'ao-lieh	考烈王	King K'uai	王哙	King Li	厉王
King Lieh	烈王	King Ling	灵王	King Min	湣王	King Mu	穆王
King P'ing	平王	King Tao	悼王	King Wei	威王	King Wen	文王
King Wu	武王	King Wu-ling	武灵王	Ku	鼓	Ku	谷
K'u-ching	苦陉	Ku Yang Shu	谷阳竖	K'uai Hui	蒯聩	Kuan Ch'i	观起
Kuan Chih-fu	管至父	Kuan Chung	管仲	Kuan I-wu	管夷吾	Kuan Ting-fu	观丁父
Kuan Tsung	观从	Kuan Yü-hsi	管于奚	K'uang Chang	匡章	K'uang Kou-hsü	匡句须
Kuei I	贵义	Kuei Ku Tzu	鬼谷子	Kun	鲧	Kun Pien	昆辩

续表

kung	公	Kung Chi Ch'eng	公季成	Kung Chih-ch'i	宫之奇	Kung-chung Lien	公仲连
Kung-chung Min	公仲珉	Kung-chung Ming	公仲明	Kung-fu Wen-po	公父文伯	kung hang	公行
Kung-hsi Hua	公西华	Kung-i Hsiu	公仪休	Kung-jan Wu-jen	公冉务人	Kung Meng	公孟
Kung-meng tzu	公孟子	Kung-ming Kao	公明高	Kung-shan Pu-niu	公山不狃	Kung Shu	公叔
Kung Shu	公输	Kung-shu Pan	公输般	Kung-shu Wen-tzu	公叔文子	Kung-shu Wu-jen	公叔务人
Kung-sun Ao	公孙敖	Kung-sun Chen-tzu	公孙贞子	Kung-sun Chiang	公孙疆	Kung-sun Chih	公孙枝
Kung-sun Ch'ou	公孙丑	Kung-sun Ch'u	公孙楚	Kung-sun Hei	公孙黑	Kung-sun Hsia	公孙夏
Kung-sun Hung	公孙弘	Kung-sun Kuei-fu	公孙归父	Kung-sun Lung	公孙龙	Kung-sun Shou	公孙寿
Kung-sun Su	公孙宿	Kung-sun Ting	公孙丁	Kung-sun Yen	公孙衍	kung tsu	公族
kung tzu	公子	Kung-tzu Chao	公子招	Kung-tzu Ch'eng	公子成	Kung-tzu Ch'i-chi	公子弃疾
Kung-tzu Ch'ien-mou	公子黔牟	Kung-tzu Ching	公子荆	Kung-tzu Ch'ing-fu	公子庆父	Kung-tzu Chiu	公子纠
Kung-tzu Chou-hsü	公子州吁	Kung-tzu Chuan	公子鱄	Kung-tzu Fei	公子騑	Kung-tzu Hsi-ssu	公子奚斯
Kung-tzu Hsin-shih	公子欣时	Kung-tzu Hui	公子翚	Kung-tzu Jen-fu	公子壬夫	Kung-tzu Ku-sheng	公子谷生
Kung-tzu Kuei-sheng	公子归生	Kung-tzu Lü	公子吕	Kung-tzu Mu-i	公子目夷	Kung-tzu Pan	公子般

续表

Kung-tzu Pan	公子班	Kung-tzu P'eng-sheng	公子彭生	Kung-tzu Pi	公子比	Kung-tzu Shen	公子申
Kung-tzu Shou	公子寿	Kung-tzu Sung	公子宋	Kung-tzu Tang	公子荡	Kung-tzu Wan	公子完
Kung-tzu Wu-chi	公子无忌	Kung-tzu Ya	公子牙	Kung-tzu Yen(1)	公子偃(1)	Kung-tzu Yen(2)	公子偃(2)
Kung-tzu Ying	公子郢	Kung-tzu Yung	公子雍	Kung-tzu Yü-k'ou	公子御寇	Kung Wei	公为
Kung-yin Hsiang	工尹襄	K'ung	孔	K'ung Chang	孔张	K'ung Chiu	孔丘
K'ung Ch'uan	孔穿	K'ung Fu Chia	孔父嘉	K'ung Li	孔父	K'ung Ning	孔宁
K'ung Ta	孔达	K'ung Yü	孔圉	Kuo	国	Kuo	虢
Kuo Chuang-tzu	国庄子	Kuo Feng	国风	Kuo Hsia	国夏	Kuo Hsiang	国象
Kuo Huai	郭隗	Kuo Kuei-fu	国归父	Kuo She	虢射	Kuo Shu	虢叔
Lan T'an	狼瞫	Lao	老	Lao Tzu	老子	li	里
li	礼	Li Fu	栗腹	Li Fu-chi	鳖负羁	Li Hsi	里析
Li K'o	里克	Li K'o	李克	Li Kuei	李悝	Li Mu	李牧
Li Ssu	李斯	Li Tui	李兑	Li Yüan	李园	Liang	梁
Liang	良	liang	两	Liang-Ch'iu Chü	梁丘据	Liang-fu	梁父
Liang Hsiao	良霄	Liang Wu	良五	Liang Yü-tzu Yang	梁余子养	Liao, Earl of Chao	召伯廖
lieh	挈	Lieh Yü-k'ou	列御寇	Lien Ch'eng	连称	Lien P'o	廉颇

续表

Lin	鳞	Lin Hsiang-ju	蔺相如	Lin-tzu	临淄	Ling	灵
Ling Che	灵辄	Liu	刘	Liu Kuo Nien Piao	六国年表	Lo	洛
Lo	乐	Lo-cheng Tzu	乐正子	Lo-cheng Tzu-ch'un	乐正子春	Lo Chien	乐闲
Lo Ch'ih	乐池	Lo Hsi	乐喜	Lo I	乐毅	Lo Po	乐伯
Lo Ta-hsin	乐大心	Lo Wang-fu	乐王鲋	Lo-yang	洛阳	Lo Yang	乐羊
Lo Yü	乐豫	Lord An-ling	安陵君	Lord An-ling Tan	安陵君坛	Lord Ching-yang	泾阳君
Lord Ch'un-shen	春申君	Lord Fan-wu	番吾君	Lord Hsin-ling	信陵君	Lord Hua-yang	华阳君
Lord Meng-ch'ang	孟尝君	Lord P'ing-yüan	平原君	Lord Yang-ch'eng	阳成君	Lou Huan	楼缓
Lu	鲁	Lu Chung-lien	鲁仲连	Lu, Earl of Yüan	原伯鲁	Lu Sung	鲁颂
Lu Wen	鲁问	Lü Chin	铥金	Lü Hsiang	吕相	Lü I	吕锜
Lü Pu-wei	吕不韦	Lü Li	吕礼	Lü-chiu Ang	闾丘卬	Lü-chiu Hsien-sheng	闾丘先生
Luan	栾	Luan Shu	栾书	Luan Tao-tzu	栾悼子	Luan Ying	栾盈
Ma Fan	马犯	mai	卖	Man Kou Te	满苟得	Mang	氓
Mao Kung Ting	毛公鼎	Mao Siu	毛遂	Marquis Ai	哀侯	Marquis Chao	昭侯
Marquis Ch'eng	成侯	Marquis Lieh	烈侯	Marquis of Ch'ang-hsin	长信侯	Marquis of Chou	州侯

续表

Marquis of Jang	魏冉（穰侯）	Marquis Su	肃侯	Marquis Wen	文侯	Marquis Wu	武侯
Meng	孟	Meng Ao	蒙骜	Meng Chih-fan	孟之反	Meng Hsi-tzu	孟螯子
Meng Hsien-tzu	孟献子	Meng Huo	猛获	Meng I-tzu	孟懿子	Meng-ming Shih	孟明视
Meng Ping	孟丙	Meng Sheng	孟胜	Meng Shuo	孟说	Meng-sun	孟孙
Meng T'ien	蒙恬	Meng Tzu	孟子	Mi Tzu-hsia	弥子瑕	Miao Pen-huang	苗贲皇
Ming Kuei	明鬼	Mo-ao Tzu-hua	莫敖子华	Mo Ti	墨翟	Mo Tzu	墨子
Moist	墨家	mou	亩	nan	男	Nan Kuai	南蒯
Nan Kung	南公	Nan-kung Chi	南宫疾	Nan-kung Chi	南宫极	Nan-kung Ching-shu	南宫敬叔
Nan-kung Niu	南宫牛	Nan-kung Pien	南宫边	Nan-kung Wan	南宫万	Nan Sheng	聃甥
Nan-shih Shih	南史氏	Nang	囊	Nang Wa	囊瓦	Nao Ch'ih	淖齿
Nei P'ien	内篇	Nei-shih Kuo	内史过	Nei-shih Shu-fu	内史叔服	Nei-shih Shu-hsing-fu	内史叔兴父
Nieh Cheng	聂政	Ning	宁	Ning Hsi	宁喜	Ning Wu-tzu	宁武子
Ning Yüeh	宁越	Niu Hsü	牛畜	Nü Ch'i	女齐	Nü K'uan	女宽
Pa	巴	Pa	霸	Pai Ch'i	白起	Pai Kuei	白圭
Pai-kung Sheng	白公胜	Pai-li Hsi	百里奚	P'an Ch'ung	潘崇	P'ang Chüan	庞涓

续表

Pao	鲍	pao	抱	Pao Ch'ien	暴谴	Pao Chuang-tzu	鲍庄子
Pao Kuo	鲍国	Pao Mu	鲍牧	Pao Shu-ya	鲍叔牙	Pei-kung Wen-tzu	北宫文子
Pei Tsao	裨灶	p'en	盆	Pi	费	Pi Kan	比干
P'i	皮	Piao Hsi	彪傒	Pien	卞	Pien Po	边伯
Pin Hsü-wu	宾须无	Pin Mei-jen	宾媚人	Pin Meng	宾猛	Ping	并
Ping Ch'u	邴歜	P'ing-yüan	平原	po	伯	Po I	薄疑
Po Tsung	伯宗	pu	布	Pu Chao-fu	卜招父	Pu Ch'i	卜齮
Pu Ch'u-ch'iu	卜楚丘	Pu T'u-fu	卜徒父	Pu Yen	卜偃	San-t'ien Wu	桑田巫
San Yen-hsü	桑掩胥	Shan	单	Shan Ching	单靖	Shansi	山西
Shang	商	Shang Hsien	尚贤	Shang-kuan T'ai-fu	上官大夫	Shang Sung	商颂
Shang Ti	上帝	Shang Tung	尚同	Shang Wen	商文	Shang Yang	商鞅
she	瑟	Shen	申	Shen	沈	Shen Chou	申舟
Shen Hai	申亥	Shen Hou	申侯	Shen Hsiang	申详	Shen Hsü	申须
Shen Ju	申繻	Shen K'uai	申蒯	Shen Pao-hsü	申包胥	Shen Pu-hai	申不害
Shen Shu-shih	申叔时	Shen Shu-yü	申叔豫	Shen Tao	慎到	Shen Tzu	慎子
Shen Wu-yü	申亡宇	Shen-yin Hua	沈尹华	Shen-yin Shu	沈尹戍	Sheng	胜
sheng	升	sheng	笙	Shensi	陕西	shih	士

续表

shih	石	Shih Cha	石碏	Shih Chao	史赵	Shih Ch'ao	史朝
Shih Chen-tzu	士贞子	Shih Chi	师己	Shih Ch'i	史起	Shih Ch'i	石乞
Shih Ch'i-tzu	石祁子	Shih Chih Fen-ju	石之纷如	Shih Ch'o	石臬	shih-chun-tzu	士君子
Shih Chü	史举	Shih Fang	士鲂	Shih Fu	施父	Shih Hsiao	史嚣
Shih Hua-lung-hua	史华龙滑	Shih Huang	史皇	Shih Hui	士会	Shih Hui	师慧
Shih-jen Liao-tsu	侍人僚柤	Shih K'uang	师旷	Shih Kuei	石癸	Shih Mo	史墨
Shih P'u	石圃	Shih Su	史苏	Shih Wei	士芳	Shih Wen-po	士文伯
Shih Yang	士鞅	Shou Chu	寿烛	Shu	蜀	shu	术
Shu Chan	叔詹	Shu-chung Hsiu	叔仲休	Shu-chung Hui-po	叔仲惠伯	Shu-chung P'i	叔仲皮
Shu-chung Tai	叔仲带	Shu-chung Yen	叔仲衍	Shu Hou-ju	竖侯獳	Shu Hsiang	叔向
shu jen	庶人	Shu-li Chi	樗里疾	Shu-liang Ho	叔梁纥	Shu Niu	竖牛
Shu Shan-jan	叔山冉	Shu-sun	叔孙	Shu-sun Chao-tzu	叔孙昭子	Shu-sun Ch'iao-ju	叔孙侨如
Shu-sun Pao	叔孙豹	Shu-sun Tai-po	叔孙戴伯	Shu-sun Te-ch'en	叔孙得臣	Shu-sun Wu-shu	叔孙武叔
Shu Tou-hsü	竖头须	Shu Tuan	叔段	Shu Wu	叔武	Shu Ying-ch'i	叔婴齐
Shu Yü	叔鱼	Shun	舜	So Kao	缩高	So Lu Shen	索卢参
ssu kou	司寇	Ssu	驷	Ssu-ma Mi-mou	司马弥牟	Ssu-jen Fei	寺人费

续表

Ssu-jen Liu	寺人柳	Ssu-jen P'i	寺人披	Ssu-jen Tiao	寺人貂	Ssu-k'ou Hui-tzu	司寇惠子
Ssu-ma Hsi	司马喜	Ssu-ma Ts'o	司马错	Ssu-ma Wu	司马乌	Ssu-t'u Chou	司徒丑
Ssu Tzu-yang	驷子阳	Su Ch'in	苏秦	Su Li	苏厉	Su Tai	苏代
Sui	遂	Sui Shao-shih	随少师	Sun	孙	Sun Kuai	孙蒯
Sun Liang-fu	孙良夫	Sun P'in	孙膑	Sun Shu-ao	孙叔敖	Sun Wen-tzu	孙文子
Sung	宋	sung	颂	Sung Ch'ao	宋朝	Sung I	宋遗
Sung Yü	宋玉	Szechuan	四川	Ta Ch'eng Wu	大成午	Ta Ch'ü	大取
Ta Ya	大雅	Tai-chün Chang	代君章	Tai, Earl of Chao	召伯戴	tai fu	大夫
Tai Sheng-chih	戴胜之	T'ai-chien T'u	太监突	T'ai-shih Shih	太史氏	T'ai-shih Tan	太史儋
T'ai-shih Tu-shu	太史屠黍	T'ai-shu Chi	太叔疾	T'ai-shu I	太叔仪	T'ai-shu I	太叔遗
T'ai Tien	泰颠	T'ai-tsai P'i	太宰嚭	tai tzu	太子	Tai-tzu Chi	太子急
T'ai-tzu Chien	太子建	T'ai-tzu Hua	太子华	T'ai-tzu Shen-sheng	太子申生	T'ai-tzu Tan	太子丹
Tan	丹	T'an-tai Tzu-yü	澹台子羽	Tang	荡	Tang I-chu	荡意诸
Tang Tse	荡泽	T'ang	唐	T'ang	汤	T'ang-i Tzu	唐易子
T'ang Kou	唐苟	T'ang Le	唐勒	T'ang Mieh	唐蔑	T'ang Shang	唐尚

续表

T'ang Sui	唐雎	tao	刀	tao	道	Tao Te Ching	道德经
T'ao Chu Kung	陶朱公	Teng	邓	T'eng	滕	Teng Liao	邓廖
Ti	帝	Ti-chiu	帝丘	Ti Ssu Mi	狄斯弥	T'ieh-tse	垤泽
Tien Chieh	颠颉	T'ien	田	T'ien Chi	田忌	T'ien Chih	天志
T'ien Hsiang-tzu	田襄子	T'ien Hsü	田需	T'ien P'ien	田骈	T'ien Pu-li	田不礼
T'ien Shen	田慎	T'ien Tan	田单	T'ien Tzu-fang	田子方	T'ien Wen	田文
T'ien Ying	田婴	To Chiao	铎椒	to hsin	多信	tou	斗
tou	斗	Tou Hsin	斗辛	Tou I-shen	斗宜申	Tou Po-pi	斗伯比
Tsa P'ien	杂篇	Tsai Hsüan	宰咺	Tsai K'ung	宰孔	Ts'ai	蔡
Ts'ai Mo	蔡墨	Ts'ai Tse	蔡泽	Tsang	臧	Tsang Ai-po	臧哀伯
Tsang Chao-po	臧昭伯	Tsang Chien	臧坚	Tsang Hsi-po	臧僖伯	Tsang Hsüan-shu	臧宣叔
Tsang Wen-chung	臧文仲	Ts'ang Ko	仓葛	Ts'ao	曹	Ts'ao K'uei	曹刿
Tseng	鄫	Tseng Tzu	曾子	Tso-kung-tzu Hsieh	左公子泄	Tso-Shih I-hsiang	左史倚相
Tso-shih Ch'u-lung	左师触龙	Tsou Chi	邹忌	Tsou Yen	邹衍	Tsui	崔
Tsui Shu	崔杼	Tsung Lu	宗鲁	Tsung Mieh	毁蔑	Tsung Wei	宗卫
Tu-chiang	都江	Tu Chih	杜挚	T'u Kuai	屠蒯	Tuan-kan Mu	段干木
Tung An-yu	董安于	Tung Hu	董狐	Tung-kuan Pi Wu	东关嬖五	Tung-kuo Chia	东郭贾

T'ung T'ing	洞庭	Tzu	子	Tzu	菑	tzu	子
Tzu-ai	子哀	Tzu-ch'an	子产	Tzu-ch'ang	子张	Tzu-ch'ao	子朝
Tzu-ch'i	子期	Tzu-chia Chi	子家羁	Tzu-chiao	子椒	Tzu Chih	子之
Tzu-chu	子朱	Tzu-erh	子耳	Tzu-fan	子反	Tzu-fu Chao-po	子服昭伯
Tzu-fu Ching-po	子服景伯	Tzu-fu Hui-po	子服惠伯	Tzu-han	子罕	Tzu-hsi	子西
Tzu-hsia	子夏	Tzu-hsing	子行	Tzu-hsü	子胥	Tzu-hua Tzu	子华子
Tzu-kao	子羔	Tzu-ko	子革	Tzu-kung	子贡	Tzu-lan	子兰
Tzu-liang	子良	Tzu-liu	子柳	Tzu-lu	子路	Tzu-lü	子闾
Tzu-nan	子南	Tzu-nang	子囊	Tzu-p'i	子皮	Tzu Shen	梓慎
Tzu-shuo	子硕	Tzu-ssu	子驷	Tzu-ssu	子思	Tzu T'ai-shu	子太叔
Tzu Tsang	子臧	Tzu-wen	子文	Tzu-wo	子我	Tzu-ya	子牙
Tzu-yu（1）	子游（公子）	Tzu-yu（2）	子游（言偃）	Tzu-yü	子玉	Tzu-yü	子羽
Tzu-yüan	子员	Tzu-yüeh Chiao	子越椒	Wai Pien	外篇	Wan Chang	万章
Wang Cha-tzu	王札子	Wang Chien	王翦	Wang Ch'u	王歜	Wang Shun	王顺
Wang-sun Chia（1）	王孙贾（楚）	Wang-sun Chia（2）	王孙贾（齐）	Wang-sun Man	王孙满	Wang-sun Yu-yü	王孙由于
wang tao	王刀	Wang Tou	王斗	wang tzu	王子	Wang-tzu Ch'eng-fu	王子成父

续表

Wang-tzu K'e	王子克	Wang-tzu Po-liao	王子伯廖	Wang-tzu Tai	王子带	Wei	渭
Wei	芮	Wei	魏	Wei Chang	蘧章	Wei Ch'i	魏齐
Wei Ch'i-chiang	蘧启疆	Wei Chia	芮贾	Wei Chiang	魏绛	Wei Chih	尉止
Wei Ch'ou	魏犨	wei fu	遗俘	Wei Hsien-tzu	魏献子	Wei Jan	魏冉
Wei K'o	魏颗	Wei Ku	蘧固	Wei Kung-tzu Mou	魏公子牟	Wei Kuo	蘧国
Wei P'i	蘧罢	Wei Wu	魏戊	Wei Yen	蘧奄	Wey	卫
Wu	午	Wu	吴	Wu Ch'en	巫臣	Wu-ch'eng	武城
Wu Ch'i	吴起	Wu Huo	乌获	Wu Shang	伍尚	Wu She	伍奢
Wu Ts'an	伍参	Wu Tu	五蠹	Wu Yüan	伍员	Ya	雅
Yang	杨	Yang	阳	Yang	鞅	Yang Chen	羊斟
Yang Chu	杨朱	Yang Ch'u-fu	阳处父	Yang Hu	阳虎	Yang Kan	杨干
Yang Liang	杨倞	Yang-she Chih	羊舌职	Yang-she Ch'ih	羊舌赤	Yang Sheng	养甥
Yang Shu	阳竖	Yang-wen	阳文	Yang Yu-chi	养由基	Yangtze River	扬子江（长江）
Yao	尧	Yao Kou-erh	姚句耳	Yeh	邺	yeh	业
Yeh-kung Tzu-kao	叶公子高	Yen	燕	Yen	兖	Yen	晏
yen	言	Yen Chih	阎职	Yen Chu-ch'u	颜烛雏	Yen Ch'u	颜歌

续表

Yen Chung-tzu	严仲子	Yen Hsi	奄息	Yen Huan Tzu	晏桓子	Yen Ju-tzu	晏孺子
Yen Mo	阎没	Yen Pan	颜般	Yen P'ing-chung	晏平仲	Yen Ting	颜丁
Yen Tzu	晏子	Yen-ling	鄢陵	Yen-ying	鄢郢	Yin	印
Yin	殷	Yin-fang	阴方	Yin Kung T'o	尹公陀	Yin-wen Tzu	尹文子
Ying	嬴	Ying K'ao-shu	颍考叔	Yu	游	Yu	幽
Yu Jo	有若	Yu-kung-tzu Chih	右公子职	Yu Pan	游贩	yu ssu ma	右司马
Yu Wu-hsü	邮亡郦	Yu-tsai Ku	右宰谷	Yung	雍	Yung-lin Jen	雍林人
Yung-men Tzu-chou	雍门子周	Yung Tzu	雍子	Yü	仔	Yü	羽
Yü	禹	Yü	豫	Yü	盂	Yü	鱼
Yü	虞	yü	竽	Yü Ch'ing	虞卿	Yü Ch'üan	鬻拳
Yü Jang	豫让	Yü-jen Lo	圉人荦	Yü Kung	禹贡	Yü Kung Ch'a	庾公差
Yü-ling Chung-tzu	於陵仲子	Yü Pien	臾骈	Yü Shih	鱼石	Yü Shu	虞叔
Yü Sun	御孙	Yüan	原	yüan	爰	Yüan Fan	原繁
Yüan Hsüan	元咺	Yüan Kuo	原过	Yüan P'o	辕颇	Yüan T'ao-t'u	辕涛涂
Yüeh	越	Yün	郓	Yün-kung Chung-i	郧公钟仪		

参考文献

西文与日文文献

（译文附后）

Bendix, Reinhard. *Max Weber: An Intellectual Portrait*. New York: Doubleday Co., 1960.

R.本迪克斯：《马克斯·韦伯：一个知识分子的写照》，纽约：双日公司，1960年。

Bodde, Derk. *China's First Unifier, A Study of the Ch'in Dynasty as Seen in the Life of Li Ssu*. Leiden: E. J. Brill, 1938.

卜德：《中国第一个统一者：从李斯的生平研究秦朝》，莱顿：博睿学术出版社，1938年。

Creel, H. G. *The Birth of China*. New York: John Day, Reynal and Hitchcock, 1937.

顾立雅：《中国之诞生》，纽约：雷纳-希区柯克出版社，1937年。

Creel, H. G. *Confucius and the Chinese Way*. New York: Harper Torchbooks, 1960.

顾立雅：《孔子与中国之道》，纽约：哈珀出版社，1960年。

Creel, H. G. "The Meaning of Hsing-Ming" in *Studia Senica Bernhard Karlgren Dedicata*. Edited by Egerod Soren. Copenhagen: E. Munksgaard, 1959.

顾立雅：《释"刑名"》，E.索伦编：《高本汉七十华诞汉学研究论文集》，哥本哈根：E.芒克斯加德，1959年。

Creel, H. G. "The Fa Chia, Legalists or Administrators?" in *BIHP*. Extra Volume No. 4 (1961), pp.607-636.

顾立雅：《法家："法学家"还是"管理者"？》，《"中研院"史语所集刊外编第四种：庆祝董作宾先生六十五岁论文集》，台北："中央研究院"历史语言研究所，1961年，第607—636页。

Dubs, H. H. (trans.). *The Works of Hsüntze* (Probsthain's Oriental Series, Vol. XVI). London: Probsthain, 1928.

德效骞译：《荀子作品》(普罗赛因东方文学丛书卷16)，伦敦：普罗赛因书店，1928年。

Duyvendak, J. J. L. (trans.). *The Book of Shang* (Probsthain's Oriental Series, Vol. XVII). London: Probsthain, 1928.

戴闻达译：《商君书》(普罗赛因东方文学丛书卷17)，伦敦：普罗赛因书店，1928年。

Erazer, J. *The Golden Bough*. 3rd ed. New York: Macmillan, 1935.

J.弗雷泽：《金枝（第三版）》，纽约：麦克米伦公司，1935年。

Gerth, H. H., and C. W. Mills (ed. and trans.). *From Max Weber, Essays in Sociology*. New York: Oxford University Press, Galaxy Book, 1958.

H. H. 葛斯，G. W. 米尔斯编译：《马克斯·韦伯社会学文选》，纽约：牛津大学出版社，银河图书，1958年。

Herodotus. Persian Wars. Translated by G. Rawlinson, in *Greek Historians*. Edited by F. R. B. Godolphin. Vol. I. New York: Random House, 1942.

希罗多德著，G.罗林森译：《波斯战争》，F. R. B. 戈多芬主编：《希腊历史学家》，纽约：兰登书屋，1942年。

Karlgren, B. "The Authenticity and Nature of the Tso Chuan, " in *Goteborg Hogskolas Arsskrift*. XXX II: 3. Goteborg, 1926.

高本汉：《论〈左传〉的真伪与性质》，《歌德堡大学学报》1926年第32卷第3期。

Kazuchika Komai and Takeshi Sekino. *Han Tan* (Archaeologia Orientalis, Series B, Vol. VII). Tokyo: The Far Eastern Archaeological Society, 1954.

驹井和爱，关野雄：《邯郸》(东方考古学系列) B，卷7，东京：东亚考古学会，1954年。

Legge, James (trans.). *The Chinese Classics*. Oxford: The Clarendon Press, 1865-

1895; Peking reprint 1939. Vol. I: *The Confucian Analects*. Vol. II: *The Works of Mencius*. Vol. III: *The Shoo King*. Vol. IV: *The She King*. Vol. V: *The Ch'un Ts'ew with the Tso Chuen*.

詹姆斯·理雅各译：《中国经典》[卷1《论语》；卷2《孟子》；卷3《尚书（书经）》；卷4《诗经》；卷5《春秋左传》]，牛津：克莱伦登出版社，1865—1985年；北平重印，1939年。

Legge, James (trans.). *The Writings of Kwang-zze (Chuang Tzu)*, in *Sacred Books of the East*. Edited by Max Muller, Vols. XXXIX and XL. London: Oxford University Press, 1927.

詹姆斯·理雅各译：《庄子作品》，麦克斯·缪勒编：《东方圣典》（卷39—40），伦敦：牛津大学出版社，1891年，1927年再版。

Levenson, J. R. "Ill Wind in the Well-Field: The Erosion of the Confucian Ground of Controversy," in *The Confucian Persuasion*. Edited by Arthur F. Wright. Stanford: Stanford University Press, 1960.

J. R. 列文森：《井田上的恶风：对儒家争论基础的侵蚀》，芮沃寿等编：《儒家信念》，斯坦福：斯坦福大学出版社，1960年。

Liao, W. K. (trans.). *The Complete Works of Han Fei Tzu* (Probsthain's Oriental Series, Vols. XXV, XXVI). 2 vols. London: Probsthain, 1939-1959.

廖文魁译：《韩非子全书》（普罗赛因东方文学丛书第2部卷15—16），伦敦：普罗赛因书店，1939—1959年。

Maspero, Henri. "La composition et la date du Tso tchouan," in *Melanges Chinois et Bouddhiques*. I (Bruxelles, 1931-1932), 137-208.

马伯乐：《〈左传〉的撰作年代》，《汉学与佛学论丛》，布鲁塞尔：n. p.（原书出版信息未注明），1931—1932年，第137—208页。

Mei, Y. P. (trans.). *The Ethical and Political Works of Motse* (Probsthain's Oriental Series, Vol. XIX). London: Probsthain, 1929.

梅贻宝译：《〈墨子〉的伦理与政治论著》（普罗赛因东方文学丛书卷19），伦敦：普罗赛因书店，1928年。

Sorokin, P. A. *Social and Cultural Dynamics*. Vol. III. New York: American Book Company, 1937.

皮特林·索罗金:《社会和文化的动力》第三卷,纽约:美国图书公司,1937年。

Tsuda Sakichi. *A Study of the Tso Chuan in the Light of the Development of Confucian Thought*. Tokyo: Toyo Bunko Ronso, 1935.

津田左右吉:《从孔子的思想发展论〈左传〉》,东京:东洋文库论丛,1935年。

Waley, Arthur (trans.). *The Book of Songs*. New York: Grove Press, 1960.

亚瑟·韦利:《诗经》,纽约:格罗夫出版公司,1960年。

Walker, R. L. *The Multi-State System of Ancient China*. Hamden, Conn.: The Shoe String Press, 1953.

R. L. 沃克:《古代中国的多国体制》,哈姆登(康狄涅格):肖-斯特林出版社,1953年。

Wang, Yü Chüan. *Early Chinese Coinage*. New York: American Numismatic Society, 1951.

王毓铨:《中国早期货币》,纽约:美国货币学会,1951年。

Weber, Max. *The Theory of Social and Economic Organization*. Translated by A. M. Henderson and Talcott Parsons. Glencoe, III.: The Free Press, 1947.

马克斯·韦伯著,A. M. 亨德森、塔尔科特·帕森斯译:《社会经济组织理论》,格伦科(伊利诺伊州):自由出版社,1947年。

Weber, Max. *The Protestant Ethic and the Spirit of Capitalism*. Translated by Talcott Parsons. New York: Scribner's Sons, 1958.

马克斯·韦伯著,塔尔科特·帕森斯译:《新教伦理与资本主义精神》,纽约:斯克里布纳之子公司,1958年。

Wilson, John A. *The Burden of Egypt*. Chicago: University of Chicago Press, 1954.

约翰·威尔逊:《埃及的负担》,芝加哥:芝加哥大学出版社,1954年。

Xenophon. The Constitution of the Spartans. Translated by H. G. Dokyns, in *Greek Historians*. Edited by F. R. B. Godophin, Vol. II. New York: Random House, 1942.

色诺芬著,H. G. 达金译:《斯巴达的宪法》,F. R. B. 戈多芬主编:《希腊历史学家》,纽约:兰登书屋,1942年。

Yang, L. S. *Money and Credit in China*. Cambridge: Harvard University Press,

1952.

杨联陞:《中国的货币与信用》,剑桥:哈佛大学出版社,1952年。

中文文献

《历史语言研究所集刊》,中央研究院。

陈厚耀原本、常茂徕增订:《增订春秋世族源流图考》,夷门怡古堂刻本,1850年。

顾栋高:《春秋大事表》,王先谦:《皇清经解续编》(第67—132册),南菁书院,1888年。

洪(业)煨莲:《春秋经传引得》,北平:哈佛燕京学社,1937年。

班固:《前汉书》,颜师古注,四部备要本。

王先谦:《汉书补注》,长沙:虚受堂,1900年。

《庄子》(又名《南华真经》),郭象注,四部丛刊本。

《周易正义》,王弼、韩康伯注,陆德明释文,孔颖达正义,十三经注疏本,1815年。

刘继宣:《战国时代之经济生活》,《金陵学报》第5卷第2期,1935年,第247—266页。

胡适:《中国哲学史大纲》,上海:商务印书馆,1936年。

林春溥:《战国纪年》,《竹柏山房十五种》,1838年。

齐思和:《战国制度考》,《燕京学报》第24期,1938年,第199—220页。

瞿同祖:《中国封建社会》,上海:商务印书馆,1938年。

董作宾:《中国古代文化的认识》,《大陆杂志(台北)》第3卷第12期,1952年。

杨宽:《战国史》,上海:上海人民出版社,1955年。

李宗侗:《中国古代社会史》,台北:中华文化出版事业委员会,1954年。

《战国策》,高诱、姚宏注,四部备要本。

齐思和:《〈战国策〉著作时代考》,《燕京学报》第34期,1948年,第257—278页。

齐思和:《战国宰相表》,《史学年报》第2卷第5期,1938年,第165—193页。

吴承洛：《中国度量衡史》，上海：商务印书馆，1937年。

章鸿钊：《中国铜器铁器时代沿革考》，《石雅》附录，北京：中央地质调查所，1921年。

韩愈：《昌黎集》，四部丛刊本。

孙诒让：《周礼正义》，四部备要本。

湖南博物馆：《长沙楚墓》，《考古学报》1959年第1期，第41—60页。

魏徵等：《群书治要》，四部丛刊本。

罗福颐：《传世历代古尺图录》，北京：文物出版社，1957年。

崔述：《洙泗考信录》《洙泗考信余录》《论语余说》，顾颉刚编：《崔东壁遗书》，上海：亚东图书馆，1936年。

徐中舒：《井田制度探源》，《中国文化研究汇刊》第四卷上册（1944年），第121—156页。

梁启超：《诸子考释》，上海：中华书局，1936年，台北重印，1957年。

陆德明：《经典释文》，四部丛刊本。

黄展岳：《近年出土的战国两汉铁器》，《考古学报》1957年第3期，第93—108页。

钱穆：《先秦诸子系年考辨》，上海：商务印书馆，1936年。

王名元：《先秦货币史》，广州：国立中山大学出版组，1937年。

梁启超：《荀卿及荀子》，《古史辨第四册》，上海：朴社，1933年，第104—115页。

陈启天：《韩非子校释》，台北：中华丛书，1958年。

容肇祖：《韩非的著作考》，《古史辨第四册》，上海：朴社，1933年，第653—674页。

王先慎：《韩非子集解》，长沙王氏刻本，1896年。

刘向：《新序》，四部丛刊本。

中国科学院考古研究所：《辉县发掘报告》，北京：科学出版社，1956年。

康有为：《新学伪经考》，北平：文化学社，1931年。

桓谭：《新论》，《太平御览》引，四部丛刊本。

山西省文物管理委员会：《山西省文管会侯马工作站工作的总收获（1956年冬至1959年初）》，《考古》1959年第5期，第222—228页。

《淮南鸿烈集解》(又称《淮南子》)，许慎注，四部丛刊本。

河北省文物管理委员会：《河北石家庄市市庄村战国遗址的发掘》，《考古学报》1957年第3期，第87—92页。

《韩诗外传》，四部丛刊本。

胡适：《胡适文存》，上海：亚东图书馆，1930年。

《荀子》，杨倞注，四部丛刊本。

王先谦：《荀子集解》，长沙：思贤讲舍刊本，1891年。

张西堂：《荀子劝学篇冤词》，《古史辨第六册》，上海：开明书店，1938年，第147—162页。

《逸周书》(又称《汲冢周书》)，孔晁注，四部丛刊本。

《春秋榖梁传》，范宁注，四部丛刊本。

顾颉刚等编：《古史辨》，北京和上海：朴社和开明书店，1926—1941年。

钱穆：《国史大纲》，上海：商务印书馆，1940年，台北重印，1956年。

卫聚贤：《古史研究》，北平：新月社，1928年。

《管子》，房玄龄注，四部丛刊本。

翁文灏：《古代灌溉工程发展史之一解》，《蔡子民先生六十五岁生日纪念论文集(中央研究院历史语言研究所集刊外编第一种)》，北平：中央研究院，1935年，下册第709—712页。

《国语》，韦昭注，四部丛刊本。

《春秋公羊经传解诂》，何休注，四部丛刊本。

《礼记》，郑玄注，四部丛刊本。

郭沫若：《两周金文辞大系考释》，东京：文求堂书店，1935年。

柳宗元：《柳先生集》，四部丛刊本。

《吕氏春秋》，高诱注，四部丛刊本。

李峻之：《〈吕氏春秋〉中古书辑佚》，《古史辨第六册》，上海：开明书店，1938年，第321—339页。

刘汝霖：《〈吕氏春秋〉之分析》，《古史辨第四册》，上海：朴社，1933年，第340—358页。

杨宽：《中国历代尺度考》，上海：商务印书馆，1938年。

唐兰：《老聃的姓名和时代考》，《古史辨第四册》，上海：朴社，1933年，第

332—351页。

傅斯年:《论所谓五等爵》,《中研院史语所集刊》第2本第1分册(1930年),第110—129页。

黄展岳:《1955年春洛阳汉河南县城东区发掘报告》,《考古学报》1956年第4期,第21—54页。

《墨子》,毕沅注,四部备要本。

《孟子》,赵岐注,四部丛刊本。

孙诒让:《墨子闲诂》,上海:商务印书馆,1936年。

朱希祖:《墨子〈备城门〉以下二十篇系汉人伪书说》,《古史辨第四册》,上海:朴社,1933年,第261—271页。

钱穆:《墨子的生卒年代》,《古史辨第四册》,上海:朴社,1933年,第271—278页。

徐中舒:《豳风说》,《中研院史语所集刊》第6本第4分册(1936年),第431—452页。

《诗经》(又称《毛诗》),毛亨传,郑玄笺,四部丛刊本。

傅斯年:《诗经讲义稿》,《傅孟真先生集》,台北:台湾大学,1952年,卷2下册第1—128页。

司马迁:《史记集解》,三家注(裴骃集解,司马贞索隐,张守节正义),四部备要本。

容庚:《商周彝器通考》,北平:哈佛燕京学社,1941年。

顾颉刚:《〈诗经〉在春秋战国间的地位》,《古史辨第三册》,上海:朴社,1931年,下册第309—367页。

郦道元:《水经注》,四部丛刊本。

纪昀等:《四库全书总目》,上海:大东书局,1930年。

陈振孙:《直斋书录解题》,上海:商务印书馆,1939年。

夏鼐:《十年来的中国考古新发现》,《考古》1959年第10期,第505—512页。

四部备要。

四部丛刊。

《尚书(书经)》,孔安国注,四部丛刊本。

山西省文物管理委员会:《山西长治市分水岭古墓的清理》,《考古学报》

1957年第3期,第103—118页。

《慎子》,马国瀚辑:《玉函山房辑佚书》,长沙:长沙娜嬛馆,1883年。

刘向:《说苑》,四部备要本。

齐思和:《商鞅变法考》,《燕京学报》第33期,1947年,第163—194页。

《春秋左传正义》,杜预注,孔颖达正义,陆德明释文,四部备要本。

司马光:《资治通鉴》,四部丛刊本。

梁启超:《读墨经余记》,《古史辨第四册》,上海:朴社,1933年,第253—261页。

李昉:《太平御览》,四部丛刊本。

顾颉刚:《〈论庄子真伪〉答书》,《古史辨第一册》,上海:朴社,1926年,第282页。

张心澂:《伪书通考》,上海:商务印书馆,1939年。

吕振羽:《殷周时代的中国社会》,上海:不二书店,1936年。

桓宽:《盐铁论》,四部丛刊本。